ALEXANDER LOWEN

AUTOBIOGRAFÍA

Honrar al Cuerpo

editorial Sirio, s.a.

Si este libro le ha interesado y desea que lo mantengamos informado de nuestras publicaciones, escríbanos indicándonos cuáles son los temas de su interés (Autoayuda, Espiritualidad, Qigong, Naturismo, Enigmas, Terapias Energéticas, Psicología práctica, Tradición...) y gustosamente lo complaceremos.

Puede contactar con nosotros en
comunicación@editorialsirio.com

Título original: Honoring the Body
Traducido del inglés por Editorial Sirio
Diseño de portada: Editorial Sirio, S.A.

EDITORIAL SIRIO, S.A.
C/ Rosa de los Vientos, 64
Pol. Ind. El Viso
29006-Málaga
España

EDITORIAL SIRIO
Nirvana Libros S.A. de C.V.
Camino a Minas, 501
Bodega nº 8,
Col. Lomas de Becerra
Del.: Alvaro Obregón
México D.F., 01280

ED. SIRIO ARGENTINA
C/ Paracas 59
1275- Capital Federal
Buenos Aires
(Argentina)

www.editorialsirio.com
E-Mail: sirio@editorialsirio.com

I.S.B.N.: 978-84-7808-816-4
Depósito Legal: MA-1395-2012

Impreso en Imagraf
Printed in Spain

Dedico este libro a mi mujer, Rowfreta Leslie Lowen,
cuyos hermosos ojos reflejaban el amor a la vida.

Agradecimientos

Quiero dar las gracias a Robert Glazer, por editar mi autobiografía con energía y dedicación. Aprecio también los consejos de organización de Harris Friedman, y la ayuda que recibí de Alice Allen para editar este libro. De igual modo, quiero agradecer a Savi Maharaj y a Kristin Saunders las muchas horas que emplearon en la transcripción de mi manuscrito al ordenador. Estoy en deuda con Mónica Souza, quien ha sido mi secretaria, ama de llaves y dulce amiga desde el fallecimiento de mi mujer.

Prefacio

Conozco a Alexander Lowen desde hace más de treinta años, y realizamos juntos formación y terapia desde 1975 a 1982. Nos tenemos un gran aprecio y respeto, y compartimos una profunda estima por el análisis bioenergético. He practicado esta disciplina y he dirigido la Sociedad de Florida de Análisis Bioenergético desde el año 1984. Nuestro programa de formación tiene más de veinte años.

En el otoño de 2002, la mano de Dios bajó del cielo (como me gusta decir) y nos tocó al doctor Lowen y a mí. Después de muchos años sin contacto, le telefoneé un día para comentarle que quería reeditar sus libros agotados. Su respuesta fue:

—Envíame un contrato, pero necesitaré ayuda con mi autobiografía.

Unos meses después, su hijo Fred me contó que la secretaria que había estado trabajando con él en su autobiografía se había marchado ese mismo día sin previo aviso.

Desde las navidades de 2002 hasta las de 2003, visité a Al en New Canaan en cuatro ocasiones. Cuando el clima era propicio, salíamos a pasear y conversar al menos tres veces al día. Hizo algunas sesiones conmigo. Revisamos juntos el manuscrito que escribió en el año 2000 y unos textos más breves que le había dictado a su secretaria en 2002. En esas conversaciones, Al respondió a todas y cada una de mis preguntas. Matizó sus creencias respecto al análisis bioenergético, sus sentimientos hacia Wilhelm Reich, sus experiencias de vida más significativas, su matrimonio y sus aprendizajes con la sexualidad, la energía y Dios. No evitó ni dejó sin respuesta ningún tema.

Al principio del proceso editorial, le dije:

—Tu historia es valiosa y merece que la cuentes.

Tras finalizar la edición, estoy muy satisfecho de que su extraordinario testimonio haya salido a la luz.

La suya es una historia que merece contarse por la multitud de personas a las que ha transformado gracias a su trabajo, la fuerza de su carácter y su inquebrantable devoción por el cuerpo como camino hacia la salud emocional. En *Honrar al cuerpo* nos muestra con toda inocencia cómo sus experiencias personales y su historia psicológica lo llevaron a desarrollar la bioenergética. Es un hito para la psicología contemporánea y la psicoterapia afrontar el dolor y la enfermedad emocional, tan habituales en nuestra cultura.

Sin embargo, ¿cómo es personalmente Al? Muchas veces lo he descrito como «la persona que tiene más clara su identidad de cuantas he conocido». Esto significa que jamás oculta sus opiniones, sean agradables o no, ni elude nada significativo que haya abordado, especialmente cuando se trata de emociones y fuerza vital. Su excepcional contribución en el campo de la psicoterapia al otorgarle al cuerpo el papel que merecía, se ha visto reforzada con su gran energía y, aunque no suele mencionarse, con su inocencia y calidez humana. De las muchas experiencias que compartimos en 2003, hay tres historias que describen perfectamente su naturaleza.

Desde que Leslie falleció, Al ha contado con un ama de llaves y secretaria que lo cuida y organiza su trabajo. Mónica Souza es una mujer brasileña de treinta y siete años que está en casa de Al de lunes a viernes, veinticuatro horas al día. Ella me contó que un día muy frío de invierno en Connecticut tuvo que salir a quitar la nieve amontonada en la entrada de la casa. Conociendo la naturaleza de Al, decidió esconderle las botas de nieve y decirle que se marchaba. Unos minutos después, cuando había empezado a apartar la nieve, Al salió y comenzó a cavar con ella. Lo miró y le dijo:

—Eres imposible.

Él le respondió:

—Sí, lo soy.

A los noventa y dos años, todavía era imposible reprimirlo.

Mónica también me contó que no puede ocultarle a Al sus sentimientos y que él cuida de ella. Una vez, Al tuvo un invitado que era un hombre muy importante, de gran ambición. Durante su reunión con él, Mónica estaba cerca y el invitado le ordenó con muy poca educación que le trajera algo de la cocina. Mónica cumplió la orden, pero Al notó que se sentía incómoda. Cuando regresó, mi amigo le llamó la atención a su invitado por cómo se había dirigido a ella, y le sugirió que se disculpara.

Cuando Al y yo estábamos trabajando en el libro, me dijo:

—Bob, parece que estás disfrutando con esto.

Reflexioné durante un momento y, como tenía razón, le respondí:

—Lo estoy.

Al y yo sabíamos lo importante que era este libro para él, pero aun así añadió:

—Si no te resulta placentero, no lo hagas.

Si yo no hubiera disfrutado con el proyecto, él habría aceptado darlo por terminado.

La gente que Al conocía en la comunidad de New Canaan (vendedores, taxistas, dueños de restaurantes) siempre lo trató con cariño. A muchos los conocía desde hacía más de treinta años, y yo mismo he sido testigo de que siempre lo trataron con respeto y de que realmente disfrutaban charlando con él.

A pesar de todo lo que logró, jamás perdió su sinceridad y su amabilidad.

A lo largo de su vida, Alexander Lowen obtuvo cuatro títulos universitarios: tres licenciaturas en ciencias, derecho y medicina, y el doctorado en derecho. Desarrolló las ideas de Wilhelm Reich dentro de la teoría del análisis bioenergético y creó una organización extensa y viable, el Instituto Internacional de Análisis Bioenergético (IIAB), para apoyar y promover su estilo terapéutico. El IIAB cuenta hoy día con más de mil quinientos miembros y cincuenta y cuatro centros de formación en todo el planeta –el análisis bioenergético no solo se practica en Estados Unidos, sino en todo el mundo, como Canadá, Israel, Nueva Zelanda, Australia, Japón y varios países de Europa y Latinoamérica–. Al es autor de doce libros (muchos han sido traducidos a más de ocho idiomas) y de numerosos artículos y otras publicaciones profesionales. También ha presentado sus ideas en innumerables entrevistas, vídeos y audiolibros, y ha dado charlas por todo el mundo. La creación del *Diario de análisis bioenergético* le ha aportado grandes satisfacciones, puesto que ofrece un foro constante para examinar y desarrollar sus ideas. Sin embargo, al preguntarle qué es lo que ha dado más sentido a su vida, responde sin dudar:

—Sentir el placer y la vida del cuerpo.

He tenido el honor de explicar la vida de Alexander Lowen. Es la historia de cómo honró al organismo y sanó la división entre cuerpo y mente. Durante el camino, ha ayudado enormemente a la humanidad. El análisis bioenergético tiene más de cincuenta años, y Alexander Lowen, noventa y tres. Lo que tiene que decir en su autobiografía es un compendio de sabiduría que todos podemos compartir. Su constante búsqueda de la alegría y el placer en la vida nos invita a honrar nuestros cuerpos.

Robert Glazer,
junio de 2004

Introducción

Si eres capaz de aceptar la realidad que te impone la vida, podrás vivir más tiempo. Es lo que me ha permitido a mí alcanzar los noventa y tres años de edad. Fui criado para valorar la mente y el intelecto por encima del cuerpo. Sin embargo, esa idea iba en contra de mi propia naturaleza. Sanar la división existente entre mi mente y mi cuerpo ha sido el reto de mi vida. Durante los sesenta años en que he practicado la psicoterapia, he aprendido que el camino hacia la salud emocional debe pasar por el cuerpo. El propósito del análisis bioenergético siempre ha sido sanar esa división.

Honrar el valor del cuerpo se convirtió en el trabajo de mi vida. En mi caso, la división entre cuerpo y mente se produjo a causa de las diferencias entre mis padres. Mi padre era un hombre inclinado a los placeres, sin ambiciones y de carácter agradable. Mi madre, en cambio, era rígida, exigente y nunca estaba satisfecha. Eran inmigrantes rusos con una vida dura y carente de amor, y solían decir que estaban juntos por sus hijos. Vivían en un estado de negación y resignación, y se aferraban en sus posiciones de que él nunca conseguía suficiente dinero y ella no estaba interesada en el sexo.

Pasé mi infancia jugando en las calles de Harlem y mi adolescencia jugando al balonmano. Descubrí que la actividad física me permitía estudiar con mayor ahínco. Cuando estudiaba en la universidad encontré trabajos en campamentos de verano que me permitieron bailar y acercarme a las chicas por primera vez. Invitar a mi futura esposa, Leslie, a que posara para un libro sobre ejercicios que proyectaba escribir me llevó a cortejarla. Por desgracia, fui criado en un ambiente en el que la sexualidad era un tema vergonzoso y humillante. Mi madre solía quedarse en mi habitación para asegurarse de que tenía las manos encima del edredón cuando me iba a dormir, lo que se prolongó hasta que dejé de permitírselo. Para ella, el sexo era algo sucio.

Sin embargo, el destino me llevó a estudiar y hacer terapia con Wilhelm Reich cuando cumplí los treinta. Su fuerza y sus convicciones sobre una sexualidad sana me ayudaron a liberarme de la culpa que sentía en torno al sexo. Trabajando con él en mis sesiones de terapia, sentí el poder del reflejo del orgasmo, la capacidad del cuerpo para moverse en contracciones involuntarias, para liberar tensión y sentir el flujo de excitación y placer. En las sesiones, Reich siempre ponía especial énfasis en la respiración, aunque según sus palabras uno no debía forzarla; el objetivo era abrir las vías respiratorias. El valor y la integridad de Reich me permitieron desafiar la división entre cuerpo y mente, mostrándome una y otra vez mis mecanismos de defensa regresando a la mente.

Reich, autor de *Análisis del carácter*, no se centraba en ello durante nuestras sesiones. Cuando le dije que quería ser famoso, no vio mi herida narcisista. Ambos sentíamos un profundo respeto por el propio intelecto y por el del otro. Su agudeza conmigo fue reconocer que mi intelecto funcionaba bien y que debía trabajar con mi cuerpo. Y cambió mi vida.

El punto de inflexión de mi terapia llegó tras dos años y medio, con tres sesiones por semana. Hacía mucho tiempo que había logrado que mi cuerpo respirara, se relajase y expresase el reflejo del orgasmo regularmente, pero aun así continuaba teniendo una personalidad neurótica. Reich me miró y me indicó:

—Lowen, vas a tener que dejar esto.

Quería decirme que la terapia había fracasado y que no tenía otra opción que aceptarlo. Entendió intuitivamente que eso demolería mis mecanismos de defensa y me permitiría abrirme de nuevo, y así ocurrió. Lloré profunda y desesperadamente, mi cuerpo se relajó, y comenzó un nuevo capítulo en mi proceso de sanación.

Fundé el análisis bioenergético para ayudar a la gente, para expresar mi creatividad y para contribuir a aclarar la complejidad existente en la división entre mente y cuerpo. El diagrama de Reich sobre la dicotomía de esta división impulsó mis primeros estudios:

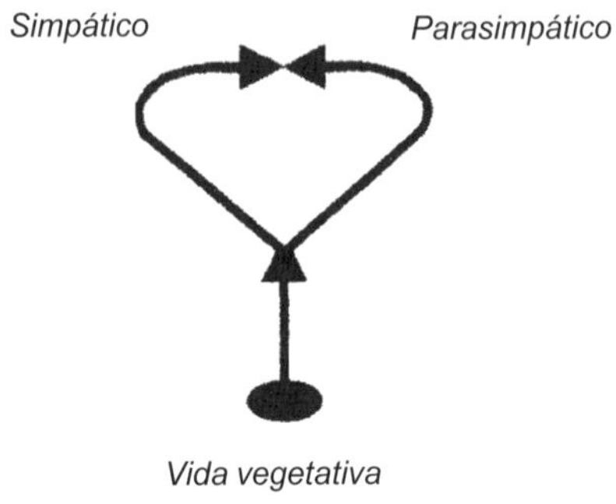

La unidad y la antítesis en el sistema nervioso vegetativo

En mi libro *La espiritualidad del cuerpo,* escrito en 1990, el diagrama adquirió esta forma:

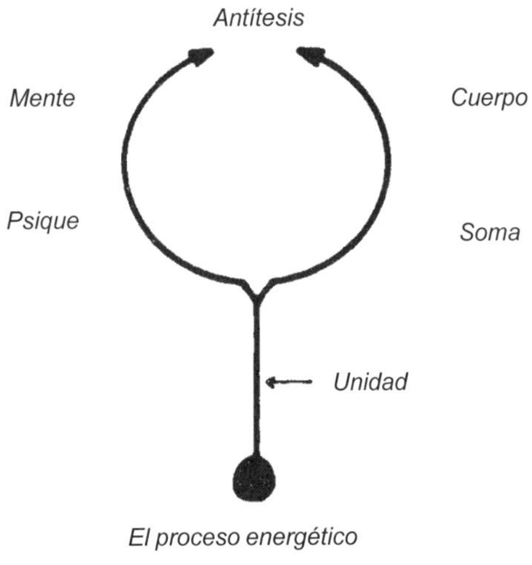

La vida contemporánea fomenta nuestras divisiones, poniendo todo el peso en la cabeza, el intelecto y el éxito. La profundidad de la división actual entre cuerpo y mente resulta enfermiza. Cuando comencé a practicar terapia en los años cincuenta, me centré en el análisis del carácter. Mi primer libro, *La dinámica física de la estructura del carácter*, que ahora se llama *El lenguaje del cuerpo,* trataba sobre los diferentes tipos de carácter. Ahora me centro en la energía, trabajando especialmente con los pies y la base del cuerpo. Actualmente, muchos terapeutas temen el poder de las convicciones. Adoptan el rol de consejero, confidente o analista, pero nunca el de líder. El liderazgo implica dirección y sentir con firmeza tus propias creencias y posicionamientos. Incluso muchos terapeutas bioenergéticos se alejan de las prácticas duras de trabajo corporal sin haber afianzado la base de su propio cuerpo, lo que resulta necesario para ser modelo y líder para sus pacientes.

En estos momentos hago alrededor de siete u ocho sesiones de terapia por semana. Trabajo con pacientes que vienen a New Canaan para experimentar mi versión del análisis bioenergético. Las raíces de la bioenergética surgieron de mis propias experiencias terapéuticas con Reich. En aquella época la terapia reichiana se desarrollaba con el paciente acostado sobre una alfombrilla en el suelo o sobre una cama. Durante una sesión en particular, mis emociones me obligaron a ponerme en pie frente a la cama y a golpearla con ira. Eso era algo muy inusual en la terapia de Reich. Mi cuerpo me estaba comunicando la importancia de mover las piernas y de ponerme de pie durante mi proceso terapéutico.

Ahora, cuando trabajo con pacientes, pongo especial énfasis en las vibraciones y en un duro trabajo corporal. Ya no les pido que estrujen toallas durante las sesiones, sino que trabajamos con la energía y la base del cuerpo, lo que significa que sentimos los pies, y no únicamente nos sostenemos sobre ellos. El término «comprensión»[1] incluye sentir y plantar la parte baja del organismo en el suelo, lo cual es lo más importante para mí en estos momentos. Al ejercicio que he desarrollado para trabajar esto le he dado el nombre de «conectar nuestros pies con la tierra».

A menos que haga demasiado frío en Connecticut, paseo todos los días por la vereda que sale de la puerta de mi casa de New Canaan, giro a la derecha, recorro cien metros y cruzo de nuevo, esta vez a la izquierda, para adentrarme en un precioso camino llamado Scenic Drive. Mientras voy paseando emito el sonido «aaaaaah» en voz alta. Respiro profundamente, hago ruidos, me muevo y siento cómo aumenta el flujo de energía. Cuando camino, siento el placer de mi propio cuerpo. El oxígeno resulta vigorizante para mis pulmones. Mover el cuerpo me hace sentir más vivo y más consciente del flujo de la energía.

Rowfreta L. Walker (Leslie), mi mujer durante cincuenta y ocho años, falleció el 4 de junio de 2002. Fue la parte sentimental de la pareja, mientras que yo fui la intelectual. Siempre fue capaz de entender intuitivamente los sentimientos de otra persona, y yo aprendí de ella. Compartimos nuestra sexualidad, exploramos la vida, criamos a un hijo sensible y nos embarcamos en la aventura de desarrollar juntos la bioenergética. Leslie fue una mujer maravillosa, siempre me sentí atraído por ella y siempre deseó tener una vida placentera.

1. Nota del traductor: es un juego de palabras. En inglés la palabra comprender es “understanding” que se puede descomponer en “under” que significa “debajo” o “parte baja” y “standing” de “plantarse” o “estar de pie”.

En este punto de mi vida, he logrado sanar casi por completo mi división entre cuerpo y mente, pero trabajar con mi cuerpo *a diario* es lo que lo mantiene así. Experimentar la vida del cuerpo es un proceso continuo, y la recompensa es una existencia más larga. La terapia debe desafiar nuestras divisiones entre pensamientos y sentimientos, entre hacer y ser, entre controlar y dejarse llevar, entre placer sexual y amor. La sociedad actual no fomenta la vida del cuerpo ni la búsqueda de la salud, sino que pone el énfasis en el dinero y el poder. El placer y la alegría son el verdadero propósito de la vida. He dedicado todos mis esfuerzos a sanar mi propia división entre cuerpo y mente, y a conseguir el placer del cuerpo. Y he sido afortunado porque los acontecimientos de mi existencia me han permitido conseguirlo.

Primera parte

EL RETO DE SANAR LA DIVISIÓN ENTRE CUERPO Y MENTE

En la década de 1910 las calles de Harlem me ofrecieron placer y refugio. Los libros de la biblioteca pública me abrieron a mundos que se encontraban más allá de la infelicidad de mis padres. La adolescencia tuvo momentos de emoción frenética, aunque también de profunda frustración. El reto de la vida del cuerpo en oposición a la de la mente se puso en marcha. Wilhelm Reich le proporcionó una dirección a mi vida. Mis sesiones con él se centraron en enseñarme a *respirar, respirar y respirar*. Su fuerte personalidad y mi terapia se convirtieron en el medio para encontrar mi propio camino, sentando las bases del análisis bioenergético.

1

Mi infancia y la universidad

Nací en Nueva York el 23 de diciembre de 1910, en el seno de una familia judía. Mis padres eran inmigrantes rusos que llegaron a Estados Unidos a principios de siglo. Mi padre era el más joven de cinco hermanos y el último en llegar al país. Mi madre tenía una hermana menor que también vivía en la ciudad. Nunca conocí a mis abuelos.

Tengo recuerdos de cuando era niño, y no son muy agradables. La sensación que conservo de mis primeros cinco años es confusa porque, aunque no lo recuerdo bien, creo que mi madre no me amamantó más de nueve meses y no fui un bebé feliz. Conservo una foto de esa época en la que salgo acostado boca abajo y mirando hacia arriba con ojos tristes (ver la segunda parte, «Fotografías de mi vida»). Mi primer recuerdo es el de estar sentado en el suelo de nuestra cocina mientras mi madre estaba ocupada con algo. También, de haberme arrastrado con otro bebé, una prima mía, cuando tenía casi un año. No me acuerdo de que mi madre me agarrase en brazos, pero sí tengo impresiones más cálidas de mi padre, que siempre jugó conmigo durante mi infancia.

Cuando tenía cuatro años y medio, mi madre dio a luz en casa a gemelas. Yo no sabía que mi madre había estado embarazada, o que cuando una de las bebés murió, fue una tragedia. No había sensación de muerte, únicamente una súbita actividad. La gente se congregó alrededor de la puerta, y yo intuía que algo importante había ocurrido, aunque no se tratara de una ocasión alegre. Me dejaron de pie junto a la puerta. No recuerdo quién más había allí, probablemente eran parientes. No sentí la pérdida de mi hermana, y tampoco recuerdo con claridad su rostro. Sí tuve la sensación de que algo había sucedido, y después todo volvió a la normalidad. Mi padre permanecía allí, de manera que yo no estaba solo. No creo que fuera un evento significativo para mí, por lo que no suelo revisarlo en profundidad.

Mi padre tenía una lavandería en Harlem. Después del nacimiento de mi hermana, nos mudamos del pequeño apartamento que estaba detrás de la tienda a otro situado encima. Inicialmente, mi madre trabajaba en la lavandería con mi padre. Tengo muchos recuerdos agradables de aquella época: yo recogía flores en el parque para mi madre y su hermana, y construía castillos de arena con mi padre en la playa.

Mi madre era una mujer pequeña. Cuando se sentaba, los pies no le alcanzaban el suelo y por esa razón siempre se sentaba en el borde de las sillas con la espalda muy recta. Su rigidez estaba asociada a su necesidad de control. Cuando yo tenía tres o cuatro años ocurrió un incidente. Estábamos sentados uno junto al otro en el borde de la cama. Yo estaba muy inquieto y al parecer ella no podía vestirme; quizá estaba tratando de anudarme los cordones de los botines de cuero que llevaban los niños en aquella época. El caso es que se giró hacia mí y me pellizcó la carne del muslo, retorciéndola con fuerza. Fue muy doloroso pero no lloré. De ahí en adelante jamás pude evitar la sensación de que mi madre podía ser cruel conmigo si la desobedecía.

Hasta el día de hoy, si alguien hace algún movimiento con la mano, como si fuera a golpearme, mi instinto es retroceder y encogerme. Desde que era pequeño, siempre me decía: «Deja de llorar, deja de llorar». Por ese motivo tenía problemas para llorar y nunca lo hacía para no parecer débil. Jamás la vi llorar, y tampoco la escuché cantar o reír. La vida era un asunto muy serio para ella. Tampoco recuerdo haberla visto participar en ninguna actividad juguetona o placentera. Siempre estaba ocupada con las tareas del hogar, excepto cuando visitábamos a su hermana. Jamás vi a mis padres bailar, pero un día, cuando tenía cuatro o cinco años, abrí la puerta del dormitorio y los vi juntos. Se avergonzaron mucho y cerraron la puerta rápidamente.

Mi padre era justo lo contrario: una persona dócil, fácil de tratar y amante del placer. Los domingos de invierno me llevaba a deslizarme en trineo, y en verano jugaba a la pelota conmigo. A los cinco años, una tarde de domingo, cuando vivíamos en la playa, me llevó a un parque de atracciones donde había todo tipo de juegos. Mientras nos acercábamos por la acera, yo podía escuchar la música y ver las luces brillantes en la distancia. Estaba abrumado por la excitación; sentía que iba a llegar a un mundo de fantasía, fue increíble.

Mi relación con mi madre era demasiado real, demasiado relacionada con las funciones básicas de la alimentación, la evacuación y el sueño. Su idea de una buena madre era aquella cuyos hijos comían bien y estaban gordos. Por tanto, durante mi niñez me persiguió para que me comiera toda la comida del plato y me contaba historias sobre gente hambrienta en China para hacerme sentir culpable por desperdiciarla. Hasta el día de hoy no he logrado dejar nunca el plato vacío, y no sé si la razón es que no podía comerme todo lo que me ponía o si se trata de algo más profundo, una necesidad de resistirme a su autoridad. Por otro lado, si me gustaba alguna comida en particular, jamás me dejaba saciarme, y este patrón se prolongó durante los años que viví bajo su techo. Incluso siendo ya un joven, me traía un vaso de zumo de naranja a la habitación y no me dejaba beberlo hasta que me hubiera cepillado los dientes.

Tengo recuerdos de orinarme en la cama y, más adelante, de una escupidera que guardábamos debajo y que usaba cuando tenía alrededor de dos años. Un recuerdo preciso de esa época es haber orinado en un zapato, en lugar de hacerlo en la escupidera, como una rebelión inconsciente contra mi madre. Cuando me hice un poco más mayor, ella me obligaba a pararme frente al inodoro y me decía: «Haz pipí, haz pipí, haz pipí. Inténtalo, inténtalo, inténtalo». Si no lo lograba, tiraba de la cadena e insistía: «Hazlo, hazlo, hazlo». Jamás me permitió ser libre; todo debía estar siempre bajo su control.

Mi madre era aún más compulsiva con la defecación. Examinaba cuidadosamente mis evacuaciones a diario para comprobar si eran «normales». Naturalmente, jamás lo eran porque yo sufría de estreñimiento y cólicos estomacales. Su solución era hacerme beber horribles laxantes, como aceite de castor, y si aun así no podía ir al baño me administraba un enema. Incluso la recuerdo persiguiéndome calle abajo con un vaso de leche de magnesia en la mano. Mi madre no tenía fe alguna en la capacidad del cuerpo para regular sus propias funciones. Cada resfriado era atendido con toda seriedad. Para la congestión nasal, por ejemplo, me ponía unas gotas de Argirol que me hacían estornudar unos mocos negros que me avergonzaban. Con frecuencia padecía de bronquitis, y su remedio era colocar mostaza caliente entre dos trozos de tela, aplicármelo en la espalda y envolverme en mantas tibias para que sudara la enfermedad durante la noche. Esta terapia solía ser efectiva, así que después de dos o tres días me permitía levantarme de la cama. Si tenía fiebre, mandaba a llamar al médico, que venía a casa cobrando uno o dos dólares.

Salir del apartamento y pasear por las calles cercanas para jugar con los chicos del barrio fue lo que me salvó durante esa época. Recuerdo un episodio de cuando tenía unos cuatro años, en el que jugaba con otros chicos de mi edad durante una nevada. Bailábamos alrededor de una farola y cantábamos canciones infantiles, y también jugábamos a luchar y a todo tipo de juegos, y eso me hacía sentir libre y feliz. En la calle trasera de mi casa había un tranvía, pero no transitaban coches, ya que la mercancía se repartía a las tiendas a caballo o con carreta. Cada manzana era una pequeña comunidad de niños de la misma edad. A medida que crecía, jugábamos a las damas, fabricábamos y repartíamos chapas electorales o asábamos patatas y malvaviscos en fogatas que hacíamos en la acera cuando hacía frío. En retrospectiva, siempre había cosas nuevas para hacer. Mi madre no me pegaba, pero si le desobedecía no me dejaba salir a jugar. Eso era para mí un terrible castigo, casi como si me estuviese confinando a una prisión. Que no me dejara salir a jugar era el castigo más severo que podía imponerme.

A los seis años me inscribieron en la escuela pública. Un día mi madre me llevó hasta un oscuro edificio y me dejó allí con otros niños. Yo estaba muy asustado y lloré profundamente cuando se fue. Sin embargo, las personas nos acostumbramos a todo, y yo me habitué a ir al colegio. Mi madre me llevó a diario durante los meses que siguieron y vino a buscarme al final de la jornada. Por alguna razón casi siempre llegaba tarde a la escuela y el castigo era sentarme bajo el escritorio del profesor durante media hora. Se suponía que la experiencia debía ser humillante, pero yo no la sentía así. A los seis años de edad, mi individualidad había sido violada tantas veces por mi madre que las acciones del profesor no tenían efecto alguno. A esa edad yo ya era un superviviente.

La escuela nunca fue un problema para mí. Fui un buen estudiante y obtuve muy buenas notas, especialmente en aritmética, sin tener que poner demasiado empeño. Sabía que mi familia no esperaba menos de mí. Cuando tenía unos diez años, llevé a casa un boletín de notas en el que no todas eran un diez. Mi padre me dijo: «Si no puedes sacar todo sobresaliente, no regreses a casa». No me causó un gran dolor porque sabía que no lo decía en serio, pero me esforcé por mejorar mis notas, tanto que mi rendimiento en la escuela fue lo bastante bueno como para que me adelantaran de curso dos veces. Recuerdo un incidente que revela mi actitud general hacia el estudio. En el tercer o cuarto curso, estaba sentado en mi pupitre escuchando a la profesora cuando pensé que no tenía por qué creer todo lo que me estaba contando. Hoy día aún me parece un pensamiento un tanto extraño para un niño. Cuando me hice mayor, me di cuenta de que reflejaba mi escepticismo hacia la autoridad.

El único aspecto del colegio que me desagradaba eran los deberes. Cuando sonaba el timbre y salíamos de clase, lo único que quería era ir a jugar con mis amigos y divertirme, de manera que al final siempre terminaba posponiendo los deberes hasta el último minuto. Era difícil hacerlos el domingo por la noche después de haber pasado todo el día jugando.

De 1915 a 1925, la calle fue el centro de mi vida. Jugar con los chicos del barrio era la actividad que más nutría mi espíritu. Siempre estaba ansioso por salir de casa, porque mi vida en la calle era una sucesión de juegos bajo el sol. Cada semana había un juego nuevo en la ciudad. Jugábamos al escondite, a pillar, a todo tipo de juegos de pelota, a la rayuela, a las canicas, y a veces incluso saltábamos a la comba con las chicas. Construíamos nuestras propias cometas, patinetes y toda clase de juguetes. No teníamos bicicletas, pero sí patines durante la primavera y el otoño. La ciudad no disponía de maquinaria para quitar la nieve, de manera que las calles se cubrían de blanco durante dos o tres meses. Los vecinos empujaban la nieve con palas a los lados de la calle, creando montículos que saltar y en los que construir fortines. Parecía como si siempre hubiera algo que hacer. Esa vida de actividad física sustituía la falta de una vida emocional agradable en casa.

Cuando los niños aprendíamos a leer, la biblioteca pública nos ofrecía un nuevo espacio de placer. De pequeño me gustaban mucho los cuentos de hadas y, más adelante, los relatos de James Fenimore Cooper sobre la vida de los indígenas americanos. Mi hermana también era una lectora apasionada, de manera que la lectura hizo de mi casa un lugar emocionante en el que estar. Excepto por los libros, mi hermana y yo no teníamos muchos juguetes, pero sí visitábamos las casas de nuestros compañeros del colegio.

Cuando tenía unos siete u ocho años, mi familia comenzó a desintegrarse; la relación entre mis padres se deterioró mucho. Mi madre comenzó a acusar a mi padre de darle a su hermana el dinero que ambos habían ganado con su trabajo. Cuando finalmente mi padre decidió hacer las maletas e irse a vivir con su hermana, mi madre se quedó devastada. Solía gritar con histeria: «¡Nuestros hijos!, ¡nuestros hijos!». Nos llevó a mi hermana y a mí a casa de mi tía, y nos utilizó para hacerle regresar. Al final mi padre lo hizo, por mi hermana y por mí, como nos contó mucho después. Pero a partir de ese momento no volví a ver ninguna señal de intimidad entre ellos, a pesar de que compartían la misma vivienda. Mi padre pasaba los días en la lavandería, y mi madre se ocupaba de llevar la casa. Ella se quejaba de que no le daba el dinero suficiente para cubrir las necesidades básicas y solo se hablaban para lo estrictamente necesario.

Yo me preguntaba cómo era posible que dos personas tan diferentes se juntaran. Sus personalidades eran diametralmente opuestas. Mi madre, sin capacidad para el placer, era una persona ambiciosa. Mi padre, amante del placer, no era agresivo y sí un fracasado en los negocios. Yo los quería a ambos y me encontraba en medio de sus diferencias. Ella lo acusaba de tener otras mujeres; aunque es posible que fuera cierto, no me constaba. Yo estaba expuesto al punto de vista de cada uno y eso me hacía sentir entre la espada y la pared. Ambos me hablaban de sus problemas y de su dolor, pero yo me sentía impotente. El problema era que ninguno de los dos le hablaba al otro excepto para quejarse. Ocasionalmente, mi madre se desesperaba tanto que empezaba a gritar, pero mi padre era sordo a sus gritos. Yo odiaba esas escenas porque me hacían sentir aún más impotente. Creo que él retenía el dinero que ganaba y no lo compartía porque ella le negaba intimidad sexual, pero también diría que no lograba ganar lo suficiente con su negocio. No era ambicioso, sino una persona noctámbula que trabajaba hasta muy tarde y dormía hasta bien entrada la mañana. La gente se aprovechaba de él porque evitaba los conflictos.

A los doce años y medio tuve una experiencia que fue el presagio de lo que me iba a ocurrir en la juventud. En aquella época estábamos viviendo en una cabaña en los Rockaways, como solíamos hacer durante el verano. Yo tenía un amigo de trece años que vivía en una de las cabañas contiguas, que a su vez conocía a una chica que vivía cerca. Ella tendría unos doce años, pero aún no se había desarrollado. Nos fuimos a jugar detrás de las cabañas y ella nos preguntó si queríamos jugar a hacer cosas malas. Cuando mi amigo le dijo que sí, se levantó el vestido, se quitó las bragas y se recostó sobre unos matorrales para mostrarnos la vagina. Mi amigo se sacó el pene y trató de penetrarla sin éxito. Yo era demasiado joven para intentarlo, pero al ver la escena sentí una excitación abrumadora. Mi cuerpo temblaba levemente por la intensidad de una sensación que era demasiado placentera. El recuerdo de esa experiencia (que ha conseguido excitarme hasta el día de hoy) me abrió los ojos al mundo mágico del placer y el éxtasis. Por desgracia, no fui capaz de entrar en ese mundo hasta haber alcanzado la madurez.

Mi infancia estaba acabando. Iba a cumplir los trece años, momento que marca el paso de la niñez a la madurez en la mayoría de las culturas. A los trece tuvo lugar mi *Bar Mitzvah*, aunque con poco significado para mí. Después de eso se me permitió vestirme de un modo que indicaba que ya no era un niño –a esa edad, a los niños se les permitía vestirse con pantalones largos, para así dejar a un lado los pantalones cortos y los calcetines hasta la rodilla, aunque en aquella época, esa costumbre ya estaba un poco anticuada–. A esa edad descubrí la masturbación. Era tan placentera para mí que me masturbaba casi todos los días. Mi padre me llevó al médico, quien me aseguró que era algo muy normal si no lo hacía con demasiada frecuencia (yo no le dije que lo hacía a diario). En realidad, estaba muy avergonzado por masturbarme y sentía que era una debilidad de mi personalidad. No sentía culpa, sino una terrible sensación de vergüenza. Por momentos sentía que la gente podía adivinar lo que hacía con solo mirarme a la cara. Durante ese período me costaba quedarme dormido porque creía que podía morir. No tenía amigos cercanos con quienes compartir mis experiencias.

Me gradué en la escuela de primaria y me aceptaron como estudiante en el instituto de Townsend Harris, una institución especializada en preparar a estudiantes para su admisión en la Universidad de la Ciudad de Nueva York. Únicamente se aceptaba a los alumnos más brillantes de la ciudad, y yo tuve mucha suerte al estar entre ese grupo. Me había graduado en primaria con una medalla de aptitud escolar porque obtuve las mejores notas en los exámenes finales. En el proceso de admisiones para la secundaria, sin embargo, no me encontraba entre el primer grupo de alumnos. Me afectó la falta de reconocimiento, pero estaba complacido por haber sido aceptado.

El instituto estaba en el campus universitario, lo que me exigía tomar el tranvía para ir y volver. Me llevaba el almuerzo de casa, como muchos otros estudiantes, porque mis padres no podían pagar los almuerzos del colegio. Townsend Harris no era un centro escolar común, ya que estaba centrada en conseguirnos becas para la universidad. Por tanto, las asignaturas eran las típicas de cualquier instituto, pero no teníamos educación física, ni gimnasio, ni clases de arte o de música. No había actividades extraescolares ni sociales. Los estudiantes solo podíamos comunicarnos en la pausa del almuerzo o encontrarnos en el campus.

No tuve dificultad alguna con los estudios, pero descubrí que el resto de los estudiantes estaban a mi nivel, y algunos eran incluso superiores a mí en capacidad intelectual. Aprender un segundo idioma era un requerimiento, y yo escogí francés, pero muchos otros optaron por el latín. Un joven de mi clase, Paul Goodman (quien se convertiría después en un conocido escritor durante los años treinta y cuarenta), me parecía un genio. Me hice amigo de él durante el tercer año y lo vi leer latín con la misma facilidad con la que yo leía en inglés y resolver problemas matemáticos con una elegancia admirable. Yo solo era un estudiante un poco por encima de la media.

En esa época, el barrio en el que crecí cambió radicalmente. Durante mi infancia y pubertad, mi familia vivía en un barrio judío de clase media de Harlem. Después, las familias judías comenzaron a mudarse como si se tratara de un éxodo. Algunos se fueron al Upper West Side y otros, al Bronx. Mi familia no podía mudarse: mi padre no tenía el dinero ni el arrojo suficiente para comenzar de cero en un lugar nuevo. Parecía como si todos mis amigos estuvieran desapareciendo. El centro judío en el que jugaba al baloncesto había cerrado, y yo ya no tenía con quién jugar. Pude hacer dos nuevos amigos, estudiantes de mi instituto que vivían cerca, y eso ayudó. Sin embargo, no tenía contacto con chicas de mi edad, ni vida social. Mis padres no me ayudaban, porque pasaban por una mala racha y no se hablaban. Yo llevaba las cuentas del negocio de mi padre y hacía repartos de ropa limpia a sus clientes. Mi hermana contaba con varios amigos, pero no eran íntimos, y tenía poco contacto con ellos. Recuerdo esos días con dolor, ya que estaba solo la mayor parte del tiempo. Solía dar largos paseos por las calles de la ciudad, pero me sentía como un extraño, sin posibilidades de sumergirme en la vida que me rodeaba.

Jugar a la pelota lanzándola contra una pared, frente al estadio de Lewisohn, que quedaba cerca del instituto, fue mi refugio. El juego se suele desarrollar entre dos equipos de dos jugadores cada uno, y en ocasiones se puede jugar entre dos jugadores. Yo disfrutaba mucho ese juego y lo practicaba cada vez que tenía la oportunidad (antes de las clases si llegaba temprano, durante la pausa del almuerzo y después de las clases). Jugaba todos los días con un compañero que vivía cerca; a veces apostábamos cinco centavos por cada juego, y eso lo hacía más interesante. Eso fue lo que me salvó la vida, de alguna manera. Se convirtió en la única actividad que me hacía sentir vivo. Llenaba mi cuerpo de excitación, por lo que continué jugando durante la universidad, e incluso después.

Me gradué en secundaria a los dieciséis años e ingresé en la Universidad de la Ciudad de Nueva York en el programa de ciencias. La asignatura que mejor se me daba eran las matemáticas, pero también era bueno en ciencias. La peor, literatura, que casi suspendí durante el primer año –la aprobé con la nota mínima–. Mi madre me había inculcado la necesidad de prepararme para encontrar mi vocación; decidió que debía ser profesor, y yo pensé que podía convertirme en profesor de matemáticas. Logré con facilidad las mejores notas en matemáticas de toda la secundaria. Mis notas fueron sobresalientes durante el primer año de universidad en geometría de sólidos y cálculo diferencial, pero durante el segundo año solo logré buenas notas. Algunos de los estudiantes más brillantes en matemáticas lograron sobresalientes, y eso me hizo darme cuenta de que realmente no estaba a su altura. Reparé en que las matemáticas eran parte de su vida, pero no de la mía; mientras ellos dedicaban las tardes a resolver problemas, lo único que quería hacer yo era jugar al balonmano y al baloncesto.

La universidad tenía un excelente gimnasio, con una cancha de baloncesto para los juegos interuniversitarios de la que también podíamos disfrutar. Durante el almuerzo, o después de las clases de gimnasia, organizábamos equipos de tres jugadores y jugábamos usando una sola de las canastas. Yo salía corriendo del aula hacia la cancha durante la pausa del almuerzo, jugaba hasta el último minuto libre y corría de regreso para llegar a tiempo a la siguiente clase, en la que tomaba el almuerzo a escondidas, parapetado tras el escritorio.

En el tercer año de universidad, ya había completado las asignaturas de ciencias necesarias para obtener la licenciatura, pero creía que las ciencias no eran un campo prometedor. Siempre fui un buen estudiante, pero jamás excepcional. No había forma de que pudiera lograr una beca para estudios de posgrado. Muchos de mis compañeros tenían planeado ir a la facultad de medicina después de la carrera, pero yo no estaba realmente interesado. Mi madre les profesaba una gran fe a los médicos y a la medicina, pero yo tenía una percepción negativa de la profesión, principalmente por la manera en la que mi madre me obligó a recibir tratamientos médicos durante mi infancia. Recuerdo que, en la adolescencia, en uno de los episodios de bronquitis que sufrí, mi madre me arrastró a un médico que intentó arreglarme una desviación del tabique nasal. Mi resistencia a los médicos nació de la actitud de mi padre, que era opuesta a la de mi madre. Jamás tomó medicinas, que yo recuerde, y se curaba a sí mismo con baños calientes.

Decidí asistir a clases de contabilidad, matemáticas aplicadas y economía porque necesitaba encontrar un trabajo que me diera dinero. En los últimos años de universidad, me paseaba entre las gradas del estadio vendiendo programas para los partidos de fútbol americano. Al principio trabajé para un promotor, pero el segundo año decidí hacerlo por mi cuenta. Encontré una imprenta local que me entregaba los programas la noche anterior al partido por un precio razonable, y estudiantes que estaban dispuestos a repartirlos para mí. La primera vez logré una ganancia de cuarenta o cincuenta dólares. Mi madre, que se había ofrecido como cajera para recibir el dinero, estaba abrumada por mi éxito. Su sueño siempre había sido llevar un kiosco cerca de alguna estación de metro para poder independizarse de mi padre.

En una clase de economía escribí un informe acerca de mi aventura vendiendo programas. El profesor se mostró muy entusiasmado con mi historia. Me veía como un emprendedor afín, y eso fue una gran suerte para mí porque me dio mi primer trabajo. Mi profesor era amigo de los miembros de la directiva de la sucursal de Nueva York para el Censo de Negocios de 1930, y me ofreció mi primer empleo como censista. Los censos comenzarían en marzo, así que decidí cambiarme a las clases nocturnas para finalizar los dos cursos que me restaban para obtener la titulación. Mi trabajo consistía en recorrer las oficinas de las compañías que estaban en la ciudad de Nueva York, más concretamente en el Midtown, desde la Quinta Avenida hasta el río Hudson. Debía explicarles el procedimiento del censo, darles los formularios que debían rellenar y responder a sus preguntas. Fue una gran suerte, porque me ayudó a volverme independiente en una época en la que los empleos eran cada vez más escasos. Seis meses antes, la quiebra de la bolsa desestabilizó la aparente seguridad del mundo empresarial, y comenzó la Gran Depresión. Yo ganaba un salario de veintiocho dólares a la semana, que era suficiente para mantener a una familia pequeña durante los tiempos de la depresión, lo cual hacía que me sintiese feliz. Mis compañeros censistas también se sentían felices por tener un trabajo y un sueldo después de haber perdido sus empleos y sus ahorros en el colapso económico.

Obtuve la licenciatura en junio de 1930. A finales de ese mes, mi trabajo como censista estaba llegando a su fin, pero me permitieron continuar como supervisor y me aumentaron el sueldo a treinta y cinco dólares hasta el otoño. Para cuando acabó 1930, tenía veinte años, y ya no era un estudiante, pero tampoco un hombre. Todavía vivía en casa de mis padres, no tenía trabajo y tampoco sabía a qué me quería dedicar. Sin embargo, ya había tenido mi primera experiencia en el mundo laboral y sentía que podía manejarme bien. En mi vida social, no obstante, era diferente. Durante los años de secundaria y de universidad jamás me habían invitado a una fiesta, nunca había tenido novia y ni siquiera había salido con una chica.

Para poder ver a una mujer desnuda, habría tenido que espiarla. Parecía como si hubiese estado hibernando durante un período en el que mi sexualidad debía florecer. Aunque vivía en el mismo apartamento que mi hermana, no recuerdo haber pensado en ella con ningún tinte sexual. No podía acercarme a mujeres jóvenes. Mi sexualidad no estaba muerta: me masturbaba casi a diario, y creo que eso me salvó. En esa época decidí sustituir el baloncesto y los partidos por el tenis, y me dediqué a jugar con frecuencia en las canchas de Central Park.

En enero de 1931, empecé a buscar trabajo, pero el único disponible era como vendedor de zapatos de mujer los sábados, por tres dólares al día. Yo no tenía experiencia vendiendo zapatos; sin embargo, pensé que podía engañar a mis entrevistadores. De manera que el primer empleo para el que me ofrecí por mi propia cuenta fue para la zapatería Nacional de la calle 42. Me vestí de manera presentable y fingí tener experiencia en el sector. Me dieron la oportunidad, pero mi ignorancia me dejó en evidencia rápidamente y me despidieron. Lo mismo me ocurrió en otra zapatería.

Sin embargo, había tenido la oportunidad de observar cómo operaban las tiendas y de aprender parte del lenguaje que se empleaba en ellas. Mi tercer intento tuvo éxito y pude trabajar vendiendo zapatos los sábados durante toda la primavera. Fue entonces cuando mi familia decidió, finalmente, mudarse de Harlem a un apartamento en el Bronx. Fue una mudanza algo forzada, porque mi padre se había atrasado con el alquiler y nos habían amenazado con echarnos.

Tuve otro golpe de suerte. En la calle 42 me topé con un antiguo compañero de clase con quien había estudiado matemáticas aplicadas –realicé otro curso durante el penúltimo año con la esperanza de que me ayudaría a encontrar un trabajo–. Me dijo que la ciudad de Nueva York estaba buscando secretarios de contabilidad. Él había aprobado el examen el año anterior y estaba empleado en ese puesto. Fui a la entrevista y me fue muy bien, así que rápidamente me convertí en secretario de contabilidad del Estado de Nueva York, con un salario de veintiocho dólares a la semana, bastante decente para la época. El horario era de nueve a cinco, y debía realizar cálculos estadísticos con una calculadora Monroe que podía multiplicar números de diez cifras por números de diez cifras. Tenía que insertar los números en la máquina, mover el multiplicador manualmente y anotar los resultados. Es el trabajo más aburrido que he hecho en toda mi vida, y era muy difícil terminar la jornada haciendo una y otra vez la misma tarea repetitiva. Para pasar el tiempo, colocaba el reloj de pulsera sobre el escritorio e intentaba hacer uno de esos cálculos cada treinta segundos. Ocasionalmente había algún otro trabajo adicional, como archivar papeles u operar una máquina de tarjetas perforadas de la IBM.

Solo me era posible soportar un trabajo tan tedioso y rutinario soñando despierto. En uno de esos sueños recuerdo con claridad que era un hombre exitoso con una gran familia y una esposa bellísima que, además, era una excelente anfitriona. Ese sueño reflejaba la gran soledad en la que viví durante los años de juventud.

2

Mi juventud y madurez

Sabía que debía renunciar al empleo de secretario y buscar un nuevo rumbo, pero francamente me parecía imposible. Lo más lógico era continuar en mi trabajo y estudiar derecho por las noches. En la Facultad de Derecho de Brooklyn daban clases desde las seis hasta las ocho de la tarde y estaba a treinta minutos de mi oficina, en la parte sur de Manhattan. El derecho era todo un desafío, pero pronto comprobé que me resultaba fácil, y logré hacer nuevas amistades entre mis compañeros. Al estudiar los casos en casa, descubrí que existía una lógica detrás del derecho que era afín a mi lado matemático. Como el trabajo me hacía infeliz y me enteré a través de un amigo de que el área de educación de la Ciudad de Nueva York iba a realizar un concurso para profesores de secundaria, decidí hacer los cursos necesarios en la Nueva Escuela de Estudios Sociales. Parecía tener una aptitud especial para ese tipo de pruebas, ya que cuando publicaron la lista de admitidos, mi nombre aparecía en primer lugar. En el otoño de 1933, me otorgaron un empleo como profesor temporal de contabilidad y de derecho comercial en el instituto Julia Richman, en Manhattan.

Fui profesor de secundaria de 1933 a 1946, en tres centros diferentes, preparando a chicas para empleos comerciales. Mi salario era de treinta y cinco dólares semanales, una buena cifra durante la depresión, con un horario de nueve menos veinte a tres. El trabajo no era tan aburrido como el de secretario, pero tampoco lo encontraba emocionante. Mis estudios de derecho se hallaban en un nivel intelectual muy superior al de llevar cuentas y dar clases de secundaria, así que esto no representaba para mí reto alguno. Sin embargo, el trabajo de profesor tenía sus ventajas. Para un hombre joven y soltero, el salario era bastante bueno, y dar clases seis horas al día me permitía dedicar más tiempo a mis estudios de derecho. En 1935 me convertí en profesor fijo, y mi salario se elevó a dos mil cien dólares al año con aumentos anuales. Finalmente sentí que me estaba insertando en el mundo real, y pude comprar mi primer coche, un Studebaker usado que aprendí a conducir con rapidez.

En enero de 1934 me gradué en la Facultad de Derecho con el título de abogado. Para mi sorpresa, recibí los honores más distinguidos y el título de summa cum laude. Actualmente, un alumno graduado en derecho con la más alta distinción suele obtener rápidamente un trabajo en un importante bufete de abogados, pero en 1934 estábamos aún inmersos en la depresión. Un compañero de clase, hombre ya mayor que tenía una oficina de contabilidad independiente, me ofreció un trabajo para desarrollar su propia firma de abogados, pero lo único que podía ofrecerme eran seis dólares a la semana. En ese momento la secundaria me pagaba cincuenta dólares a la semana, así que su oferta era absurda y la decliné. En otoño aprobé el examen nacional de derecho, que me permitía ejercer la profesión de abogado en el Estado de Nueva York. No me sentía realizado como profesor, pero nadie me ofreció un puesto mejor.

Creía tener la capacidad intelectual suficiente para convertirme en profesor de derecho. La Facultad de Derecho de Brooklyn ofrecía cursos para obtener el doctorado, en concreto el título de doctor en ciencias del derecho. Por tanto, me inscribí a fin de continuar los estudios y subir otro escalafón, para conseguir así un trabajo mejor como profesor. Creía que podía lograrlo porque estudiar siempre me había resultado fácil. Volver a la universidad no cambiaría mi vida; sería simplemente una continuación de lo que había vivido hasta el momento.

Mi vida social mejoró y logré hacer muchos más amigos, compañeros de clase de la Facultad de Derecho y de otras actividades de verano, pero tenía muy poco contacto con mujeres y casi ninguna experiencia sexual. Tuve mi primera novia formal cuando cumplí los veinticinco, una relación que duró tres años. Vivíamos en el mismo barrio y nos conocimos un día cuando yo regresaba del trabajo. Me reconoció porque yo había sido su profesor en el instituto Julia Richmond, y me saludó. Era una joven encantadora y me gustaba mucho. Después de las citas nos besábamos en el cuello en el pasillo de su apartamento. Con la excusa de ir de paseo al campo, aparcábamos el coche y nos manoseábamos. También visité a su familia de inmigrantes checoslovacos, tan pobre como la mía. Emily no quería tener sexo, porque deseaba mantener su virginidad intacta para su futuro marido. No tenía dote, por lo que sentía que lo único que podía ofrecerle a un hombre era su inocencia. Emily se preocupaba mucho por mí, y sé que se hubiera casado conmigo con alegría si se lo hubiese pedido. Sin embargo, yo no era lo bastante maduro, ni tenía intenciones de asentarme por el momento. No me veía a mí mismo como profesor de secundaria para el resto de mi vida. Nuestra relación llegó a su fin cuando conoció a otro hombre en otra ciudad que estaba más interesado en el matrimonio que yo.

Durante ese período de romance logré el doctorado en derecho. Afortunada o desafortunadamente, no recibí los más altos honores al graduarme, solamente el magna cum laude. Un compañero consiguió el más alto honor y, para mi sorpresa, eso no me incomodó. Me di cuenta de que si me hubiese concentrado completamente en los estudios, habría recibido el título de summa cum laude, y quizá eso me hubiese permitido dar clases de derecho en la universidad. Había contribuido activamente con el diario de derecho de la facultad, pero no me había involucrado lo suficiente como estudiante como para que me consideraran profesor. No logré convertirme en profesor universitario de derecho, por lo que mis esfuerzos habían sido en vano.

No estaba molesto por mi fracaso, porque en realidad no me veía a mí mismo en el mundo académico. Mi cabeza estaba en la universidad, pero mi corazón se encontraba en otra parte, en las actividades corporales. Sin embargo, sabía que únicamente en el mundo intelectual podía sentirme superior. Mis capacidades físicas no eran especiales. Si quería ser excepcional, eso solo ocurriría a nivel intelectual.

A pesar de los inconvenientes, dar clases en un instituto tenía una ventaja que representó un punto de inflexión en mi desarrollo: era libre durante los meses de julio y agosto, por lo que comencé a trabajar en campamentos de verano para adultos y en hoteles. Un año fui contratado como entrenador de atletismo en un campamento de verano para adultos de veinte a treinta y cinco años, que venían al campamento una o dos semanas. Al año siguiente fui profesor de tenis en un hotel de verano en Catskills, dando clases a los principiantes por la mañana, y a los avanzados por la tarde. Trabajé en muchos campamentos de verano hasta 1940. Mi interés por los deportes me aportó grandes beneficios que no eran monetarios. El sueldo era escaso, entre cincuenta y ciento cincuenta dólares por ocho semanas de trabajo, con comida y hospedaje incluidos, pero los hoteles tenían programas nocturnos de baile y entretenimiento. Se esperaba que los miembros jóvenes del equipo bailaran con las chicas que se hospedaban allí, y ese era mi mayor interés. Como por arte de magia, todo lo que había soñado como adolescente se hizo realidad en ese lugar.

Los campamentos de verano me brindaron la oportunidad que tanto necesitaba de familiarizarme y compartir mi intimidad con mujeres jóvenes, y esto hizo de mi vida algo mucho más placentero. Tenía hambre de sexo, y finalmente pude satisfacerla. Sin embargo, las experiencias solo ocurrían de forma esporádica y espontánea. Me sentía sexualmente atraído por las mujeres con las que estuve, pero era una sensación bastante alejada del profundo sentimiento que es el amor. No me enamoré y, por tanto, mi sexualidad nunca formó parte de una relación sexual sana. Ni la división que se daba entre mi intelecto y mis sentimientos ni la que existía en mi personalidad entre el amor y el sexo fueron atendidas en esos encuentros amorosos. Era como un hombre hambriento que logró satisfacer su hambre, pero que no se rindió ante la belleza y la alegría del amor.

En aquella época estaba dando clases en un instituto de mujeres en Brooklyn. Me sentía bastante cómodo y confiado en mi puesto, lo que me permitía relajarme y hasta ser popular entre los demás miembros del profesorado, así como entre las alumnas. Mantenía aún mi trabajo estival como profesor de tenis y como entrenador de atletismo de los campamentos de verano para adultos. Disfrutaba de ambas actividades por igual. Me había convertido también en un entusiasta del esquí, actividad que también me encantaba. Fue entonces cuando algo me conmocionó.

En 1938, sentí que mi vida estaba vacía y que sufría una depresión. No era una depresión grave, pero nunca antes me había sentido de esa manera y me di cuenta de que estaba ligada a mi falta de actividad física. Para poder sentir mi cuerpo, decidí comenzar una nueva rutina de ejercicios de treinta minutos al llegar a casa del trabajo. La mayoría de los ejercicios se enfocaban en liberar la tensión de los músculos del cuello, que por aquella época me hacían sentir tenso e incómodo. Afortunadamente, tuvieron el resultado esperado y, además, me permitieron ver que era en mi cuerpo en donde quería pasar la mayor parte del tiempo, y no en mi mente.

¿Cómo podría ganarme la vida por medio de mi cuerpo? Se me ocurrió abrir un estudio de danza para adultos, pero no tenía talento ni formación como bailarín, y no parecía ser el camino apropiado para mí. Además, dudaba de que un estudio de danza fuera un negocio lucrativo. Después pensé: «Creo fervientemente en el valor del ejercicio y de las actividades físicas placenteras. He experimentado de primera mano la forma en que un programa de ejercicios puede hacer que tu cuerpo se sienta vivo».

La idea de escribir un libro acerca de la relación entre cuerpo y mente me emocionaba, y comencé a escribir sobre los ejercicios y sobre cómo me afectaba cada uno de ellos. Sabía que la idea de trabajar con el cuerpo para influir en la mente no era algo nuevo. Conocía el yoga, pero sus raíces religiosas me desagradaban. Otra disciplina que empleaba los movimientos corporales como instrumento para aprender música eran los ejercicios eurítmicos, desarrollados por un profesor de música llamado Jacques Dalcroize. Mi visión era un uso más amplio del ejercicio; un uso que ofreciera un impacto positivo sobre toda la personalidad y no únicamente en algunos aspectos de ella. Durante el otoño de 1939, todos los días después del trabajo conducía hasta un parque y allí me sentaba bajo el sol a escribir sobre los ejercicios. El invierno trajo consigo la práctica del esquí y del baile de salón, por lo que dejé el libro a un lado.

Compré un coche nuevo, un Buick de 1937, y decidí hacer un viaje de ocho semanas por Estados Unidos con él, en el verano de 1940, con mi prima Sol Siegel y varios amigos. Partimos hacia el oeste por la ruta del norte y regresamos al este por la ruta del sur. Entonces no existían grandes autopistas y tampoco había demasiados coches, pero encontramos con relativa facilidad lugares para pasar la noche y donde comer.

Las escenas más memorables del viaje fueron las cataratas del Niágara, los mataderos de Chicago –con sus largas filas de vacas y cerdos, y el olor que inundaba ciertas partes de la ciudad–, así como las Colinas Negras de Carolina del Sur, con el monte Rushmore –en el que estaban tallando los rostros de nuestros grandes presidentes en la roca–. En Jackson Hole montamos a caballo y escalamos montañas hasta casi llegar a la cumbre. Vimos osos en el parque nacional de Yellowstone, y llegamos hasta Reno. Decidí que no apostaría nada, pero en cambio sí iría al distrito rojo. Conducir por los puentes que van de Oakland a San Francisco y cruzar el Golden Gate fue muy emocionante. Estuvimos tres días en San Francisco y condujimos hasta Los Ángeles a través del valle Central. En agosto el clima era fantástico en Los Ángeles, y el zumo de naranja fresco resultaba una delicia. Me hospedé en un pequeño apartamento en Sunset Boulevard. Un joven guionista, amigo de unos amigos de Nueva York, me presentó a una joven y alta actriz que, con su metro ochenta, me miraba desde arriba como si fuera un enano. Salimos todas las noche durante una semana, bailamos la conga en un local nocturno de Sunset Boulevard, nos besamos en Malibu Beach y tuvimos relaciones íntimas. Después de Los Ángeles, mis compañeros de viaje y yo condujimos por el valle de la Muerte de noche, para no sufrir con el calor, llevando cubos de hielo en las ventanas para enfriar el aire que entraba en el coche. El resto del viaje nos llevó a través del desierto de la frontera de California y Arizona, visitamos a unos parientes en Nuevo México y varios parques nacionales, Arkansas, Tennessee, Virginia y, finalmente, volvimos a Nueva York.

En 1938 y 1939, ya había dedicado tiempo a pensar la forma en que cuerpo y mente se podrían integrar. Deseaba tener más actividad física. No era suficiente hacerlo en verano. El cuerpo siempre me había atraído; el aspecto corporal, no el mental, que asociaba con la cobardía. Con el cuerpo, eres un hombre. Es curioso, pero jamás me permití perder la esperanza en ningún sentido. No se trataba solamente del aspecto físico, sino de lo que el organismo representaba en mi mente. Me identificaba más con el cuerpo que con la mente y deseaba pasar el resto de mi vida en ese plano. Trabajar con el cuerpo me mantuvo cuerdo.

Cuando se reanudaron las clases en 1940, no me deprimía la idea de volver a la misma situación con un trabajo que no me emocionaba y sin expectativas de ascender en mi carrera como educador. Continuaba eufórico con la idea de encontrar la conexión entre cuerpo y mente. Sabía que esa conexión era de vital importancia para mí, aun cuando no tenía ni idea de la profundidad de la escisión que existía en mi personalidad entre ambos. No me sería posible escribir ese libro acerca de la importancia del ejercicio para el estado mental y físico sin comprender la dinámica de esa división. La Nueva Escuela de Estudios Sociales ofrecía una asignatura, llamada análisis del carácter, que definía la relación entre cuerpo y mente como de identidad y antítesis. Esta afirmación significa que el cuerpo influye en la mente y que, al mismo tiempo, la mente influye en el cuerpo, una idea bastante aceptada. Sin embargo, esta descripción iba más allá y proponía una verdadera identidad entre ambos. Jamás había escuchado a nadie decir que cuerpo y mente fueran uno solo. La definición de esa relación me intrigaba, y sentí un gran deseo de conocer al profesor, el doctor Wilhelm Reich.

3

Cuando conocí a Wilhelm Reich

El doctor Reich exigía a todos los estudiantes que quisieran inscribirse en su asignatura que se reunieran con él en persona. Aunque prefería que sus alumnos tuvieran estudios de medicina o de psicología analítica, Reich me dijo que me daría la oportunidad de asistir a tres clases antes de decidir si me aceptaba como alumno. Desde la primera sesión descubrí que era un pensador muy certero.

Comenzó su clase con un análisis del fenómeno de la histeria, un problema fundamental que permitió el desarrollo del psicoanálisis. De acuerdo con la teoría psicoanalítica, la causa de la neurosis es un evento traumático de carácter sexual que ocurre en la infancia. Tanto Freud como Charcot tuvieron problemas para explicar la forma en que una acción mental y un pensamiento podían ocasionar un problema de carácter físico. Sin embargo, según Reich, la teoría psicoanalítica no tomaba en cuenta el momento concreto en que surgían los síntomas físicos. Él decidió enfocar sus estudios en el aspecto temporal, reconociendo que el factor emocional era el responsable del problema de la histeria.

Existían dos aspectos de especial relevancia para Reich. El primero eran las razones por las cuales el síntoma histérico se producía en un momento determinado, años después de que el trauma inicial tuviera lugar. El segundo era la situación dinámica de la vida del individuo desde que ocurrió el trauma hasta que aparecieron los síntomas. Estas ideas, que tuvieron un fuerte impacto en mí, me parecieron observaciones muy inteligentes. Continuó la clase explicándonos su teoría de que el síntoma suele aparecer en un momento de la vida del individuo en el que ocurren cambios de índole sexual; de manera que un segundo trauma sexual o una experiencia desagradable en la vida adulta es el elemento que evoca el primer trauma y que genera el síntoma.

Durante el tiempo que transcurre entre el primer trauma y el momento en que aparecen los síntomas, el recuerdo del incidente es suprimido por la mente, y la sexualidad del cuerpo es reprimida. Describió este fenómeno como un factor *económico*, y lo que quería dar a entender con ello es que la aparición del síntoma altera la economía de energía del individuo. Reich nos habló sobre la energía, en concreto la del impulso sexual. Su creencia es que la libido, el impulso sexual, es una energía de carácter físico, no únicamente psíquico, y esa idea también me atrajo. Reich estaba ofreciéndole una nueva dimensión al psicoanálisis, basada en los procesos físicos del cuerpo. Esto era justamente lo que yo estaba buscando, la conexión entre cuerpo y mente, entre pensamiento y sentimientos. Quedé muy impresionado con esta primera clase.

En su segunda y tercera clases, Reich habló de las diferentes formas de comportamiento neurótico o neurosis. Señaló que en los principios del psicoanálisis solo se reconocían dos tipos de neurosis: el éxtasis, o verdadera neurosis, y la psiconeurosis. El éxtasis o *verdadera neurosis* era una categoría que incluía los problemas emocionales causados por la perturbación del funcionamiento sexual en sí mismo. El coitus interruptus, una práctica común en la época, podía ocasionar problemas físicos como la neurastenia y la hipocondría. Los sentimientos de culpa asociados a la masturbación también podían causar este tipo de neurosis. Por otro lado, la *psiconeurosis* estaba conectada a los traumas sexuales ocurridos en la infancia, y carecía de una causa física específica. La distinción entre ambos tipos se volvió un asunto irrelevante para mí cuando descubrí que se consideraba que todas las neurosis tenían un origen psíquico.

Mientras Reich explicaba todo esto, se me ocurrió que todas las neurosis tenían tanto un factor físico del pasado como un síntoma físico de carácter sexual en el presente. Era imposible ignorar los aspectos físicos o energéticos de los problemas neuróticos.

Me impresionaba su teoría, pero me costaba aceptar su idea de que las perturbaciones sexuales son la raíz de todas las neurosis. Mi escepticismo persistió a lo largo de la primera mitad del curso. Sin embargo, en algún punto de la segunda mitad, me convencí completamente de la validez de su postura, aunque nunca supe exactamente qué fue lo que me hizo cambiar de opinión.

Continuó su clase explicando los problemas culturales cuyo origen podía rastrearse hasta las perturbaciones sexuales del individuo. Él creía que todos los conflictos sociales partían del modelo patriarcal de la sociedad. Tenía grandes convicciones acerca de los problemas sociales que desenmascaran las perturbaciones del individuo y la sociedad.

Hacia final de curso le expresé mi interés por continuar mis estudios con él. Reich me invitó a unirme a otros muchos alumnos que habían asistido a su clase y con quienes planificaba encuentros posteriores. Me sentí muy orgulloso de formar parte de ese grupo que se reunía todos los meses en su casa y que incluía varios médicos y otros profesionales.

Reich nos explicó cómo había unido sus ideas psicoanalíticas con sus ideas políticas. Comentamos sus experiencias en Europa, especialmente en Alemania, en donde había organizado programas para ayudar a padres de adolescentes a entender los principales factores que pueden causar una neurosis en la sexualidad natural de los seres humanos.

Reich quería establecer un programa similar en Estados Unidos, en el que gente joven pudiera comentar sus problemas sexuales y ansiedades. Con la ayuda de un amigo, decidí ofrecerle la oportunidad de reunirse con los trabajadores sociales de uno de los centros comunitarios más importantes de Nueva York. Reich les propuso dar charlas mensuales sobre sexualidad a los jóvenes y a sus padres, y establecer horarios para consultas personales o de carácter psiquiátrico. Reich era un excelente orador en inglés, a pesar de no ser su lengua materna, y la audiencia de doscientas personas aplaudió con entusiasmo. Yo tenía la esperanza de participar en el proyecto junto con varios psiquiatras, pero el centro comunitario rechazó la propuesta.

Continué disfrutando de las reuniones mensuales en casa de Reich. Una tarde me enseñó su laboratorio, en el que estaba desarrollando experimentos con lo que él creía que era la energía sexual o *energía orgón*. Me dijo: «Lowen, si estás interesado en este trabajo, debes hacer terapia como paciente». Ese día, le comenté de manera ingenua que quería ser famoso, y él respondió: «Yo te haré famoso».

No pude rechazar su oferta. Me di cuenta de que me resistía a entrar en un proceso terapéutico con él, pero mi resistencia estaba más basada en mis miedos que en objeciones lógicas. Debía usar parte de mis ahorros para pagar su tarifa de quince dólares por sesión.

En la primavera de 1942, comencé mi proceso terapéutico con Reich, tres sesiones a la semana. Él denominó a la terapia *vegetoterapia caracteroanalítica*. El aspecto *caracteroanalítico* era el psicoanálisis del comportamiento, mientras que la *vegetoterapia* denotaba un nuevo tipo de terapia enfocada en liberar los movimientos involuntarios y las expresiones libres del cuerpo. Él tenía una idea clara de la conexión que existía entre cuerpo y mente: ambos son realmente uno solo y, a la vez, actúan y se influyen el uno al otro. Reich observó la resistencia de sus pacientes a dejar ir sus sentimientos y recuerdos reprimidos. Había descubierto, años atrás, que las personas neuróticas no respiran de una manera libre y completa, por lo que el cuerpo o la parte somática de su terapia se centraba en la función de la respiración. Se dio cuenta de que la inhibición era un mecanismo para suprimir los sentimientos. En teoría, el terapeuta trabajaba desde el cuerpo para estudiar la historia de la persona, y esa historia se veía a su vez reflejada en la estructura del cuerpo; desde ese mismo cuerpo, el terapeuta podía estudiar la psicología y el comportamiento en el presente, leer el carácter de una persona por la forma como se expresaba físicamente, se movía y hablaba, y con esa información podía conectar su visión con la historia del individuo.

Mi primera sesión terapéutica con Reich tuvo lugar en una habitación que hacía las veces de consultorio en su casa de Forest Hills. Me pidió que me quedara en ropa interior y que me acostara sobre la camilla para que él pudiera observar mi respiración. Se sentó en la silla que estaba frente a la camilla y observó. Yo comencé a respirar de la manera en que solía hacerlo normalmente, sin ningún esfuerzo consciente. Después de cinco o diez minutos, me dijo: «Lowen, no estás respirando». Yo le respondí: «Por supuesto que sí. Si no estuviera respirando, estaría muerto». Me pidió que le colocara la mano sobre el pecho, que se elevaba y volvía a bajar con cada respiración. Sentí que mi propio pecho no se movía como el suyo, pero pensé que podría hacerlo conscientemente para lograr el mismo efecto, y comencé a respirar moviéndolo con más libertad. Entonces Reich dijo: «Lowen, abre los ojos de par en par». Cuando lo hice, empecé a gritar y él me pidió que me detuviera –era verano y la ventana estaba abierta; le preocupaba que la gente oyera mis gritos–. Luego, me volvió a pedir que abriera los ojos y yo volví a gritar. Después me detuve de nuevo, pero sentí que había algo en mi personalidad que no estaba sano. Los gritos me sorprendieron porque no había sentido miedo. Mi mente consciente, que estaba separada de la acción que se estaba desarrollando, observaba, desconectada de la situación. Yo sentí esa desconexión.

Mis gritos me hicieron saber que necesitaba soltar mis sentimientos y mis recuerdos reprimidos. Cuando salí de casa de Reich, me di cuenta de que debía enfrentarme a aspectos desconocidos de mi propia identidad.

En las sesiones posteriores, siguiendo las instrucciones de Reich, aprendí a dejar a un lado la respiración mecánica y a hacerlo con espontaneidad. Cuando me acostumbré a respirar profundamente, comencé a sentir un cosquilleo en las yemas de los dedos (es la típica reacción del cuerpo a la respiración profunda), debido al incremento de oxígeno en el torrente sanguíneo. La primera vez que me ocurrió me asusté, pero el miedo desapareció cuando descubrí que me sentía más vivo que antes. En una de las sesiones, mientras practicaba los ejercicios de respiración, las manos se me congelaron en un espasmo parecido al del parkinson. El cosquilleo se extendió a otras partes de mi cuerpo. Estaba familiarizándome con esas sensaciones, que siempre me hacían sentir mejor. Varios meses después, llegué a un punto de comodidad tal que ansiaba sentir los hormigueos de la respiración profunda. Mi cuerpo se llenaba de oxígeno y energía. Esas parestesias temporales, los episodios de temblores y vibraciones, eran señal de que mi cuerpo estaba desprendiéndose de tensiones crónicas. También se produjeron otras experiencias espontáneas similares durante la terapia, y mi respiración se volvió cada vez más profunda y relajada.

Cuando llevaba dos meses de terapia con Reich, tuvo lugar otro episodio memorable. Yo estaba acostado en la camilla, dejando que mi respiración se hiciera más profunda de forma espontánea. De pronto sentí que una imagen se revelaría en mi mente, y así ocurrió. Me vi como un bebé de nueve meses, reclamando a mi madre con mis lloros desde la cuna, y la vi mirarme desde arriba. Su mirada expresaba tanta ira que me quedé paralizado. Estaba haciendo las labores del hogar y mi llanto la había molestado. Acostado en la consulta de Reich, un grito se me escapó de la garganta: el grito de miedo que había ahogado a los nueve meses apareció allí, a los treinta y dos años. Siempre supe que le tenía miedo a mi madre, pero nunca fue algo consciente, hasta ese grito. Y supe que tenía que trabajar mucho en la terapia antes de poder liberarme de ese miedo. Pasé los siguientes dos años y medio en terapia con Reich, tres sesiones a la semana durante dos años y una a la semana los seis meses restantes. Su técnica requería que me rindiera ante mi cuerpo y le permitiera moverse libremente.

4

Experiencias con Reich

A principios de la década de los cuarenta, yo deseaba desesperadamente lograr tres grandes metas: completar mi proceso terapéutico con Reich, casarme con Leslie y convertirme en terapeuta reichiano. Completar mi terapia con Reich era esencial. Quedarme a mitad del proceso significaría que era neurótico y, por tanto, un fracasado en la vida. La terapia se convirtió, para mí, en una respuesta a los problemas de las personas de nuestra cultura. En aquella época sentía la necesidad de salvar a la gente.

Las enseñanzas de Reich eran más un monólogo que un diálogo. Él prefería que sus alumnos aprendieran y escucharan sus ideas a que dialogaran y las comentaran. Su pensamiento era muy poderoso, pero él conocía la necesidad de trabajar con la respiración y con el cuerpo. Lo malo del sistema de Reich es que nunca se centró en la base del cuerpo, sino que su trabajo estaba enfocado, literalmente, en el cosmos. Su cuerpo era pesado, inflado, y tenía un tórax amplio. Era fumador. Por desgracia, murió de un ataque al corazón.

Desde que escuché su primera clase en la Nueva Escuela de Investigación Social hasta que leí *Análisis del carácter*, mi reto fue entender la división entre cuerpo y mente, y cómo integrar sus funciones. Durante las sesiones con Reich, se hizo evidente que él entendía cuánto dependía yo de mi intelecto y mi necesidad de liberarme de él para empezar a sentir mi cuerpo. En aquella sesión en la que me dijo: «Lowen, vas a tener que abandonar esto», utilizó el poder de mi voluntad, mi determinación de tener éxito en la terapia, como una herramienta para doblegarme y hacerme sentir lo que estaba ocurriendo realmente en mi cuerpo. Reich comprendía la importancia que yo le daba al reflejo del orgasmo, y que muchas veces la idea de alcanzar el éxtasis evitaba que lo consiguiera. Su aseveración me llevó a enfrentarme al núcleo del dilema de mi mente sobre mi cuerpo y, por fortuna, este último prevaleció. Llorar profundamente me permitió sentir la totalidad de mi experiencia con el cuerpo. Muchos meses después, Reich y yo decidimos que pasaría un año sin terapia. Esa sesión me hizo dar un paso definitivo hacia mi sanación.

Gran parte del poder de la terapia de Reich residía en la fuerza de su personalidad y de sus convicciones: era un hombre brillante y sabía que sus ideas eran correctas. Estando con él yo me sentía energetizado, y su valor y su energía me dieron el valor necesario para afrontar la represión sexual y la vergüenza con las que me había criado. En los dos años y medio de terapia, fui capaz de rendirme ante mi cuerpo como jamás creí que fuera posible. Esas experiencias salvaron mi vida, y me dieron las bases para ser un buen terapeuta. Siempre estaré agradecido por las experiencias que tuve con él.

El otro lado de la moneda es que, después de progresar como terapeuta y reflexionar acerca de mi terapia con Reich, me di cuenta de que no habíamos explorado en profundidad. Le dije que deseaba ser famoso, y él jamás cuestionó mi necesidad de fama –esa observación era razón suficiente para investigar mi propio narcisismo–, jamás analizó mi complejo de Edipo, trabajó muy poco el análisis del carácter conmigo y, finalmente, no profundizamos lo suficiente a nivel físico como para liberarme de mis tensiones musculares. El análisis del carácter y el trabajo físico se convertirían en mis principales áreas de interés como terapeuta. A pesar de estas limitaciones, la terapia con Reich me hizo sentir profundamente renovado. Yo había sido un joven muy inseguro, avergonzado de mis raíces e incapaz de encontrar mi lugar en el mundo. Conocer a Reich e involucrarme en su trabajo cambió drásticamente mi visión del mundo. Necesitaba construir una base más sólida en mi personalidad que sirviera de sostén a una identidad más fuerte. Necesitaba crecer y convertirme en un hombre hecho y derecho. Reich cambió mi vida.

Cuando terminé la terapia, me encontraba en un estado de euforia. Finalmente, había alcanzado una de las metas que me había propuesto y que consideraba necesaria para mi felicidad. Había logrado la potencia sexual que siempre había deseado. Pero, después de un tiempo, comencé a sentir que esa sensación de felicidad se desvanecía. A pesar de que mi vida sexual era bastante satisfactoria, no logré volver a sentir el éxtasis del orgasmo sexual. Descubrí que a otros pacientes de Reich les ocurría lo mismo, ya que varios de ellos me hablaron del mismo problema: después de concluir su proceso terapéutico con Reich, no podían volver a experimentar la satisfacción sexual que sintieron durante la terapia. Sus procesos fueron mucho más cortos que el mío, lo que atribuyo a que durante esa época Reich se encontraba en el cénit de su influencia y poder. Sus pacientes lograban dejarse llevar con facilidad por sus sentimientos y permitían que los movimientos involuntarios de sus cuerpos se produjeran. Experimentaban el reflejo del orgasmo más rápidamente que yo, pero perdían la capacidad de sentirlo en cuanto terminaba la terapia. Descubrí que es mucho más fácil sentirse fuerte y seguro cuando se tiene un guía con una personalidad tan poderosa como la de Reich, pero la situación cambia cuando uno tiene que mantenerse sobre sus propios pies.

El poder de las ideas de Reich sobre la vida y el sexo era evidente, y lo comprobé al conocer la reacción que tuvo una joven al leer su libro *La función del orgasmo*. Ella me contó que había encontrado tan acertados sus análisis acerca de los impulsos sexuales primarios y secundarios que le permitieron experimentar el orgasmo por primera vez. Para ella, eso fue una confirmación de que la postura de Reich era válida. Sus libros causaban un gran impacto en la gente.

El concepto teórico básico que Reich parecía aplicar de forma sistemática en su trabajo con los pacientes era el de la respiración profunda y espontánea. Había observado en su trabajo analítico que los individuos neuróticos tienden a aguantar la respiración y a respirar de forma superficial. La restricción de la respiración era el mecanismo subyacente tanto a la estructura de la personalidad neurótica como a los síntomas neuróticos. Restringiendo la respiración, el individuo neurótico reduce su energía y su vitalidad, y de esa forma logra mantener un control inconsciente sobre sus sentimientos, su ira, sus miedos y su tristeza. Como ese control es inconsciente, el paciente neurótico se encuentra impotente ante sus propios síntomas. Yo tuve la suerte de que Reich, en mi primera sesión, lograra detallar mi patrón de restricción de la respiración y me sacudiera lo suficiente como para que yo descubriera que estaba bloqueando un episodio doloroso de mi infancia. Reich siempre ponía gran énfasis en la respiración. En todas las sesiones dejaba muy claro que el objetivo primordial era abrirla (aunque siempre le pedía al paciente que no la *forzara*).

De la misma manera que ocurrió en mi terapia, no se centró en el análisis del carácter con el resto de los pacientes. No utilizaba ningún ejercicio como parte de su terapia, argumentando que deseaba que la expresión de los sentimientos fuera algo espontáneo y no deliberado. Sin embargo, no hacía el mismo hincapié en que el reflejo del orgasmo era justamente eso, un reflejo, y no un movimiento deliberado que se puede aprender. Otro agravante era el hecho de que experimentar el reflejo del orgasmo no solucionaba todos los problemas de la personalidad. Desde entonces he aprendido que es necesario volcarse con más profundidad en la personalidad y que existen otros reflejos que se deben trabajar.

Recuerdo un seminario que Reich organizó en su casa poco antes de que me fuera a Europa. Hablaba sobre el cáncer de ano. La mayoría de los analistas, nos dijo, considerarían el problema en términos analíticos, como una cuestión de parsimonia, retención y obstinación, todas cualidades del *carácter anal.* Reich, sin embargo, consideraba que el problema era de índole energética. Recuerdo que yo solía pensar que tenía razón. Es importante considerar los problemas del cuerpo desde el punto de vista de la energía.

En el otoño de 1945, después de completar mi proceso terapéutico, Reich me mandó a mi primer paciente. Se trataba de un artista. Puse en práctica con él lo mismo que Reich había hecho conmigo: traté de que respirara profundamente. No nos enfocamos mucho en el psicoanálisis, porque Reich no lo hizo conmigo. Sin embargo, aunque su trabajo conmigo había sido poderoso y efectivo, todos mis esfuerzos por ayudar al paciente fueron en vano. Solo le estaba cobrando dos dólares por consulta, porque eso era todo lo que él podía pagar. Quizá consideraba que ese era el valor de hablar de sí mismo a una persona empática, pero yo me pregunto si mis sesiones realmente valían dos dólares. Su terapia se prolongó durante varios meses.

Los siguientes dos pacientes que me remitió comprendían mejor su identidad y eran personalidades más sólidas que mi primer paciente. Sentían que Reich los había tratado de forma injusta y creí que dejarlos expresar totalmente sus sentimientos en las sesiones tendría un efecto positivo. Les hice practicar la respiración, pero de nuevo fue poco efectivo y en ningún caso logró evocar en ellos los sentimientos que había evocado en mí. Se quejaron a gritos y, como mi improvisada consulta era una habitación que daba a la calle, esos gritos llamaron la atención de la policía. Logramos convencerlos de que se trataba de un procedimiento terapéutico. Dado que los gritos habían sido valiosos en mi propia terapia, creí que era una técnica útil que podía aplicar con mis pacientes. Logré ayudarlos en las sesiones en las que conversábamos sobre sus sentimientos y yo los apoyaba, pero sabía que mi terapia debía tomar una nueva dirección bajo diferentes condiciones.

Por esa época seguía acudiendo a los seminarios en casa de Reich. Según él, el verdadero problema es la energía, y si el terapeuta no se da cuenta de ello y no comprende el proceso energético, nada cambiará en la vida del paciente. Estas no son sus palabras exactas, pero el significado es evidente: resulta imposible cambiar la dinámica energética del cuerpo por medio de una conversación; ni siquiera es posible hacerlo ayudando al paciente a comprender su situación, porque la energía nace y se desprende desde el mismo cuerpo. Debemos originar el cambio desde este, y no desde la mente.

Al igual que él, yo veía la terapia reichiana como una solución a los problemas de nuestra cultura. De pequeño, Reich había vivido a través de su madre la experiencia del sufrimiento, lo cual era similar a mi propia conciencia del dolor en el que se encontraba inmersa mi madre. Como resultado, sintió la necesidad de ayudar a las mujeres a superar el sufrimiento, pero reconoció que los hombres también sufren en nuestra cultura, y que es esta la que priva a muchos individuos de disfrutar las alegrías que nos ofrece la vida. Reich describe nuestra cultura como patriarcal, autoritaria y dominada por valores burgueses. Este reconocimiento lo llevó a unirse al partido comunista durante los años veinte. Era un revolucionario, pero su esfuerzo solo condujo a la revolución sexual, y es por ello por lo que más se le recuerda.

Reich sintió desde el principio un gran respeto hacia mí. Por alguna razón, sabía que pensaba de la misma forma que él. Por otro lado, también sabía que necesitaba pruebas tangibles para creer, y que no calzaba fácilmente en el mismo molde que el resto de sus seguidores. Cuando escuché que había muerto de un ataque al corazón, ya había decidido separarme de su grupo. Me sentí mal por él, pero no fui a su funeral. Sabía que debía tomar una dirección diferente y más realista; mantener los pies firmes sobre la tierra (literalmente). Reich había cambiado mi vida, y ya estaba tomando un nuevo camino. Mientras tanto, tuve la gran fortuna de casarme con Rowfreta Leslie Walker.

5

Rowfreta Leslie Walker

En 1941, antes de empezar la terapia con Reich, conocí a una chica que me interesó. Su nombre era Rowfreta Walker, pero su madre y sus amigos la llamaban Freddie. Era estudiante en el instituto para chicas en el que yo trabajaba. Había asistido a una de mis clases de contabilidad dos años antes, pero nuestro contacto por aquella época fue bastante formal. Era muy atractiva y en el instituto fue la presidenta del consejo de estudiantes. Entré en contacto con ella con el pretexto de pedirle que posara para las fotos de un libro de ejercicios que estaba escribiendo. Salimos a tomar un refresco a una heladería cercana, donde le expliqué mi proyecto y las fotos que necesitaría hacerle. Había trabajado como modelo en su tiempo libre cuando era estudiante, así que nada de lo que le dije era nuevo para ella. Se mostró interesada, pero dijo que debía pedirle permiso a su madre antes de aceptar el trabajo. Le respondí que me parecía bien y quedamos en encontrarnos de nuevo después de su graduación, en enero de 1942. Como profesor del instituto, fui a su graduación, y después me encontré con ella y con varios de sus compañeros. Para los demás era obvio que me gustaba. Un amigo incluso le dijo que me tenía comiendo de la palma de su mano; tomé el comentario como señal de que estaba tratando con una persona superior a mí.

Tres meses después de su graduación, la llamé y la invité a salir. Ella estaba trabajando, puesto que había decidido no ir a la universidad, aun cuando le habían ofrecido una beca. En nuestra primera cita le comenté con emoción las técnicas de Reich. Cuando me dijo que estaba de acuerdo con sus ideas sobre una sexualidad sana, me di cuenta de que era emocionalmente madura para su edad. La llevé a la posada Claremont, una taberna que tenía un restaurante y una pista de baile al aire libre con vistas al río Hudson. Fue una noche encantadora. Cuando la llevé a casa, nos detuvimos en una calle silenciosa para besarnos, pero ella no estaba dispuesta a tener un contacto más íntimo; me dijo que estaba saliendo con un chico y que le quería. Sin embargo, no se cerraba a la posibilidad de tener una amistad conmigo y salir de vez en cuando.

Ese verano me inscribí en el programa de doctorado en psicología educacional de la Universidad Cornell. Pensé que necesitaría algunas credenciales para poder ejercer como terapeuta y aplicar las técnicas de Reich. Sin embargo, a pesar de que salí muy bien en todas las clases que hice en Cornell, no me interesaba mucho el tema de la psicología. En aquella época no me había dado cuenta de que mi interés era trabajar con el cuerpo exclusivamente. Después de ese verano en Cornell, decidí que quería ser médico. Pensé en completar los años básicos de medicina en la Universidad de Nueva York, en el horario nocturno, en la sede más cercana a mi casa de Greenwich Village. Justo después de regresar a Nueva York llamé a Freddie, y quedamos en encontrarnos en un café después del trabajo.

Le hablé acerca de mi cambio de planes y ella me escuchó con interés. Cuando le hablé por primera vez sobre Reich y sus teorías sobre la sexualidad sana, creyó que sus ideas eran muy lógicas y estuvo de acuerdo con los planteamientos. Entendió mi deseo de cambiarme a medicina. En esa ocasión, Freddie me contó que estaba comprometida para casarse con un joven a quien creía amar. Me explicó, sin embargo, que el compromiso que él demostraba no era profundo. Estaba alistado en el ejército y pasaba temporadas lejos de casa. Sin embargo, al regresar, su principal interés era su madre. Se iba directamente a casa de su madre y no se ponía en contacto con Freddie durante varios días. La escuché y entendí sus sentimientos. Cuando le pregunté si estaría interesada en salir conmigo, su respuesta fue «sí».

A lo largo del año siguiente nuestros encuentros no fueron muy frecuentes. Yo la llamaba para verla y nos encontrábamos después del trabajo. Íbamos a mi apartamento, donde ella dormía un rato mientras yo me relajaba y esperaba a que se despertara. Una vez despierta salíamos a cenar y después la llevaba a su casa. En aquella época no había ningún contacto sexual entre nosotros. Disfrutábamos de nuestra mutua compañía, y en especial nos gustaba intercambiar ideas. Esta capacidad de compartir sentimientos e ideas fue un aspecto positivo y dominante en nuestra relación. Aunque no había contacto sexual, sí nos besábamos y retozábamos en la cama.

Una tarde en mi apartamento, mientras estábamos acostados, Freddie me dijo: «Te deseo». Fue un comentario de tipo sexual, pero no podíamos consumarlo, porque yo ya había alcanzado el clímax con las caricias. Su comentario me hizo sentir muy bien, sobre todo porque era señal de que me quería. Más tarde, ese mismo día, mientras se preparaba para que la llevara a casa, la miré a los ojos y me di cuenta de que brillaban y había lágrimas en ellos.

Cuando me desperté a la mañana siguiente, sentí un amor indescriptible por aquella muchacha, asociado a una sensación de alegría. Mi corazón se sentía totalmente abierto, hasta el punto de que creía sentir los latidos del corazón de los pájaros que cantaban en los árboles. Durante los meses siguientes, cada vez que planificábamos un encuentro, una ola electrizante me recorría todo el cuerpo. Una vez la vi bajar por las escaleras para encontrarse conmigo y mi corazón, literalmente, saltó de alegría.

Nos involucramos en una relación estable de tipo sexual. En nuestras citas, yo la esperaba a la salida de su trabajo y después íbamos a cenar o al apartamento. Nuestra vida sexual era satisfactoria, pero había potencial para mucho más que eso. Su pelvis permanecía retraída y no se movía libremente, en tanto que yo tenía tendencia a alcanzar el clímax demasiado rápido. Aunque estaba enamorado de Freddie, ella no lo estaba de mí. Era joven y quería libertad para conocer a otros hombres. Iba a los bailes militares y, obviamente, allí conocía a muchos reclutas. Todo esto sucedía en el invierno de 1942, justamente cuando comencé mi terapia con Reich.

Una noche, en mi apartamento, después de hacer el amor, me dijo que no estaba segura de querer mantener nuestra relación y que aún estaba enamorada de su novio, por lo que quería volver con él. Sus comentarios sacudieron el suelo bajo mis pies, y rompí a llorar desconsoladamente, diciéndole cuánto la amaba. Esta declaración de amor no fue fácil para mí. Me daba miedo abrirme a un sentimiento tan fuerte como el que acababa de sobrecogerme, a la posibilidad de amar y ser rechazado. No era fácil para mí llorar, pero me había abierto al amor y me habían herido profundamente.

Freddie se conmovió con mis lágrimas y volvimos a hacer el amor. Yo tuve una respuesta orgiástica increíble. Mi cuerpo se estremeció en el orgasmo y sentí que mi mente se disparaba hacia el cosmos, girando en medio de las estrellas. Fue una experiencia trascendental, que me llevó fuera de mi cuerpo y que solo puedo describir con una palabra: «celestial». Jamás olvidaré esa experiencia, y no volví a tener otra similar. Aunque no se la conté, después de esa noche, y a pesar de las circunstancias, nuestra relación se consolidó.

En la primavera de 1943 logré que su madre nos diera permiso para pasar un fin de semana juntos. Fuimos a Woodstock, Nueva York, donde pasamos tres días increíbles en un pequeño hotel del pueblo. Le compré un regalo, un vestido hecho a mano que le encantó. Fue ese el lugar en el que Freddie me dijo que me amaba. Estábamos profundamente enamorados, pero no era un amor apasionado. Nuestra conexión parecía ser producto del destino porque en algunos aspectos éramos parecidos pero en otros éramos opuestos. Sin embargo, vibrábamos al mismo ritmo.

No tocamos el tema del matrimonio hasta la primavera de 1943. Un día me preguntó cuáles eran mis intenciones. Yo creía que ninguno de los dos había mencionado antes el matrimonio porque a ambos nos asustaba la idea de ver limitada nuestra libertad. Era algo que anhelábamos pero que, a la vez, nos daba miedo. Comentamos la idea una segunda vez con la intención de echar a andar el asunto. Escogimos el lago George, en Nueva York, como el sitio ideal para la boda, con la idea de quedarnos después allí una semana de vacaciones. Antes de la boda hicimos una reserva para quedarnos en un rancho, donde nos registramos como marido y mujer. Ella llevaba un anillo que le había comprado antes de partir hacia allí, lo que nos permitió hacer demostraciones públicas de afecto sin provocar el recelo del resto de los huéspedes. Uno de ellos, de hecho, nos vio bailar juntos y dijo: «¡Me alegra ver que lleva anillo!».

La ceremonia de matrimonio la llevó a cabo un juez de paz en el lago George. Los testigos fueron su esposa y un empleado suyo. Cuando estábamos de pie frente al juez, noté que Freddie se sentía nerviosa. Estaba menos segura de su amor por mí que yo del mío hacia ella. No quería obligarla a casarse y a vivir con una persona si eso la iba a hacer sentir cautiva. Ambos necesitábamos sentirnos libres. Le susurré que tomaríamos nuestro matrimonio como un compromiso que se renovaría cada día si ambos queríamos, y que no la obligaría a quedarse conmigo si deseaba dejarme. Eso la hizo sentirse querida y apoyada, y tuvimos una luna de miel encantadora.

Después de regresar a Nueva York y telefonear a nuestros padres para darles la noticia, empezamos a buscar un apartamento para amueblarlo y convertirlo en nuestro hogar, ya que el mío era demasiado pequeño para los dos. Nos mudamos a un apartamento tipo *loft* en Greenwich Village, considerado un barrio bohemio porque allí vivían muchos artistas y escritores, y por tanto tenía un atractivo especial. Fuimos muy afortunados de encontrarlo porque, al mes siguiente, ya no quedaba un solo apartamento en la zona. El mercado inmobiliario cerró hasta el fin de la guerra. Lo decoramos de forma sencilla pero agradable.

Freddie necesitaba asentarse en una relación estable. Ambos regresamos a nuestros trabajos, yo como profesor y ella como secretaria en una gran compañía. Durante nuestro primer año de casados, unos vecinos del edificio nos invitaron a una fiesta por su primer aniversario. Le comenté al marido nuestra idea de que el matrimonio era una unión basada en el amor que sentíamos el uno por el otro, y no una obligación que ataba a la pareja. Me miró con poca empatía y dijo que, cuando ellos se casaron, sabían que el matrimonio era una relación de amor para toda la vida. Hablaba como si sintiera lástima por mí. Antes de acabar el año, me enteré de que se habían separado y estaban tramitando el divorcio.

Durante los primeros años, nuestro matrimonio también estuvo a punto de naufragar. Freddie había conocido a un orfebre que vivía en el barrio. Como muchas otras mujeres, amaba las cosas bellas, así que visitaba su estudio con frecuencia y lo veía trabajar. No presté mucha atención a ese interés hasta que, un día, me dijo que quería separarse de mí. Según ella, yo no la necesitaba y el orfebre, sí. «Pero yo te necesito», le dije con gran emoción, y reconoció que era cierto. Por tanto, decidimos seguir juntos y continuamos de esa forma durante cincuenta y ocho años.

Cuando conocí a Freddie, sentí que no tenía otra opción que casarme con ella; tenía que ser mía. Decirle que la necesitaba hizo que nuestra relación volviera a la normalidad. Los cuatro años que vivimos en Greenwich Village, antes de mudarnos a Europa, fueron los más deliciosos de mi vida. Supuso para ambos la oportunidad de disfrutar de una cultura que no había roto sus lazos con el pasado clásico. Fue una época en la que se respiraba un aire anticuado. Como estábamos en tiempos de guerra, no había muchos coches en la calle, y yo vendí el mío en 1940. Era un placer pasear por la calle. Solíamos ir a un cine en el que proyectaban películas extranjeras, en la calle 42, y caminar de regreso a casa. Íbamos con frecuencia a comer a pequeños restaurantes italianos de la zona que servían unas comidas excelentes a un precio razonable. A ambos nos interesaba el baile, el ballet y la danza moderna, y vimos a muchos de los mejores bailarines de la época. En mi opinión, el baile estaba asociado al placer y la excitación sexual, puesto que era una función de la parte baja del cuerpo, y mi trabajo con Reich había reforzado esa idea. Aunque disfrutamos de los grandes bailarines clásicos, pronto perdimos el interés por el ballet. Tanto Leslie como yo sentíamos que la quinta posición, con las puntas de los pies hacia fuera, era una actitud antisexual, debido a que contraía los músculos de las nalgas y cerraba los esfínteres. Tuve la oportunidad de conocer a Jerome Robbins, el famoso coreógrafo quien, conversando con él, confirmó mi postura. Me dijo que el ballet se había desarrollado como un espectáculo para la corte y que fue diseñado para ser asexual. Por otro lado, la danza tradicional india, que emplea posiciones similares a las del ballet, nos excitaba profundamente, como también lo hacían la danza árabe, las diferentes danzas españolas y los bailes folklóricos de Europa central. Bailar es sumergirse en la excitación y el placer de la sexualidad, principalmente en la zona inferior del cuerpo, y los bailes que más nos gustaban eran los que celebraban la sexualidad y el amor a la vida. Eso me llevó a escribir un artículo sobre el baile, que mostraba la idea de que bailar es una expresión de felicidad.

Nuestra vida en aquella época estaba adornada con una perra, a la que adoptamos un verano, siendo yo entrenador de atletismo en un campamento. La perra, una hermosa collie a la que llamamos *Billie*, había deambulado por el campamento durante semanas, y nos dimos cuenta de que no tenía dueño, por lo que decidimos traérnosla con nosotros a Nueva York. Nuestro apartamento tipo *loft* estaba en el piso más alto del edificio, y para llegar a la puerta había que subir cuatro tramos de estrechas escaleras. La perra no estaba acostumbrada a ellas porque había vivido en el campo, y les tenía miedo. Durante tres semanas cargué con ella para bajar y subir del apartamento, varias veces al día, aunque *Billie* era una criatura tan entrañable que jamás sentí que esa tarea fuera una carga. Con el tiempo, superó su miedo a las escaleras y aprendió a subir y a bajar sola con toda comodidad.

Billie era un animal con una vida sexual activa. Cada vez que la sacábamos a pasear, se me montaba en la pierna y se masturbaba. Por esa razón queríamos encontrar un collie macho, y finalmente localizamos uno llamado *David*. Aunque *Billie* no estaba en celo en aquella época, fue como amor a primera vista para ambos perros. Corrían juntos y se acariciaban con el cuello. Cuando *Billie* entró en celo, el dueño de *David* lo trajo a casa y lo dejó allí varios días, hasta que los perros renovaron su antigua amistad. El apareamiento ocurrió de forma natural, sin que tuviéramos que ayudarlos mucho. Tras el período de gestación, *Billie* dio a luz catorce cachorros. Diez de ellos lograron sobrevivir y se peleaban por mamar de la madre. Nos dimos cuenta de que perderíamos a más cachorros si la situación continuaba así y nos sentimos incapaces de lidiar con ello. Llamamos a un veterinario para que viniera a ayudarnos. La solución fue dividirlos en dos grupos de cinco cachorros cada uno, conforme a su fuerza, que determinamos palpándoles la barriga. El veterinario colocó a los cachorros que parecían tener el estómago lleno en un grupo y a los que lo tenían vacío, en otro. Después, nos indicó que debíamos dejar que los cachorros más débiles mamaran primero. Su idea era que, en cuanto los débiles estuvieran saciados, llegara el turno para el segundo grupo. Con esa maniobra, los cachorros fuertes podrían mamar de las tetas de la madre hasta que quedaran secas, algo que los débiles no podrían hacer si los alimentábamos en segundo lugar. La técnica funcionó a la perfección y *Billie* pudo amamantar a sus diez cachorros. Hasta el día de hoy, soy capaz de analizar la energía de un cliente presionándole con suavidad la barriga con el puño, mientras está acostado en el diván de mi consulta. De este modo, si con el puño puedo tocar la columna del paciente, significa que estoy tratando con un individuo de muy baja energía.

Otra cosa que nos unió a Leslie y a mí fue que éramos opuestos. Yo era un intelectual, en tanto que ella era una persona sentimental. Ambos teníamos nuestras debilidades, pero ella me complementaba con lo que a mí me faltaba, y viceversa. Ambos éramos conscientes de que ella tenía el cuerpo y yo, el cerebro. Hasta cierto punto, ella respetaba mi intelecto, pero no mis cualidades egoístas. Nos enfrentábamos a problemas similares desde perspectivas diferentes. Yo tenía el conocimiento, y ella la sensibilidad, algo que yo respetaba porque era sutil y correcto. Estas diferencias enriquecieron nuestra relación, a la vez que supusieron un reto para llevarla adelante.

6

La Facultad de Medicina

Tras el verano en Cornell, al regresar a Nueva York, había decidido que sería médico. En un seminario en el apartamento del doctor Theodore Wolf, tuve la intensa sensación de que no estaba a la altura de otros participantes, que también eran médicos, en cuanto a mis conocimientos de las teorías de Reich. En la primavera de 1943, completé las clases básicas de medicina en el horario nocturno de la Universidad de Nueva York, que me quedaba lo bastante cerca de casa.

Después de cumplir con los prerrequisitos para la facultad de medicina, envié mi solicitud a varias universidades de Estados Unidos que ofrecían la carrera de médico. Como mi formación era inusual y tenía muy buenas notas, pensaba que me aceptarían sin problema en alguna facultad. Una de las preguntas que aparecían en la solicitud era: «¿Por qué deseas ser médico?», lo que me dio la oportunidad de describir mi interés por la medicina psicosomática y mi trabajo con Wilhelm Reich. Para mi sorpresa, solo me ofrecieron una entrevista. El entrevistador me comentó que mi edad (treinta y dos años) era un factor en mi contra, puesto que los estudiantes más jóvenes podrían trabajar durante más tiempo y eran una mejor inversión para la facultad. Yo pensaba que tenía algo especial que ofrecer a la profesión, pero todas mis solicitudes fueron rechazadas.

En retrospectiva, creo que fue un error mencionar a Reich y decir que me interesaba su trabajo. La medicina, que hoy día no es un campo abierto a nuevas teorías, era aún más cerrada y conservadora en aquella época. El gremio tenía tanto miedo a los curanderos y a las prácticas poco objetivas que se negaba a aceptar que los problemas humanos requieren soluciones humanas, soluciones que nacen del entendimiento de la condición humana. Después de ser rechazado de esa forma, decidí mantenerme fiel a mi intención de aprender todo lo que pudiera acerca de la condición humana. Creía que la psicología tenía raíces en la biología de la persona, y quería aprender más acerca de esa biología.

La oferta académica de la Universidad de Nueva York incluía una clase de anatomía básica humana en la Facultad de Odontología, que se impartía todas las mañanas durante un semestre. Para sacar algo de tiempo, decidí dar mis clases en el instituto en horario de tarde y noche. Los estudiantes de odontología limitaban su interés anatómico a las estructuras de la cabeza y del cuello. Tras la primera parte del curso, me quedé solo con un cadáver para diseccionarlo, mientras el profesor Noback me supervisaba. Yo seguía las instrucciones de mi manual de disección y le pedía ayuda cuando lo necesitaba. El doctor Noback se mostró impresionado de lo bien que hice las pruebas y el examen final.

En julio de 1944, cuando terminó el curso, el doctor Noback me ofreció trabajar como asistente en el laboratorio de anatomía de una nueva Facultad de Medicina en Nueva Jersey, donde iba a convertirse en decano de medicina y cirugía de la Universidad de Essex. Dado que el puesto era a media jornada, podía continuar con mi trabajo de profesor, que solo requería dos horas de clase durante el día y tres horas durante la noche. Eso me garantizaba mi salario completo de profesor, que en aquella época era de unos cuatro mil doscientos dólares anuales. Aunque la Facultad de Medicina solo podía ofrecerme un sueldo módico, me sentía contento de estar conectado de alguna manera a ese mundo y de poder involucrarme en el estudio del cuerpo.

A principios del otoño de 1944, me convertí en un profesor popular en el laboratorio de anatomía, porque era el más cercano en edad a los estudiantes. Durante el primer mes acepté una oferta inusual de cambiar mi trabajo como asistente por una beca completa para estudiar medicina. Sería estudiante y miembro de la facultad a la vez. Renuncié al sistema educativo de Nueva York sin un ápice de remordimiento, y me sentí en la cima del mundo, viajando a diario hasta Nueva Jersey y estudiando mi primer año de carrera. Estaba dirigiéndome lentamente hacia mi meta.

En primavera, el doctor Noback fue acusado injustamente de malversar fondos y de cobrar facturas falsas. Yo sabía que se trataba de una acusación política y que nada de eso era cierto. Mis amigos se iban a declarar en huelga, y yo no dudé en unirme a ellos. Al día siguiente me dijeron que el nuevo decano quería hablar conmigo. Cuando me reuní con él, me dijo que si proseguía con la huelga, no le dejaría otra opción que expulsarme de la universidad. Salí sin decirle nada acerca de mis planes, pero sabía que no tenía otra opción. Me despidió y me echó de la facultad.

El resto de los estudiantes y yo decidimos luchar contra la nueva administración. Me hice cargo de la campaña, que implicaba exponer los hechos ante la junta directiva de la facultad. Nos reunimos todos los días en Newark durante el verano de 1945 y logramos dar con la mayoría de los directivos. Nos ofrecieron una entrevista con el director de la junta de examinadores médicos, y también me reuní con el hombre más influyente de Nueva Jersey, el presidente de la Corte Suprema de Nueva Jersey. Nos recibieron cordialmente y nos escucharon con atención. A pesar de que ya no tenía ninguna fuente de ingresos, ese verano viví una experiencia apasionante. Me sentí muy libre, sin horarios regulares de estudio o de trabajo con los que ocupar el tiempo.

La Segunda Guerra Mundial había acabado en Alemania y los enfrentamientos en Japón estaban por concluir. En junio me inscribí en el programa de medicina de la Universidad de Ginebra y logré recuperar mi trabajo como profesor. La junta directiva de la Facultad de Medicina y Cirugía de Essex se había propuesto mejorar el funcionamiento de aquel centro. Hubo muchos cambios en el cuerpo docente, y se vieron forzados a permitirme concluir el curso. Hice los exámenes finales, los aprobé todos y me dieron un certificado acreditativo de que había concluido el primer año de medicina exitosamente.

7

La Universidad de Ginebra y la vida en Suiza

Los años que Freddie y yo pasamos en Suiza fueron un período importante para mí. De nuevo era estudiante, sin el estrés de tener que ganarme la vida. En un ambiente desconocido, sentía que empezaba un nuevo capítulo. Quería construir una base más sólida en mi personalidad que pudiera ser el sostén de una identidad más fuerte. La terapia de Reich me había proporcionado los cimientos para experimentar una profunda sensación de renovación y para disfrutar de un nuevo comienzo en un lugar diferente.

Cuando llevamos todas nuestras pertenencias a un guardamuebles para partir de Nueva York hacia Europa, tenía unos cuatro mil ochocientos dólares en efectivo y un préstamo del banco de catorce mil dólares. Esta suma nos permitiría cubrir las mensualidades de la universidad y vivir cuatro años en Ginebra sin recibir ayuda económica de casa.

Al acabar la guerra, los países europeos estaban ansiosos por comerciar con dólares americanos a fin de comprar maquinaria y equipamiento para iniciar la reconstrucción. Gracias a eso pudimos comprar un coche desde Nueva York, el cual recogeríamos en París, por mil doscientos dólares. El coche era un Simca, un utilitario que solo tenía dos asientos y que se parecía a un Topolino italiano por tener el maletero justo detrás de ellos.

Un amigo y compañero de tenis de mi época en los hoteles de verano, Sidney Mantell, tenía una esposa suiza cuya madre vivía en Berna, la capital. Ella consiguió que su madre nos diera la bienvenida, nos acogiera en su casa y nos orientara en Suiza. Sin embargo, cuando la esposa de Sidney se enteró de que teníamos un perro, exclamó: «¡Oh, no, mi madre jamás permitiría que llevaran un perro a su casa!». A pesar de que le explicamos que *Billie* se portaba muy bien, no cambió de opinión. No podíamos abandonar a nuestra mascota, así que dejamos nuestro destino en manos de Dios.

Con tres maletas grandes, varios bolsos más pequeños y *Billie*, el 25 de septiembre de 1947, Freddie y yo partimos hacia Europa en barco. A mitad de la travesía de seis días, las agitadas aguas nos provocaron náuseas. No se permitían perros más abajo de la cubierta, pero no podíamos dejar a *Billie* en la cubierta superior, en una jaula expuesta a las inclemencias del temporal, así que le pusimos una cadena y la bajamos. Pasamos con mucho cuidado frente a la oficina de los sobrecargos y la metimos en nuestro camarote de tercera clase, ¡donde se quedó el resto del viaje! A pesar de todo, la travesía fue una experiencia agradable.

El puerto de Le Havre había sido destruido durante la guerra, así que atracamos en Cherburgo, que no tenía puerto comercial. Nos llevaron a la orilla con todo nuestro equipaje en unas lanchas llamadas «alijadores». Los trabajadores del puerto nos ayudaron a cargar con el equipaje desde la plataforma hasta el tren a París, pero al llegar a la plataforma, por más que busqué y revolví entre nuestras bolsas, no pude encontrar un sombrerero de Freddie. En Inmigración, el cambio oficial del dólar estaba tan alto que no gastamos casi nada.

Después de tomar un taxi hasta el pequeño hotel parisino que habíamos reservado y el ascensor hasta nuestra habitación en el piso superior, Freddie y yo cogimos a *Billie* y salimos a pasear. Caminar por París era todo un placer, y las pequeñas tiendas a ambos lados de la calle nos parecían increíbles. Los únicos coches eran taxis y las calles no estaban abarrotadas de gente. Freddie no sabía ni una palabra de francés, pero yo recordaba algunas de cuando lo estudiaba en el instituto.

Pasamos la primera semana en la capital francesa esperando que la fábrica, que solo producía cinco coches al día, nos entregara el nuestro. Hicimos varios viajes hasta ella en tren y en taxi. Nos habían dado tarjetas de racionamiento para alimentos, que incluían café y comidas en restaurantes. Por consejo de nuestros amigos, habíamos traído café extra para regalar, pero por las circunstancias nos lo acabamos bebiendo nosotros. Cuando finalmente nos dieron el coche, resultó que la oficina encargada de los cupones de gasolina estaba cerrada durante el fin de semana. Nos esperaban unos cuantos días más en París, así que decidimos celebrar el sábado noche comprando dos entradas para el espectáculo de comedia musical del Casino de París. Habíamos planeado quedarnos solo dos días, pero al final el viaje se extendió a seis.

Habíamos hecho las maletas y estábamos listos para partir a las seis de la tarde de un hermoso día de septiembre. Bajamos la capota del coche y condujimos hacia las afueras de París en dirección a la carretera principal a Suiza. La luna llena salió y se elevó en el firmamento, iluminando el asfalto. Apagamos las luces del vehículo y viajamos así, conduciendo hacia el este por carreteras desiertas a la luz de la luna. Estábamos emocionados por ir a Suiza en circunstancias tan románticas. Esa noche hicimos una parada a mitad de camino en una granja, que tenía una luz encendida y un cartel que invitaba a los viajeros. Nos sorprendimos de ver a *Billie* comer con entusiasmo todo lo que la familia pudo ofrecerle (pan y leche) en una noche memorable.

La noche siguiente cruzamos las montañas del Jura hacia Suiza y las luces de Berna brillaron bajo nosotros. Al anochecer llegamos a casa de la señora Perrenoud, la madre de nuestra amiga May Mantell. Vivía con su hermana Dina, también viuda, en un encantador apartamento en el centro de la ciudad. Una vez recuperada de la sorpresa inicial de que teníamos un perro, la señora Perrenoud nos dio una cálida bienvenida a nosotros y a *Billie*.

Ambas mujeres fueron muy generosas. Dina le enseñó a Freddie a preparar varios platos suizos y la ayudó con el idioma. Yo me dediqué a pasear por la hermosa ciudad antigua de Berna. Estuvimos con nuestras amigas durante cinco días. La visita fue una oportunidad perfecta para descansar y orientarnos en la vida del país y sus costumbres, antes de volcarnos en la tarea de establecernos en un país extranjero. Cuando partimos de Berna hacia Ginebra, la señora Perrenoud nos señaló: «Vuestra perra siempre será bienvenida en mi casa». Regresamos a visitarlas muchas veces durante nuestra estancia en Suiza.

Al llegar a Ginebra, nos hospedamos en un pequeño hotel situado en la plaza que daba a la entrada de la universidad. A causa de la guerra, encontrar vivienda se había vuelto muy complicado. La primera noche, conocí a un estudiante de medicina americano que había alquilado una habitación en un apartamento cercano que pertenecía a una señora suiza. Nos sugirió que alquilar una habitación allí nos resultaría más barato que el hotel. La anciana lo vigilaba todo, ¡e incluso nos cobraba una tarifa adicional por las cerillas para encender la estufa! En dos días nos mudamos a otro apartamento en una zona agradable, donde teníamos dos habitaciones y derecho a usar la cocina.

Para poder vivir en Ginebra, tienes que registrarte en una oficina que controla a todos los residentes de la ciudad, llamada Le Controle de l'habitant. Cuando te registras en un hotel, tu nombre, tu número de pasaporte y tu dirección de residencia son enviados a esta oficina. Ansiábamos mudarnos a nuestro propio apartamento, ya que había varios disponibles. Algunos estaban en edificios nuevos, pero cuando me inscribí en la oficina a fin de lograr el permiso para alquilar, rechazaron mi solicitud. Me dijeron que esos apartamentos estaban disponibles únicamente para ciudadanos suizos y para extranjeros de categorías especiales, no para estudiantes.

Esa situación angustió tanto a Freddie, que me dijo que quería regresar a Estados Unidos, y su reacción me resultó impactante. Veía mi sueño de ser médico reichiano venirse abajo, aunque sabía que no podía regresar y que ella tendría que marcharse de Suiza por su cuenta. Por fortuna, abandonó la idea de irse una semana después, cuando conseguimos un lugar más cómodo para vivir. En el nuevo apartamento, nos dijeron que otro de los residentes era un noble húngaro que había huido de su país cuando fue invadido por los comunistas. El invierno anterior había sido muy duro, y el estudiante al que conocimos nos contó que solía quedarse estudiando en la cama con la ropa puesta. El combustible seguía racionándose y solo había agua caliente para ducharse una vez a la semana, los sábados por la mañana. El noble, que se mantenía apartado del resto, tenía el primer turno en el baño, y muchas veces solo quedaba agua tibia cuando nos tocaba a nosotros. Lavar la ropa y las sábanas era aún más difícil, porque únicamente nos permitían hacerlo una vez cada siete semanas. Conforme nos adaptábamos a esas condiciones, la vida se volvió más placentera. La casera resultó ser una mujer agradable, y no objetó nada cuando *Billie* se apoderó de un diván para recostarse. De ahí en adelante, la casera empezó a llamar a la perra *Madame Billie*.

Obviamente, la parte negativa de vivir en Ginebra era el clima en invierno: frío, húmedo y gris. Un banco de neblina llamado *la mer de brouillard*, o «el mar de neblina», encapotaba la ciudad desde noviembre hasta abril. Este mar de nubes bajas se extendía desde el norte de Alemania y Francia, e incluía Holanda, Bélgica y Luxemburgo. No obstante, siempre y cuando nuestros hogares y lugares de trabajo estuvieran caldeados, nos adaptábamos, y vivir en Ginebra se hizo más agradable.

Poco tiempo después de llegar a Ginebra, me matriculé en la universidad como estudiante de medicina. El programa de estudios ofrecía el doctorado y duraba cinco años y medio, a diferencia de las facultades de medicina de Estados Unidos, que solo exigían cuatro años de estudio. Cuando presenté mis notas universitarias, incluí el certificado de la Universidad de Medicina y Cirugía de Essex, y agregué que había completado un año de prácticas médicas. El decano aceptó el certificado y me explicó que, aunque me daría los créditos equivalentes a un año de estudios, debería repetir esas asignaturas en Ginebra. De cualquier forma, solo tardaría cuatro años y medio en obtener el título. Me satisfizo el acuerdo porque había escuchado que podía ahorrarme los últimos seis meses si decidía hacer los exámenes finales en el último semestre. Aprender francés no resultó ser tan complicado. Me había llevado conmigo los libros de medicina en inglés que conservé de la Universidad de Essex, y comprobé que muchos nombres de las partes anatómicas eran los mismos en ambos idiomas. Vivir en un país de lengua francesa me ayudó a aprender el idioma mucho más rápido.

Uno de los beneficios de estudiar en Ginebra era que el precio de la matrícula resultaba más que razonable; de hecho, era barato. Un año entero de estudios solo costaba doscientos dólares, mientras que en una universidad norteamericana hubiese pagado al menos diez veces esa cifra. La comida también era más barata que en Estados Unidos y, aunque en Suiza estaba racionada (igual que en Francia), como la mayoría de las ciudades europeas, Ginebra tenía mercados al aire libre donde los campesinos vendían sus productos.

Seguíamos buscando un lugar mejor para vivir. Decidí volver a exponer mi caso al funcionario de la vivienda, y me dijo que podía encontrarnos un apartamento fuera de la ciudad, con lo que nuestra suerte empezó a cambiar. Durante meses revisaba los anuncios clasificados del periódico buscando apartamentos de alquiler, y en abril encontramos una casa de campo de cuatro habitaciones –se alquilaba la mitad de la casa– a tan solo diez kilómetros del centro de la ciudad, en un pueblo muy bonito. Nuestra parte tenía una pequeña cocina, dos habitaciones, un recibidor bastante pequeño y un comedor, que es donde se reúnen los invitados en Suiza cuando se hace una fiesta. El alquiler era de sesenta francos suizos al mes, lo que nos pareció un precio razonable. La casera se había mudado a Argelia, dejando a su madre y su hermano viviendo en la otra parte de la casa, como encargados de la propiedad. No tenían ningún problema con la perra, así que acordamos mudarnos al día siguiente. Podíamos ver el pico del Mont Blanc desde nuestro balcón, y el jardín llegaba hasta las vías del tren.

Al día siguiente, sin embargo, nuestra buena fortuna se vio amenazada. Recibimos una llamada para que nos dirigiéramos a las oficinas del Control de l'Habitant y lo hicimos con una mala corazonada. El funcionario de la vivienda nos dijo que no teníamos derecho a mudarnos al apartamento porque tenía dos habitaciones y éramos solo dos personas, a pesar de que la segunda habitación era minúscula y solo apta para visitas ocasionales. Le expliqué que él mismo me había dicho que podíamos alquilar un apartamento fuera de la ciudad. Para mi sorpresa, me respondió: «Es cierto, eso te dije», y agregó: «Muy bien, os podéis quedar». Creo que lo que más influyó en su cambio de opinión fue el hecho de que ya habíamos trasladado todas nuestras pertenencias a la casa.

Había otras tres casas de campo en la zona. Una de ellas estaba casi siempre desocupada, y quienes vivían en las otras dos se hicieron pronto amigos nuestros. Vivimos allí durante más de tres años, y aquel fue nuestro hogar.

Un camino llegaba hasta nuestra casa desde la carretera, y al otro lado del camino había un campo de trigo. Estaba situada en el pueblo de Bellevue, que contaba con una pequeña estación donde podíamos tomar el tren a Ginebra. La carretera principal, al otro lado de las vías del tren, conectaba Ginebra con Lausana y otras ciudades, y rodeaba un gran lago, el Leman. Lausana estaba en la parte más alta del lago y Ginebra, en la más baja. El lago recibe sus aguas de las montañas del Valais. En su parte más baja, aquellas se convierten en el río Ródano, que fluye hacia Francia y desemboca en el Mediterráneo.

Dudo mucho que hubiésemos podido encontrar un lugar mejor para pasar los cuatro años que estuvimos en Ginebra. Para llegar desde nuestra casa de Bellevue hasta la universidad, solo tenía que viajar veinte minutos en coche o treinta en tren. Vivir en el campo hacía que nuestro vehículo se convirtiera más en una necesidad que en un lujo. También teníamos otro lujo, una pequeña nevera, de la mitad del tamaño de una americana. En aquella época, solo los suizos ricos tenían una, y por esa razón nuestros vecinos nos llamaban «los americanos ricos».

Una estufa de carbón ubicada en el sótano de la casa se mantenía encendida desde noviembre hasta marzo. Con todo, la casa nunca estaba caliente, y debíamos llevar ropa de invierno desde octubre hasta abril, incluidos unos zapatos con suela de goma para protegernos los pies del frío del suelo. El sótano siempre estaba frío y el agua helada –tardaba más de dos horas en calentarse, lo que se conseguía gracias a una pequeña caldera de gas que había en la cocina.

Freddie se encargaba de la colada, pero no era una tarea fácil. Hacerlo requería montar una fogata para calentar el agua en una gran olla de hierro. Ella no tenía ninguna experiencia, así que le costaba mucho encender la madera, hasta que nuestro vecino le enseñó a hacerlo. Los vecinos lavaban su ropa y sus manteles una vez cada cinco semanas, por lo que la tela nunca perdía su color gris. Freddie, en cambio, lo hacía todos los lunes, y sus manteles siempre se veían blancos cuando los tendía para que se secaran. Por supuesto, los vecinos no se perdían un solo detalle, y la llamaban «la pequeña americana valiente». Aquella época fue más difícil para Freddie que para mí. En primer lugar, ella no tenía carné de conducir. Yo traté de enseñarle con el Simca, que era un coche con marchas y, por tanto, más difícil, pero acabó aprendiendo a conducir muy bien. Nuestro principal problema era que el examen para obtener el carné estaba escrito en francés, así que la preparé lo mejor que pude. Cuando se presentó al examen, mi gran sorpresa fue que, en lugar de hacer una prueba escrita, ¡debía conducir por una colina marcha atrás! Era todo un reto para una persona que acababa de aprender a conducir en un coche extranjero. Nos produjo una alegría inmensa enterarnos de que había aprobado y que obtenía el carné.

El segundo problema de Freddie fue aprender el idioma. Durante la semana, yo pasaba la mayor parte del tiempo en la universidad, por lo que era ella quien se encargaba de las compras y de las gestiones. Para resolver el impedimento, decidió contratar a un profesor particular de Berlitz. Gracias a las clases, logró progresar en su aprendizaje del francés lo suficiente como para poder entender a los suizos y hacerse entender. Con el tiempo, aprendió bastante bien el idioma. Por último, Freddie tenía demasiado tiempo libre. La casa tenía un piano vertical que pertenecía a la casera, así que convirtió el problema del tiempo libre en una excelente oportunidad para aprender a tocar el piano.

Ginebra era el centro cultural de la parte francófona de Suiza. Contaba con una fantástica orquesta y un excelente director llamado Emst Ansermat. Fuimos a varios de sus conciertos y lo escuchamos en la radio con frecuencia. Había una sala de conciertos donde vimos una gran variedad de actuaciones de danza, música y teatro, y también fuimos mucho al cine. Era una vida muy placentera.

Mi vida como estudiante era también muy agradable. Conocí a otros estudiantes americanos de medicina que habían ido a Ginebra después de la guerra. Cerca de la universidad había un buen café donde nos reuníamos a tomar el almuerzo y a conversar. Nos hicimos amigos de dos alumnos de posgrado suizos; uno estudiaba derecho y el otro era un estudiante avanzado de medicina. Ellos nos presentaron a uno de sus amigos, cuya familia tenía un chalet en un centro de esquí francés de los alrededores, llamado Morzine Bath. Freddy y yo habíamos llevado con nosotros los esquís, y nos sugirieron que fuéramos a esquiar por Navidad. También conocían al dueño de un pequeño hotel que podía ofrecernos alojamiento, y nos confirmaron que podíamos llevar a nuestra perra sin problema. Aceptamos la oferta. Como teníamos el Simca, el traslado no representaba un inconveniente para nosotros. Aunque ninguno de los dos era un experto en el tema (de hecho, Freddie era una novata), nos lo pasamos muy bien esquiando y socializando con nuestros amigos suizos. Tener un perro resultó ser una gran ventaja, porque mucha gente se acercaba para tocar a *Billie* y conversar con nosotros. Pasamos la Navidad en Morzine y nos hicimos amigos de otra pareja francesa que nos invitó a visitarlos. En aquel momento, Freddie ya disfrutaba de Suiza tanto como yo.

Fuimos de visita a las casas de nuestros amigos suizos y, como la mayoría de ellos, cuando hacía buen tiempo dábamos largos paseos por el campo con nuestra perra. Todas las familias suizas caminaban hasta un pueblo cercano para la comida del domingo. En aquella época, la principal comida del día era el almuerzo. Todos los comercios cerraban desde las doce hasta las dos, para que la gente pudiera ir a sus casas a comer al mediodía. A las doce en punto, las calles se llenaban de gente en bicicleta que iba a su casa para almorzar con tranquilidad. A las doce y diez las calles estaban desiertas. Después, a las dos menos diez, se llenaban de nuevo con la misma gente haciendo el viaje en dirección contraria para regresar al trabajo. Ginebra era una ciudad muy pequeña, con un casco antiguo en el centro que se remontaba a los siglos XIV y XV y en el cual había una hermosa catedral que había sido restaurada por dentro, pero con la estructura exterior intacta. Ginebra se había librado de los bombardeos de la guerra, a diferencia de otras grandes ciudades europeas.

Uno de sus principales atractivos turísticos era su hermoso lago, el Leman, que se hacía más estrecho en su desembocadura en el río Ródano. Ese lado del lago estaba rodeado por bellos paseos y extensos lechos de flores. En una orilla había un encantador jardín de té, donde solíamos sentarnos a tomar granizados, café y otras bebidas cuando el clima era propicio. Más allá de la otra orilla, se veían varios hoteles elegantes y, enfrente, unos bonitos edificios de oficinas. El río estaba atravesado por muchos puentes pequeños, y desde uno de ellos, llamado Rue du Mont Blanc, se podía apreciar la cima de la montaña los días claros. Había un gran surtidor en el lago que le daba a la zona un carácter festivo. A corta distancia, a un kilómetro más o menos lago arriba, había una playa de arena donde en verano se podía nadar. Freddie conducía hasta la playa al mediodía y nos encontrábamos allí. Después de nadar en las frías aguas del lago, disfrutábamos en la arena del *picnic* que ella había preparado. De tanto en tanto, yo decidía regresar a casa caminando desde la universidad, una distancia aproximada de cinco kilómetros.

La ciudad de Ginebra limita por tres de sus fronteras con Francia. Por el este colinda con la pequeña ciudad francesa de Annemass. Como esta ciudad es más pobre que Ginebra, todo es más barato, y muchos suizos, al igual que nosotros, compraban allí el vino francés. Como teníamos coche, era muy fácil ir hasta Annemass por vino. Solo había un pequeño problema: para cruzar de regreso a Ginebra debíamos declarar nuestras compras y pagar un impuesto, así que poníamos una o dos botellas de vino en el asiento trasero del coche, las cubríamos con una manta y sentábamos a *Billie* encima. De esta manera, jamás nos revisaban al volver. Al sur de Ginebra se encontraba la pequeña y encantadora ciudad de Annecy, adonde solíamos ir de vez en cuando para disfrutar de una cena francesa. Annecy tiene un pequeño lago rodeado por colinas. En verano, Freddy y yo alquilábamos un pequeño bote por cincuenta céntimos la hora. Nos llevábamos el almuerzo de casa y paseábamos en el bote durante varias horas. En ese lago fue donde aprendí a navegar.

Gracias al coche nos resultaba bastante fácil visitar a la señora Perrenoud y a su hermana, en Berna. Disfrutábamos de su hospitalidad durante dos o tres días y explorábamos el Oberland Bernois, las montañas que rodean la ciudad.

También aprovechamos la ventaja de tener un coche para visitar Italia por primera vez, en el verano de 1948. El viaje incluía cruzar los Alpes y, como teníamos un presupuesto ajustado, debíamos hacer las paradas en granjas y pensiones para comer y dormir. Uno de nuestros placeres era aparcar el coche y hacer un *picnic* a un lado de la carretera. Llevábamos con nosotros una mesa y sillas plegables, e incluso un mantel y servilletas. Comprábamos pan fresco en una pequeña panadería, carne en lonchas en una carnicería, tomates y melocotones a los vendedores ambulantes, y nos llevábamos con nosotros una botella de vino. Los *picnics* junto a la carretera eran habituales en esa época. Como había muy pocos coches, uno se sentía cómodo. En Italia tuvimos el obstáculo de que ninguno de los dos sabía hablar italiano, pero no recuerdo que fuera un problema grave. Durante ese primer viaje se nos fundió uno de los fusibles de los faros del coche, por lo que no funcionaban las luces y no podíamos viajar de noche. Ocurrió un domingo, y la mayoría de las estaciones de servicio estaban cerradas. Por suerte, localizamos abierto un pequeño taller mecánico, y aunque el dueño no tenía el modelo de fusible indicado para nuestro coche, me quedé impresionado cuando vi que cogía un trozo de alambre y hacía con él un improvisado fusible que funcionó.

También visitamos a una pareja suiza que vivía en Zúrich y que nos había invitado porque estaba ansiosa por conocer a alguien que había trabajado personalmente con Reich. Durante los años que pasamos en Europa tuvimos muchas oportunidades para apreciar la amabilidad y la hospitalidad de la gente.

Un fin de semana fuimos a esquiar a Morzine y, al volver, nuestro coche se estropeó a mitad de camino. Nos encontrábamos en un pueblo pequeño, era domingo y todo estaba cerrado. Llamé a la puerta de una de las casas y pregunté si había algún lugar en el que Freddie y yo pudiésemos pasar la noche. El hombre me indicó que la posada del pueblo estaba cerrada porque el dueño ya se había retirado a su casa. Nos sugirió que lanzáramos piedrecitas al cristal de la ventana del primer piso del edificio y que quizá así nos abrirían. Hice lo que me dijo y, cuando el dueño apareció en la ventana, le expliqué nuestra situación. Nos dijo que nos daría hospedaje, pero que la calefacción de las habitaciones estaba apagada. Le aseguré que eso no sería un problema para nosotros porque dormiríamos con la ropa puesta. Nos llevó a una gran cocina, donde compartimos con su familia cena y café. Se mostraron interesados por nosotros y por *Billie*, y conversamos durante varias horas. Nos hicimos amigos y nos invitaron a visitarlos siempre que pasáramos por el pueblo. Como quedaba en el camino hacia Morzine, pasamos a verlos varias veces.

Al regresar de otro viaje de esquí que hicimos a Francia, se nos volvió a estropear el coche a diez kilómetros de Thonon-les-Bains, un *spa* que quedaba en la orilla del lago opuesta a Ginebra. Tuvimos suerte porque, al poco rato, pasó un coche –uno de los pocos que circulaban– y pudimos hacerle señas para que nos asistiera. Nos remolcó hasta la ciudad y pasamos la noche en un hotel. A la mañana siguiente, un mecánico reparó el coche y pudimos regresar a Ginebra.

Ginebra y la casa en la que vivimos Freddie y yo durante más de tres años se habían convertido en nuestro hogar. Era un lugar excelente para tener hijos. Cuando regresamos a América, Freddie estaba embarazada de ocho meses.

8

El nacimiento de Frederic Lowen

Regresamos a Estados Unidos el 27 de agosto de 1951. Justamente un mes antes del nacimiento de nuestro bebé. Queríamos tener a nuestro hijo por parto natural, así que buscamos un obstetra dispuesto a cooperar. Me enteré de que en el círculo de médicos relacionados con Reich había uno, pero en la consulta me di cuenta de que no iba a funcionar porque no tenía intención de involucrarse con Freddie. El episodio no nos decepcionó porque, después de todo, no lo conocíamos de nada. Resultó que el hombre tenía una mente pornográfica y no hubiera sido una buena idea trabajar con él.

También retomé mi relación con Allan Cott, miembro del Instituto del Orgón por la época en que hice mi terapia con Reich. El doctor Cott era uno de los psiquiatras que trabajaban en el hospital de Nueva Jersey bajo la dirección de

Ellsworth Baker –el grupo se había interesado por las ideas de Reich a través de Baker–, pero no disponía de recursos ni de médicos que pudieran asistirnos en el parto.

Debíamos encontrar un médico y un hospital para cuando llegase el momento. Tanto Leslie como yo hubiésemos preferido dar a luz en casa, pues habría sido el lugar más natural para el nacimiento de mi hijo. Contacté con el médico de mi familia para preguntarle si se podía ofrecer para asistir el parto en casa. No aceptó, pero nos dijo que los médicos del hospital general de New Haven estaban acostumbrados a ese tipo de procedimientos y que el hospital tenía habitaciones de maternidad donde la madre y el bebé podían estar juntos después del parto. Llamé por teléfono y concerté una cita para que Leslie viera al médico. Yo la acompañé, por supuesto. Cuando le explicó que estaba interesada en tener un parto natural, él respondió: «Las esposas de los médicos son las peores pacientes». Leslie me contó después que pensó para sus adentros: «Aquí tienes a una a la que no escucharás llorar». Sin embargo, no estaba en buenas condiciones. El estrés y las dificultades para encontrar un apartamento, prepararlo y cuidar de *Billie* sin mi ayuda la habían agotado. Yo había empezado las prácticas en el hospital general de Yonkers dos semanas antes y mi horario era complicado. Tenía libre una noche sí y otra no, y dos fines de semana al mes. El resto del tiempo dormía y comía en el hospital. Cuando los médicos comprobaron que Leslie tenía las piernas hinchadas y estaba reteniendo líquidos, la hospitalizaron de inmediato. Ya estaba fuera de cuentas, pero sus circunstancias habían retrasado el parto.

Dos días después mejoró. Le dieron el alta, pero no podía irse todavía a casa. Debía quedarse en la asociación local de mujeres, con la recomendación de telefonear al hospital si rompía aguas, si tenía contracciones o si ocurría cualquier otra cosa. Cuando se levantó a la mañana siguiente, descubrió que la cama estaba mojada. No estaba segura de si se había orinado o había sucedido algo más. Le dijeron que fuera al hospital de inmediato, pues había roto aguas y el parto empezaría pronto.

Me llamaron del hospital para informarme de que habían ingresado a Leslie en maternidad y fui inmediatamente con ropa limpia. Llegué a primera hora de la tarde. Leslie estaba esperando en una habitación privada, haciendo ejercicios de relajación. A las cuatro y media, mientras comía, comenzaron las contracciones, que fueron bastante fuertes. Su médico llegó con una enfermera y le indicaron que debía mantenerse recta y estirar las piernas cuando se produjeran las contracciones. Eran dolorosas y yo sabía, por mi propia terapia y mi experiencia con otros pacientes, que relajarse y dejarse llevar disminuía el dolor. Le dije a Leslie en voz baja que doblara las rodillas y que respirara profundamente, y eso la ayudó. Ella me dijo que mis consejos la hacían sentir mejor, pero nos dimos cuenta de que el médico estaba molesto porque pensó que yo estaba interviniendo. Posiblemente, esa fue la razón por la que no me permitieron entrar en la sala de partos. El médico me dijo que eran las normas, que no se admitía a los padres durante el parto, pero más tarde una enfermera le dijo a mi esposa que el médico tenía autoridad para quebrantar las normas.

Fue un parto doloroso para Leslie, un parto en seco. Entró en la sala de partos a las doce menos cuarto, por lo que se preguntaba si el bebé nacería el día 26 o el 27 de septiembre. La cabeza del bebé asomó a las doce y media, el día 27 de septiembre. Leslie me contó que el médico le dijo: «Empuja muy fuerte una sola vez más y saldrá el bebé», y que ella pensó: «Puedo hacerlo». Empujó fuerte y el bebé nació treinta y tres minutos pasada la medianoche, el 27 de septiembre de 1951.

Me permitieron verlo cuando estuvo limpio y todos salieron de la sala de partos. Me impresionó lo mucho que se parecía a mi padre, y me sorprendió la fuerza de esa impresión. Querían que Leslie descansara durante la noche y le ofrecieron una pastilla para dormir, pero ella les respondió que no dormiría, que estaba demasiado emocionada. Se llevaron al bebé a una sala especial porque no había habitaciones conjuntas para madre e hijo disponibles, pero aun así ella fue incapaz de dormir. No pudo mudarse a la habitación conjunta hasta el tercer día, así que mientras tanto le traían al bebé cada tres horas para que lo amamantara y después se lo llevaban de vuelta a la sala de los niños.

Finalmente, al tercer día, pudieron estar juntos. Él permanecía acostado en su cuna junto a la cama y ella podía tomarlo en brazos y tenerlo en su regazo cuando quisiera. Esos días fueron de gran alegría para Leslie, y estoy seguro de que también lo fueron para nuestro hijo, Fred. Yo me sentía colmado de felicidad cuando me fui del hospital la noche en que nació.

Cinco días después les dieron el alta y los llevé a nuestro apartamento de Hastings-on-Hudson. Esa noche el bebé empezó a sufrir cólicos del lactante, que le duraron seis meses. Lo que pude observar es que, todas las noches, se acercaba al pecho con mucha agresividad, y segundos después de comenzar a mamar, se apartaba llorando a gritos. En cuanto empezaba a llorar, no paraba en toda la noche, hasta que quedaba exhausto. Si Leslie le ofrecía el pecho cuando estaba llorando, repetía la misma escena: chupaba unas cuantas veces, se apartaba y volvía a llorar. La única forma de calmarlo era cogiéndolo y paseándolo por el apartamento, meciéndolo con suavidad. Pero los gritos eran tan intensos que se podían oír durante horas a varias calles de distancia. En algún punto de la noche, entre las nueve y las once, Leslie se lo llevaba a la cama para amamantarlo hasta que se quedara dormido. Si se despertaba e intentaba mamar de nuevo, los lloros volvían a empezar, aunque duraban menos tiempo. Otra cosa que nos ayudaba a calmarlo era envolverlo en una manta y sacarlo del apartamento para pasearlo en el carrito. Entonces se relajaba y miraba al cielo en paz. *Billie*, nuestra perra, que estaba en el apartamento siempre que el bebé empezaba a llorar, trataba de lamerlo. No entendíamos qué era lo que le ocurría al pequeño. Cuando no estaba gritando, era feliz.

Yo tenía una hipótesis. Observé que, siempre que intentaba chupar, lo hacía con agresividad y que después se alejaba frustrado. Atribuí la agresividad al hecho de que temía perder el pecho de su madre. Ya había tenido esa experiencia dos veces en el hospital. La madre le dio el pecho después del parto, pero después se lo llevaron, lo apartaron de ella y lo dejaron en una habitación separada durante toda la noche. Lo mismo ocurrió durante los dos días sucesivos. Al tercer día le permitieron estar con su madre y alimentarse todo cuanto quisiera, pero la cercanía se interrumpió de nuevo cuando lo llevamos a casa. Creo que fueron esas interrupciones las que le causaron ansiedad con respecto al pecho y le negaron el placer que tanto ansiaba. Observé que se acercaba al pecho con demasiada fuerza. Se sentía frustrado, pero lo único que podía hacer era gritar. Los gritos solo se producían cuando Leslie intentaba darle el pecho durante la noche, jamás durante el día.

No sé si mi explicación es válida, pero es la única que tenía sentido para mí. Los cólicos duraron seis meses. Cuando terminaron, no dejaron efectos secundarios. Era un niño perfectamente normal. Leslie continuó amamantándolo durante más de tres años, y se convirtió en un niño feliz y hermoso. La alegría que sentíamos por nuestro hijo se reavivó. Todo esto tuvo lugar mientras yo hacía mis prácticas en el hospital.

9

El examen de la Junta Médica de Nueva York

Superé las prácticas sin complicaciones. Al principio me preocupaba que la falta de sueño pudiera afectar a mi rendimiento. Debía estar disponible durante toda la mañana, toda la tarde y toda la noche. ¿Cuánto tiempo podía aguantar sin dormir? Me costaba conciliar el sueño porque sabía que podían despertarme en cualquier momento. Una noche me dije a mí mismo que podía sobrellevarlo si me dejaban dormir una sola hora. Para mi sorpresa, no me despertaron esa noche y mi ansiedad con respecto al sueño desapareció.

En aquel tiempo los internos íbamos en la ambulancia. El conductor, que llevaba varios años de servicio, conocía a la gente. Sabía perfectamente quiénes llamaban al hospital simplemente porque necesitaban un sedante, y nos solía aconsejar sobre cómo manejar la situación. No aprendí mucho sobre medicina, pero la experiencia me resultó valiosa para entender cómo se trabaja en los pequeños hospitales privados.

Poco tiempo después de acabar las prácticas en el hospital general de Yonkers, mandé una solicitud a la Junta Médica del Estado de Nueva York para presentarme al examen estatal de medicina. Después de una espera de varios meses, finalmente recibí una carta en la que se me informaba de que mi solicitud había sido retenida porque estaban investigando mi aptitud moral para ocupar el cargo de médico, y que me llamarían para una entrevista con la Junta Médica.

La carta me causó una gran turbación. Obviamente, algo había hecho para despertar sus sospechas. Tal vez era el haber conseguido matrículas para el coche con las letras M.D.[1] para poder aparcar en cualquier calle de la ciudad, pero aún no tenía licencia para ejercer como médico. ¿Sería esta la razón por la cual la Junta Médica sospechaba de mi integridad moral? No creía que ese fuera el motivo, pero estaba preocupado. Si durante la investigación consideraban que mi moral era cuestionable, eso me cerraría las puertas en todos los estados para practicar la medicina. Me preocupé bastante. ¿Qué podría hacer entonces para ganarme la vida?

¿O sería más bien mi asociación con Wilhelm Reich la causa del problema? ¿Estarían cuestionando mi moral por el hecho de que fui terapeuta reichiano durante dos años, antes de partir a Europa? No se me ocurría cómo podían haber descubierto esos datos de mi pasado, a excepción de una sola fuente. Cuando estaba trabajando en el hospital general de Yonkers como becario, recibí una llamada de un vecino de mi

1. «M.D.» corresponden a «Medical Doctor», el equivalente en español a «Doctor en Medicina» (Nota del T.).

antiguo apartamento de Nueva York. Su tía, a la que le habían diagnosticado cáncer de pecho, era paciente del hospital de Yonkers. Hablé con ella y le sugerí que la terapia orgónica podía serle de ayuda. El Instituto del Orgón había abierto una clínica en Nueva York, y meses después me enteré de que las autoridades médicas la habían cerrado por falta de licencia y por tener a médicos sin titulación como parte del equipo profesional. Se me ocurrió que quizá durante la investigación la Junta Médica había descubierto entre los archivos que una paciente mencionaba que había sido yo quien la había remitido al Instituto del Orgón.

Un sábado de primavera de 1953, siguiendo las instrucciones de la carta, comparecí ante la Junta Médica de la Ciudad de Nueva York. No estaba asustado. Cuando me hicieron pasar a la habitación, me encontré con un grupo de veinticinco a treinta hombres sentados en una larga mesa. El secretario de la Junta estaba a la cabeza y me preguntó si conocía la razón por la cual me habían convocado. Le pregunté si tenía algo que ver con el nombre de Wilhelm Reich. Asintieron y me pidieron que les explicara mi conexión con él. Les relaté cómo había conocido a Reich, por qué creía en sus ideas y las razones por las cuales pensaba que su teoría tenía mucho que ofrecer a la medicina. Les conté, además, que había practicado terapia reichiana durante dos años antes de irme a Ginebra, y que continuaría ofreciendo ese tipo de terapia aunque enfocada a la medicina psicosomática. Me preguntaron si «liberar una pelvis rígida» no implicaría que el paciente realizara actos sexuales inconscientes, y les respondí que debía tener el efecto contrario.

Al finalizar la reunión, el secretario se me acercó cuando me estaba yendo. Me dijo que había impresionado positivamente a los miembros de la Junta, pero que debía ir con cuidado porque tenía un expediente abierto. Fue un buen consejo, porque cualquier persona que haya sido investigada puede ser considerada un rebelde. Seguir relacionándome con reichianos me pondría en una situación delicada si el grupo se metía en más problemas, y además sabía que debía encontrar mi propio camino. No fue una decisión difícil porque, para entonces, ya empezaba a sentirme un poco escéptico respecto a sus prácticas terapéuticas.

10

John Pierrakos

Después de las prácticas, varios pacientes a los que había tratado antes de irme a Suiza se pusieron en contacto conmigo para retomar sus terapias. Como no tenía fondos para montar una consulta, decidí que las sesiones se harían en las casas de mis pacientes. Uno de ellos me sugirió que contactara con el doctor John Pierrakos, quien tenía una consulta en el Village que usaba a media jornada y que quizá querría compartirla conmigo.

Conocí a Pierrakos en 1953 y me enteré de que solo usaba su consulta después de las seis de la tarde. Durante la mañana, hacía la residencia en psiquiatría en el centro médico de Downstate. Como acababa de empezar con su trabajo privado y tenía pocos pacientes, estaba muy dispuesto a llegar a un acuerdo para compartir el espacio. Cuando terminó su período de residencia, compartimos la consulta en días alternos. Sin embargo, coincidíamos algunas noches, y eso nos brindó la oportunidad de conocernos.

Pierrakos estaba muy comprometido con las ideas y el trabajo de Reich. Después de una o dos sesiones de terapia, Reich le había recomendado que trabajara con Ellsworth Baker. Yo sabía que necesitaba retomar mi propio proceso terapéutico para superar algunos bloqueos, pero no podía ir a ningún terapeuta orgónico porque no respetaba su trabajo, por lo que le pedí a Pierrakos que me ayudara a liberar mis tensiones musculares. Trabajamos de esta manera durante más de dos años.

Pierrakos y yo teníamos mucho que ofrecernos el uno al otro, y ambos salimos ganando con nuestra relación. Él había nacido en Grecia, inmigró a Estados Unidos durante la adolescencia, estaba casado y tenía una hija. Presentábamos ciertas similitudes, pero nuestras personalidades eran contrarias en varios sentidos. Aunque teníamos la misma estatura, él era físicamente más fuerte que yo. Su cuerpo era sólido y compacto, característico de los hombres griegos. A pesar de mi inclinación hacia el cuerpo físico, yo era más delgado y ligero, una criatura del cielo y de la luz. Para nuestras consultas, observé que él había escogido alfombras de color azul claro, que representaban el cielo, mientras que yo la había decorado con alfombras y cortinas en tonos rojos. Yo necesitaba una base más sólida y una conexión estrecha con la tierra, en tanto que él precisaba una conexión con la luz y el aire para alcanzar el cielo.

Pierrakos era miope y siempre llevaba gafas, mientras que yo soy hipermétrope y no las necesitaba. Podía ver a mis pacientes con claridad, mientras que él aprendió a «sentirlos» con claridad. Con el paso de los años, aprendí que la visión de Pierrakos era sobre todo periférica, en tanto que la mía era central. Esto se hizo evidente en el hecho de que él era capaz de ver el aura alrededor del cuerpo de las personas, de los árboles y de otros objetos naturales con más precisión que yo. Un día, junto al mar, pudo ver el aura o brillo del océano elevarse y caer. Era capaz de ver los campos de energía orgónica con mucha claridad. Este fenómeno es más fácil de observar con visión periférica, porque se manifiesta más intensamente en una habitación con luz tenue. Si la luz es demasiado fuerte, resulta difícil ver el aura por una simple razón: bajo una luz brillante, la visión es de tipo central, es decir, se enfoca en la parte de la retina que contiene los bastones que distinguen el color. Pierrakos descubrió que, usando un filtro de vidrio azul delante de los ojos, la mayoría de las personas pueden ver el aura sin ningún problema.

Yo estaba más interesado en las ideas y sus expresiones que Pierrakos y comprendía mejor el análisis del carácter, quizá porque era diez años mayor que él y había trabajado durante más tiempo con pacientes. En varias ocasiones comparamos nuestras notas sobre un paciente después de estudiar su cuerpo. Yo me fijaba en la forma, el movimiento y las tensiones que bloqueaban el flujo de sentimientos o de energía, mientras que Pierrakos examinaba el cuerpo a través de su aura. Después descubríamos que, por increíble que pareciera, nuestras conclusiones sobre el paciente y sus problemas, es decir, nuestros diagnósticos sobre la estructura del carácter del paciente y sobre sus problemas físicos y emocionales, e incluso nuestros enfoques terapéuticos, eran iguales.

Aunque llegamos a intimar mucho y nos hicimos amigos, nuestras diferencias de temperamento eran evidentes. Yo era el líder intelectual de nuestro trabajo, el escritor y el orador, mientras que él estaba más conectado al aspecto físico. Nuestro enfoque terapéutico, y del análisis bioenergético en particular, no era diferente, pero lo realizábamos de formas distintas. Yo era más sutil y él, más intenso. Su visión mística de la vida y la mía entraron en conflicto.

En la primavera de 1954, la consulta que compartíamos se nos quedó pequeña. Nuestros pacientes crecieron en número, y también sabía que debía crear un instituto basado en los conceptos fundamentales de Reich sobre el cuerpo y la mente. Durante los siguientes veinte años, la oficina del Instituto de Análisis Bioenergético estuvo en el apartamento donde John y yo teníamos nuestras consultas.

La experiencia terapéutica más significativa que tuve con Pierrakos (una que recuerdo vívidamente) ocurrió cuando le pedí que me ayudara a llorar. Desde mi más temprana infancia, había inhibido el impulso de llorar y gritar, de manera que cada vez que ocurría demostraba que había dado un gran paso en mi terapia y se convertía en una gran experiencia. Grité durante mi primera sesión con Reich, y lloré cuando me sugirió abandonar la terapia. También lloré profundamente cuando Leslie me dijo que estaba pensando en acabar con nuestra relación, y justamente después de eso tuve mi orgasmo más profundo y completo, pero uno debería poder llorar hasta saciar la tristeza de la infancia, y yo era incapaz de hacerlo. Me recosté en la cama y le pedí a Pierrakos que me presionara con los puños los músculos de la mandíbula. Era consciente de lo tensos que estaban esos músculos y de que esa tensión era la responsable de mi resistencia al llanto. Mantenía rígida la mandíbula como expresión de mi determinación hacia el éxito. Guardaba en mi cabeza la imagen de que tenía la mandíbula de un perro bulldog, y que era muy difícil relajarla. Cuando John presionó los puños contra mi mandíbula, sentí un dolor muy fuerte. Recé: «Por favor, Dios, déjame llorar». Y cuando pronuncié esas palabras, mi mandíbula tembló y lloré. Mis profundos sollozos se prolongaron durante varios minutos. Él dejó de presionar, pero mi llanto continuó libremente. Cuando terminé, me sentí muy aliviado, blando y abierto. Luego me senté y John me dijo que había visto un halo alrededor de mi cabeza, de color azul pálido y que se extendía a medio metro de distancia.

En 1972 dediqué mi libro *La depresión y el cuerpo: la base biológica de la fe y la realidad* a John Pierrakos, querido amigo y estrecho colaborador.

Uno de los desastres que sufrió la bioenergética ocurrió cuando Pierrakos se volcó en el misticismo. Este se convierte fácilmente en delirio y, en cierto sentido, Pierrakos comenzó a tener ideas delirantes. Reich jamás se acercó al misticismo; sí al naturalismo, pero no al misticismo. Según el punto de vista reichiano, el misticismo aparece cuando una persona interpreta los sucesos de acuerdo con sus sentimientos internos. Eso es lo opuesto a nuestra postura, a la que Reich denominó «mecanicista»: es decir, verlo todo en términos de causa y efecto, e ignorar la realidad de que el observador influye en la acción. Para los místicos, el observador lo es todo; para los mecánicos, el observador no cuenta. Dicho en términos más simples, la ciencia no tiene cabida en el misticismo en la medida en que los sentimientos no tienen cabida en la ciencia. Bajo mi punto de vista, ambas posturas son dos aspectos diferentes del mismo proceso, pero al final esa diferencia básica fue la que me hizo poner fin a la relación con Pierrakos.

Una noche, en 1972, Pierrakos entró en mi consulta y me dijo que deseaba hablar conmigo. Me explicó que había conocido a una mujer llamada Eva, curandera espiritual y médium. Ella le había dicho que yo estaba bloqueando su desarrollo personal, que yo era el líder en todo lo que emprendíamos y que mi posición lo forzaba a mantenerse en la sombra. Estuve de acuerdo en que yo era el dominante en nuestra relación, pero no consideré que hubiera hecho nada para frenar su crecimiento. Yo era más mayor, tenía la ventaja de haber mantenido una relación terapéutica más larga con Reich, y era más verbal e intelectual que John.

Varios sucesos provocaron mi separación de Pierrakos. Cuando Eva nos invitó a Leslie y a mí a una pequeña reunión en su casa, nos impactó ver que dos de sus pacientes nos servían la comida. Uno estaba en la cocina y el otro era el camarero. Eso violaba nuestra idea de la relación terapéutica, que requiere una separación clara de los roles de terapeuta y paciente. El año anterior, en un taller realizado en Toronto, habíamos conocido a un líder de grupo que remitía sus pacientes a los aprendices a cambio de un porcentaje de las ganancias. Tanto Leslie como yo nos sentimos repelidos y ofendidos por un grupo que, a todas luces, parecía una secta, pero me impactó aún más escuchar a Pierrakos decir que la idea le parecía interesante.

Hubo otro suceso que marcó la separación. Teníamos la costumbre de dar charlas públicas cada otoño sobre el análisis bioenergético. En la serie final, yo decidí dar una charla sobre el comportamiento psicopático. Pierrakos, por su parte, optó por dedicar la suya, la semana siguiente, a la negatividad y admitió públicamente que tenía sentimientos negativos hacia mí por ser la persona dominante en nuestra relación. Sin embargo, declaró que su sentimiento era virtuoso porque era capaz de admitirlo en público, es decir, que era capaz de admitir que me envidiaba. Yo estaba allí con mi mujer, y su acto me impactó y me ofendió, al sentirlo como un ataque personal. Si era incapaz de responder admitiendo que yo también tenía sentimientos negativos hacia él, me consideraría culpable de esconderlos. Si los admitía, él ganaría la partida, porque solo era capaz de abrirme después de que él me retara. Aún me siento indignado por su malevolencia al colocarme en esa incómoda posición en público.

Nuestra relación se acabó de deteriorar en una reunión de formadores en la que me acusó de no estar abierto a sus ideas místicas. John me había dicho que Eva también era médium y que podía comunicarse con los espíritus de los muertos. Por ejemplo, había hablado con el espíritu del padre de John y le había comunicado sus mensajes. Aunque esa idea era contraria a mis pensamientos y creencias, jamás le hice ningún comentario negativo sobre sus ideas o prácticas. Durante esa reunión me acusó de no tener una mente lo bastante abierta. Es cierto, y lo admití ante el grupo. Suelo mantener la mente cerrada a las ideas irracionales de nuestra cultura, y la abro cuando algo me parece verdadero. Como hombre libre, al igual que Bertrand Russell, tengo el derecho a abrir y cerrar mi mente como me plazca, y no por las exigencias de terceros.

Poco tiempo después de este episodio, decidimos separar nuestras consultas, lo que se precipitó cuando perdimos el contrato de alquiler de nuestro apartamento en el número 71 de Park Avenue. Yo le había permitido a otro terapeuta utilizar mi consulta durante la noche, cuando esta estaba vacía. Pero él y un paciente se pusieron a luchar en el suelo una noche en que el vecino del piso de abajo, agente literario, celebraba una cena con unos amigos. El forcejeo que se produjo en mi consulta provocó que la lámpara de araña que pendía de su techo se balanceara peligrosamente sobre los invitados. No podíamos continuar allí.

En aquella época, permitía también a otro terapeuta utilizar mi espacio durante los días que yo pasaba en Connecticut. Había conocido a Robert Zimmerman, un médico interesado en la psicología, en uno de mis talleres en California y lo había invitado a Nueva York. Le presté mi consulta de forma temporal, hasta que consiguiera la suya propia, pero no era algo sencillo.

Encontré una oficina profesional en los bajos de la calle 36 Este. Quedaba encima del cuarto de calderas del edificio y no tenía apartamentos contiguos, por lo que me pareció que era apropiada; me sentiría cómodo trabajando allí. Podía usar el dormitorio como consulta y para pasar la noche de vez en cuando. El salón era espacioso y podía funcionar como las oficinas del Instituto. Ocupé esa consulta durante más de veinticinco años, y resultó ser un espacio ideal. Pierrakos y Zimmerman encontraron buenos locales para sus consultas en Park Avenue y la calle 57.

Pierrakos continuó distanciándose en una dirección ajena a mis pensamientos y sentimientos. Eva había adquirido un terreno en las montañas Catskill y pensaban transformarlo en una colonia para sus seguidores, a quienes alentaban a comprar parcelas y establecerse en el complejo. Eva realizaba sesiones de espiritismo con frecuencia y era considerada la Gran Sacerdotisa. Cuando esa exitosa operación financiera creció, adquirieron el edificio de una escuela abandonada y lo convirtieron en su base en Nueva York. No tuve ningún contacto con Pierrakos durante ese período, y creo que lo mismo se puede decir de quienes pertenecían a la comunidad de la bioenergética.

Mi amistad con Pierrakos y nuestros esfuerzos conjuntos para promocionar la terapia bioenergética duraron casi veinte años, y nos separamos de forma amigable. En 1996, los miembros del IIAB me hicieron una fiesta sorpresa organizada por Ed Svasta y Fran La Prad, mi secretaria de toda la vida. John vino a la fiesta y nos saludamos con cariño (ver la segunda parte, «Fotografías de mi vida»). Cuando murió en 2001, di un largo discurso en su funeral.

11

Desarrollo del Instituto de Análisis Bioenergético y mis experiencias en el Instituto Esalen

Me di cuenta de que necesitaba crear un instituto basado en los conceptos de la unión entre cuerpo y mente, y escogí el nombre de Instituto Bioenergético con esa intención. Creí que lo mejor sería establecerlo como una institución educacional sin ánimo de lucro. Aunque teníamos pocos seguidores en aquella época, si organizaba encuentros regulares para promocionar nuestras ideas, la nueva organización atraería a profesionales a trabajar bajo nuestro enfoque.

Creé un logo que simbolizara los conceptos básicos del Instituto: la forma de un huevo que contiene dos fuerzas opuestas que interactúan para integrarse y conformar una nueva entidad. Para representar su Instituto del Orgón, Reich había creado un diagrama dialéctico para la tesis y la antítesis. Mi diagrama, también con dos fuerzas, está unido, mientras que el de Reich aparece abierto –en consonancia con la visión cósmica de Reich y mi visión más orgánica y terrenal.

Las dos fuerzas del logo de la bioenergética pueden ser interpretadas como las energías del Sol y de la Tierra interactuando para crear la vida en el planeta. Por otro lado, también podrían representar el fuego y el agua, ambos necesarios para la vida, como un fuego ardiendo en el agua. En realidad, los procesos oxidativos de la vida tienen lugar en un medio acuoso. Por último, las fuerzas antitéticas también se pueden interpretar como la energía femenina y la masculina, o el yin y el yang. De este modo, el trabajo analítico y el trabajo físico del análisis bioenergético están en constante interacción, ayudando al paciente a comprender qué sucede en su cuerpo.

Entre los primeros miembros del grupo, además de Pierrakos y yo, estaba William Walling, un compañero de medicina de John que había hecho su residencia de psiquiatría en el centro médico de Downstate, y también Robert Kronemeyer, un psicólogo que conocía las teorías de Reich.

Mi primer libro, *El lenguaje del cuerpo*, que fue publicado en 1958, atrajo la atención sobre el problema del cuerpo y la mente. A pesar de que recibió una mala crítica en la reseña de un diario psicoanálitico, el *Diario de la Asociación de Osteopatía Americana* publicó un artículo positivo en el cual el crítico escribió: «Lo que se pone en evidencia es la clara e impactante relación que existe entre el funcionamiento de la personalidad y los patrones de movimiento del cuerpo y la tensión muscular. También ayuda a comprender el retrato clásico del individuo trastornado y sus múltiples aspectos físicos». Otra reseña de un diario quiropráctico fue igual de positiva.

Un amigo psiquiatra me ofreció la oportunidad de dar una conferencia para los miembros del equipo profesional del Instituto Nacional de la Salud Mental. Fui hasta Washington acompañado por los doctores Pierrakos y Walling. Durante mi charla sobre el cuerpo y la personalidad, señalé que las enfermedades físicas podían estar relacionadas con trastornos de la personalidad. Este es un concepto clave en la medicina psicosomática; sin embargo, sin una base en las funciones corporales, la conexión sigue siendo demasiado psicológica. La audiencia se mostró receptiva durante la charla, pero me pidieron que les hiciera una demostración. Mis colegas y yo debíamos diagnosticar a un paciente con solo mirar su cuerpo. No podíamos conocer nada de su historial ni hacerle preguntas.

Nos separaron a los tres en habitaciones diferentes y nos llamaron uno por uno para estudiar al paciente. Lo que yo pude percibir es que su cuerpo presentaba una marcada división entre la parte superior y la inferior, lo cual es una de las características del cuerpo esquizoide. Una de las señales de esa división es que los músculos de la cintura están contraídos, y eso bloquea el flujo de la excitación desde la parte superior del organismo hacia la inferior. En muchos casos, el paciente presenta una tensión muscular similar, pero en lugar de en la cintura, está localizada en el cuello, separando la cabeza del resto del cuerpo. Todos nosotros llegamos al mismo diagnóstico, pero ese hecho no pareció impresionar al equipo de médicos. Cuando expliqué la base teórica que utilizábamos para llegar a esa conclusión, me dijeron que debía comenzar un proyecto de investigación para demostrar mis teorías, pero yo no tenía ningún interés en realizar un estudio científico.

El lenguaje del cuerpo consiguió abrir nuevos caminos para comunicar las ideas de la bioenergética. Varios años después de su publicación, Michael Murphy me pidió que hiciera un taller de bioenergética en Esalen, convertido en el centro de operaciones del movimiento del potencial humano, que se había expandido por todo el país. El movimiento estaba compuesto por varios grupos de terapia llamados «grupos de encuentro». Cada uno contaba con la guía de un líder que estimulaba a los miembros del grupo a abrirse y expresar sus sentimientos. Para ello, utilizaban varios ejercicios a fin de ayudar a la gente a sentir y liberar sus emociones. El líder del grupo guiaba a los participantes para que pudieran superar sus inhibiciones y los protegía de posibles daños. Jamás participé en uno de los grupos, por lo que no puedo describir con exactitud cómo era la interacción entre sus miembros. He practicado sesiones de terapia grupales para mis pacientes, pero la interacción entre los miembros se limitaba a observaciones sobre la forma en que cada uno manejaba su vida.

En un principio, el centro de Esalen se había organizado con el propósito de introducir elementos de las disciplinas indias y orientales en la cultura occidental. Se daban clases regulares de meditación y de tai chi. Cuando me invitaron, la figura dominante era Fritz Perls, el fundador de la terapia Gestalt que, por aquella época, vivía en Esalen. Perls hacía sesiones de terapia en grupo para los residentes de Esalen que estaban estudiando para convertirse en líderes de grupo y para los visitantes que se quedaban participando en programas prolongados.

Leslie me acompañó en mi primer viaje a Esalen. El centro quedaba en Big Sur, en la costa de California, a ciento veinte kilómetros al sur de San Francisco. Hicimos el viaje por la autopista de la costa del Pacífico (también llamada «Camino Real»), que transcurría por la orilla del mar. Por su lado interior, la carretera había sido excavada en las montañas de Sierra, que lindaban con el mar. Era una carretera llena de curvas que nos sorprendía a cada giro de volante con unas impactantes vistas del océano y de los surfistas. En una franja de terreno entre la carretera y el mar, había un pequeño hotel que Michael Murphy y su hermano heredaron de su abuela y que convirtieron en Esalen, el primer y más famoso centro de crecimiento espiritual de Estados Unidos.

Esalen contaba con baños de aguas termales que bajaban de manantiales naturales. El agua caliente de la montaña tenía que dejarse enfriar considerablemente antes de que cualquiera pudiera bañarse en ella. Los indios norteamericanos habían hecho uso de estas aguas antes de que se construyera el hotel. Las instalaciones de Esalen consistían en unas pequeñas cabañas con capacidad para tres o cuatro personas. También había un gran edificio con una cafetería donde servían la comida y varias salas de reuniones, así como un edificio de menores dimensiones con salas de reuniones pequeñas y varios dormitorios. Junto al edificio grande había una piscina y varios patios desde donde la gente podía sentarse a mirar el océano. En aquella época, Esalen tenía capacidad para ciento cincuenta personas y un equipo de veinte profesionales.

Los baños se encontraban al final de un pequeño camino, dentro de un edificio de piedra. Los participantes se sentaban en el baño desnudos y en grupos mixtos. Durante la noche, solían encontrarse en los baños antes o después de la cena para relajarse en las aguas termales con una copa de vino. En mi primera visita, el consumo de drogas era algo evidente. La marihuana era la más popular, pero también se tomaban drogas más duras. Sin embargo, en los años siguientes, comprobé que el consumo había disminuido.

Mi primer taller solo duró un fin de semana. La mañana del lunes, Leslie y yo nos despertamos temprano y fuimos a tomar un baño matutino antes de irnos. Sentados como estábamos en el baño, mirando hacia el océano Pacífico, pudimos ver a varias ballenas nadando hacia México, una escena muy emocionante. Al marcharnos de Esalen condujimos hacia el sur por el Camino Real en dirección a Los Ángeles. La carretera nos llevó hasta la famosa casa de William Randolph Hearst, un lugar fabuloso por dentro y por fuera. Está ubicada en un acantilado sobre el Pacífico y rodeada por preciosos lechos de flores. Una de las atracciones era una piscina cubierta fabricada con mármol italiano y decorada como un baño romano. En el camino hacia Los Ángeles también recogimos a un par de jóvenes que hacían autoestop y, como no tenían dinero, les dimos veinte dólares que nos devolvieron más tarde. En Los Ángeles visitamos a un amigo psicoanalista de Nueva York que se había interesado por la bioenergética después de leer *El lenguaje del cuerpo*. Vivía en Malibu Beach, en un edificio de apartamentos que había sido construido sobre la arena. La noche que pasamos en su casa escuchamos las olas romper bajo nosotros, una experiencia deliciosa que me recordó los veranos de mi infancia en la playa de Rockaway.

El Instituto crecía a medida que más profesionales, psicoanalistas y psiquiatras se interesaban por el trabajo. Entre los más destacados estaba Jack McIntyre, un psicoanalista de

Detroit, a quien le atraía la importancia que le otorgábamos al cuerpo. Pierrakos y yo dimos un taller para algunos de sus pacientes en Detroit y, a partir de entonces, su esposa, Betsy, nos acompañó a John y a mí en nuestras visitas anuales a Esalen en marzo, durante cinco o seis años. Impartimos varios talleres en las nuevas sedes de Esalen en San Francisco y en el rancho Santa Fe, al norte de San Diego. Los talleres de bioenergética eran populares y siempre se llenaban. Gracias a esos talleres, pudimos presentar el análisis bioenergético a los profesionales de la costa Oeste. Entre ellos, debería mencionar a Renato Mónaco, un psiquiatra que más tarde se convirtió en el presidente del centro bioenergético de Newport Beach. Robert Hilton y Jim Miller también se involucraron con la bioenergética como resultado de su participación en los talleres que di con Pierrakos en Esalen. Bennett Shapiro se unió al grupo bioenergético y él mismo se convirtió en formador internacional de bioenergética.

Los talleres de Esalen eran similares a los que daba en mi consulta de Nueva York, solo que a mayor escala. Los grupos de Nueva York tenían entre seis y diez participantes, mientras que los de Esalen contaban entre quince y veinticinco. Dado que los talleres de bioenergética incluían ejercicios físicos y estaban enfocados en el cuerpo, los participantes debían vestirse con pantalones cortos o leotardos. Los talleres empezaban con todos ellos sentados en círculo o en un cuadrado y mirando hacia mí. Cada miembro debía presentarse y explicarle al grupo su profesión y su experiencia con la bioenergética. Después, yo daba una pequeña charla introductoria sobre cómo se desarrollaría el taller. Le pedíamos a un voluntario que se colocara frente al grupo para hacerle un análisis corporal y señalar la tensión y los patrones de su cuerpo a los demás. También le pedíamos que nos contara algo sobre su infancia y su familia, su situación actual y cualquier problema emocional o físico por el que pudiera estar pasando. Siempre trataba que la persona comprendiera que sus problemas estaban conectados con el patrón de tensión muscular de su cuerpo.

Los ejercicios básicos consistían en estiramientos, como la postura del arco, que se realiza con los pies separados y los puños sobre la parte baja de la espalda; ejercicios para aprender a plantarnos en el suelo, inclinándonos hacia delante y tocándolo con la punta de los dedos, y ejercicios de expresión de la ira en los que nos recostábamos sobre un colchón y dábamos patadas mientras gritábamos palabras de protesta como «¿por qué?» o «¡no!». Dado que respirar es una de las principales funciones del cuerpo –todos los problemas emocionales están conectados con la restricción inconsciente de la respiración–, hacía que los participantes se recostaran sobre un banquillo especial y respiraran para que yo pudiera evaluar lo profundas y completas que eran sus inhalaciones. Cuando el individuo se recuesta sobre el banquillo, puede observarse con facilidad el ciclo respiratorio de inhalación y exhalación. En los ejercicios de grupo, hacía que todos se echaran en el suelo sobre una alfombra, con las rodillas flexionadas, extendieran los brazos y dijeran en voz alta «mamá» o «papá». Este ejercicio siempre hacía brotar lágrimas en los ojos de los participantes, porque casi todos habían sido privados de amor en su infancia. Después de estos ejercicios, cada uno de los participantes tomaba la palabra para compartir sus sentimientos con el resto del grupo.

Ese era entonces el esquema general de los talleres, aunque lo he ido modificando a lo largo de los años para que sea más efectivo a la hora de ayudar a las personas a entrar en contacto con su cuerpo y sus sentimientos.

Lo más impresionante de los talleres de bioenergética es el sentimiento de hermandad que surge entre los participantes. Individuos que no se conocen de nada antes del taller acaban estableciendo profundos lazos de amistad tras compartir una experiencia significativa. Esta sensación se la atribuimos al hecho de que todas las personas tenemos algo en común: el cuerpo. Todo cuerpo es como cualquier otro, con idénticos sentimientos de placer y dolor, tristeza y alegría, espera y satisfacción. También tenemos problemas comunes, porque pertenecemos a la misma cultura, y deseamos encontrar por igual esa alegría que dote a nuestra vida de sentido. En casi todos los casos, las actividades corporales aumentaban la energía de la persona y le hacían sentir su cuerpo más vivo. Sin ser un sustituto de la terapia (un proceso continuado), a un taller de bioenergética pueden acudir tanto terapeutas como principiantes.

Durante esos años, el creciente Instituto de Análisis Bioenergético necesitó más espacio para las clases y los talleres. Alquilamos y arreglamos un *loft* en la calle 40 Este, y dividimos el espacio en dos salas de tratamiento y un gran salón para los talleres y las clases de ejercicios. Aunque estas clases no estaban orientadas a la terapia, ayudaban a los participantes a sentir y liberar las tensiones crónicas de sus cuerpos. El Instituto continuó impartiendo el programa en el *loft* durante seis años, hasta que un nuevo inquilino se mudó al piso de abajo y se quejó de que los ejercicios hacían temblar el suelo.

Leslie también empezó a dar clases de ejercicios de bioenergética en casa en 1973. Hoy día estas clases se imparten en Nueva York y en muchos otros centros de Estados Unidos y del extranjero.

En 1976 organizamos un congreso internacional en el valle de Waterville, New Hampshire, con la idea de convertir el Instituto de Análisis Bioenergético en una organización internacional. Esta debía estar presidida por un consejo directivo escogido entre el grupo de formadores internacionales. Yo me convertiría en el director ejecutivo y el doctor John Bellis de New Haven, Connecticut, sería el director de un comité ejecutivo con la función de supervisar las operaciones del Instituto. Se redactaron las ordenanzas para escoger a los miembros del consejo directivo y del comité ejecutivo. En ese congreso reconocimos a varias personas que habían trabajado formando a grupos en diversas partes del país y les otorgamos el título de formadores en análisis bioenergético. Cada comité hizo su propia votación para elegir las ordenanzas del Instituto como organización internacional. Bellis, que actuó como presidente en esa reunión, había hecho algunas sesiones de terapia conmigo años atrás, pero se había convertido en socio de Pierrakos cuando este todavía formaba parte del análisis bioenergético. Cuando Pierrakos se fue, Bellis siguió participando activamente como miembro del Instituto, e incluso desarrolló su propio grupo en el área de New Haven. Cuando las nuevas ordenanzas entraron en vigor en 1977, John Bellis fue nombrado director asociado y yo, director ejecutivo. Con este nuevo cargo, podría ayudarme a llevar la carga de impulsar una organización que se encontraba en vías de crecimiento.

La primera actuación de Bellis en su nuevo cargo fue enviar una larga carta a los miembros pidiéndoles que le escribieran acerca de sus ideas y su visión sobre qué podía ofrecerles el nuevo Instituto. Esto puede sonar inofensivo, pero cuando recibí la carta me enfurecí. Advertía un cambio de enfoque del Instituto, que iba del desarrollo y la difusión de nuestros conocimientos del análisis bioenergético, tanto en la teoría como en la práctica, a la construcción de una gran organización cuyo propósito era servir a los intereses y las necesidades de sus miembros. Su mayor interés radicaba en los beneficios personales que pudieran obtener con un aumento de prestigio, poder y retribuciones económicas como profesores y supervisores.

Creo que mi interés por la bioenergética nace de un sentimiento más profundo que el de la mayoría de mis colegas. Yo era la única persona dentro de esta disciplina que tuvo una relación estrecha con Reich, y siento que absorbí parte de esa aura mesiánica. Reich creía firmemente que tenía la misión de salvar a la gente ofreciéndoles una comprensión más profunda de la vida y de las fuerzas naturales que la controlan. Estoy seguro de que Freud tenía un sentimiento similar en relación con el psicoanálisis, por encima de sus intereses personales. Durante mucho tiempo he creído que el rol del terapeuta tiene que ver con una necesidad profunda, consciente o inconsciente, de salvar a la propia madre, ya que en la infancia nos percatábamos de su dolor y sufrimiento. Siento que, en mi caso, eso es verdad. Siempre he sabido que mi madre sufría una profunda sensación de vergüenza que nacía en parte de su falta de dinero, pero principalmente de la pérdida de su gracia y atractivo natural. Era una mujer pequeña, ligeramente patizamba, pero que se mantenía sumamente derecha. De pequeño yo sentía su dolor y, a pesar de que rehusaba soportar su carga, no podía hacer la vista gorda ante su sufrimiento. Esta sensibilidad hacia el dolor ajeno es lo que subyace a la necesidad que siente el terapeuta de dedicarse a su trabajo.

A pesar de que tenía muchos sentimientos similares a los de Reich, yo no era un revolucionario, por más que deseaba ver cambios en nuestra cultura. Fundé el Instituto de Análisis Bioenergético motivado por la esperanza sincera de ayudar a la gente a aliviar su sufrimiento. Pero también estaba motivado por mis necesidades personales y narcisistas. A través de él, podría cumplir mi deseo de hacerme famoso. Creía poder afirmar, con toda honestidad, que no había fundado el Instituto en busca de poder, pero el poder es inherente a toda organización.

Después de que Bellis enviara la carta, se produjo una crisis. Mi reacción inmediata fue anunciar que renunciaba al Instituto, lo cual fue una gran sorpresa para muchos formadores. Jack McIntyre vino a verme para decirme que no podía dimitir, que el Instituto me necesitaba. Me pidió que recapacitara. Así lo hice y decidí continuar como director ejecutivo, pero con una junta nombrada por mí. Escogí a Ed Svasta para que se encargara de las relaciones con los formadores internacionales y sus sociedades. John Bellis renunció a su puesto como director.

La nueva junta, con la aprobación de los formadores internacionales, estipuló los requerimientos necesarios para la certificación como terapeuta bioenergético. Entre ellos figuraban cuatro años de estudio en un programa de formación bajo la supervisión de dos formadores internacionales. Además, cada candidato debía completar cien horas de terapia con un terapeuta bioenergético reconocido y entre cuarenta y sesenta horas de supervisión con un entrenador aprobado.

Sobre el papel, el programa se veía muy bien; sin embargo, demostró ser inadecuado. Pocos formadores internacionales tenían experiencia conmigo, y el trabajo que hicimos juntos no estaba lo bastante enfocado en el cuerpo. Como consecuencia, tanto los terapeutas como los profesores dependían más de la discusión y del análisis de lo que yo hubiera deseado, a expensas del trabajo corporal, que no acababa de entenderse. Pude comprobar todo ello en la experiencia que viví cuando fui a hacer una demostración de técnicas corporales a un grupo de formadores suizos y vi que no los emocionaba. En un principio se habían mostrado excitados cuando les hice la introducción al trabajo bioenergético, pero después de esta primera sesión conmigo acudieron a un programa de formación con otro formador que se centraba, sobre todo, en el trabajo psicoanalítico, en comentar los sentimientos conectados con las experiencias de la infancia. Este enfoque los ayudaba a entender mejor su infancia, pero no demasiado a comprender su cuerpo o su comportamiento en el presente. Yo había creado el enfoque de la bioenergética sobre la base de que la persona es su cuerpo y que un cambio en la personalidad se manifiesta con el correspondiente cambio en las funciones corporales. En concreto, el patrón de la respiración del paciente cambia; la respiración debe ser más profunda y libre. El movimiento debería ser más espontáneo, lo cual tendría que reflejarse en movimientos involuntarios del cuerpo que irían desde temblores y vibraciones hasta el movimiento espontáneo de la pelvis durante el reflejo del orgasmo. Cualquier persona que trabaja con el cuerpo debería saber que la función más importante es la respiración, la cual nos proporciona el oxígeno necesario para llevar a cabo los procesos vitales.

Reich había observado en su trabajo analítico que los individuos neuróticos tendían a aguantar la respiración y a respirar de manera superficial. Restringir la respiración era el mecanismo básico que se escondía tras la estructura del carácter y del síntoma neurótico. Restringiendo su respiración, el neurótico reduce su propia energía y vitalidad y, por tanto, mantiene un control inconsciente sobre sus sentimientos (por ejemplo, ira, miedo y tristeza). Como el control es inconsciente, el individuo no es capaz de liberarse del patrón de respiración restringido. Fui afortunado porque, en la primera sesión que tuve con Reich, fue capaz de mostrarme mi propio patrón de restricción y de sacudirme para hacerme ver que estaba bloqueando inconscientemente una experiencia de mi infancia que me daba miedo. Traté de realizar la misma técnica con un amigo mío estudiante de medicina y lo asusté muchísimo. La bioenergética es una técnica poderosa, y hay que aprender a usarla para no herir o asustar al paciente. Sin embargo, es relativamente segura cuando el paciente la hace por su cuenta, pues inconscientemente evitará llegar a una crisis. Del mismo modo, en un programa de ejercicio bioenergético los individuos no son presionados hasta llegar a una crisis o una ruptura. El Instituto Internacional de Análisis Bioenergético y yo sobrevivimos a la crisis de 1976, y el interés por la bioenergética continuó aumentando en todo el mundo.

A continuación te invito a ver unas fotografías de mi vida. Les seguirán varios comentarios sobre los libros que he escrito.

Segunda parte

FOTOGRAFÍAS DE MI VIDA

Incluso de bebé se puede ver cómo mi cabeza tira del cuerpo. Estas fotografías capturan mis recuerdos más queridos y me ayudan a contar la historia de mi vida.

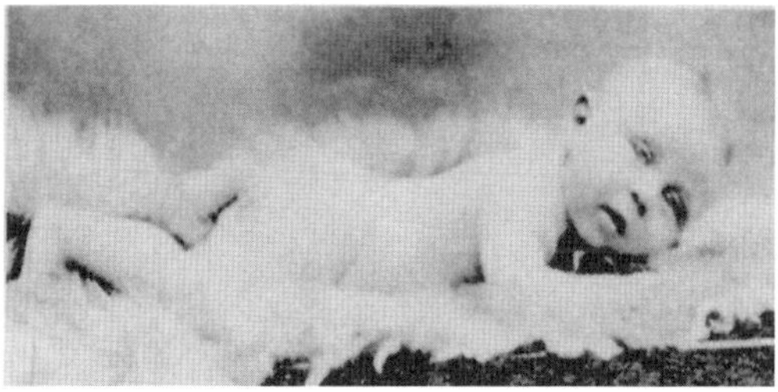

Foto siendo un bebé

Al con su pipa

Leslie Lowen

Al y Fred

Dando una conferencia

Al y Leslie en Guilford

Al y John Pierrakos - 1996

Al y Leslie

Al, Fred, Cheryl (la esposa de Fred) y Sonia, nieta de Al

Al y Bob Glazer

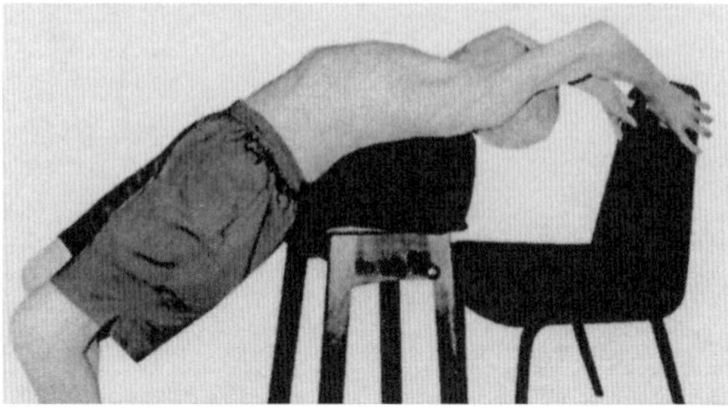

Al utilizando la silla, a los 92 años

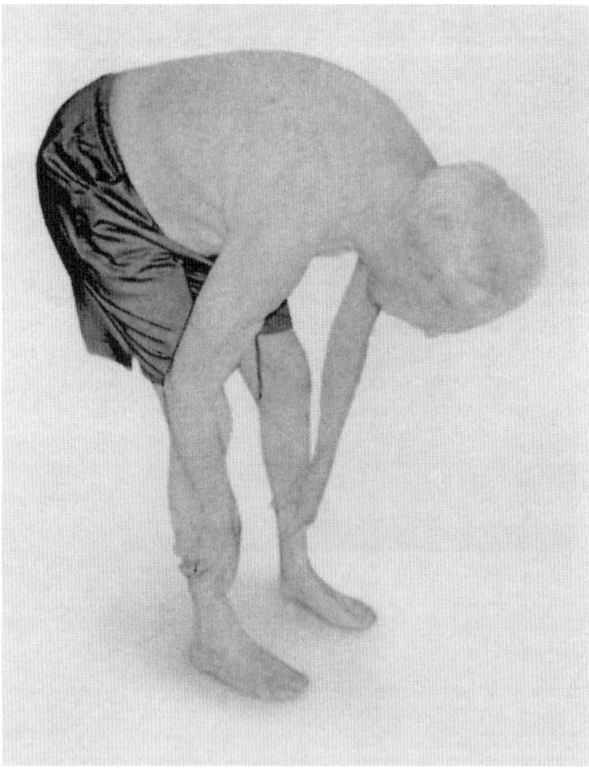

Al practicando la «Conexión de los pies con la tierra», a los 92 años

Tercera parte

REFLEXIONES SOBRE MIS LIBROS Y EL PROCESO DE ESCRITURA

Cada uno de mis libros representa la evolución de mis pensamientos sobre la bioenergética y las experiencias que he tenido con mis pacientes. Escribir siempre me resultó sencillo porque tenía algo que decir, y en todo momento fue una experiencia placentera.

12

Mis libros

1958-1970

El lenguaje del cuerpo

El lenguaje del cuerpo, publicado originalmente en 1958 como *La dinámica física de la estructura del carácter*, fue un libro que me emocionó porque estaba basado en los aspectos físicos de la persona. Partiendo de algunos conceptos fundamentales de la obra de Reich *Análisis del carácter*, hice una argumentación en la que integraba los aspectos físicos del carácter con los parámetros psicológicos del comportamiento. Relacioné los tipos de carácter con características físicas; por ejemplo, los pies pequeños, la mandíbula tensa y la espalda ancha estaban relacionados con ciertos comportamientos.

El análisis del carácter es la clave para entender el comportamiento del paciente, y el lenguaje del cuerpo lo es para entender el carácter. En los años veinte, Reich desarrolló la técnica del análisis del carácter como una forma de evitar la confusión que resultaba de la técnica terapéutica de la libre asociación. Su libro *Análisis del carácter* se considera una gran contribución a la formación psicoanalítica porque ofrece una forma radicalmente nueva para comprender al paciente, un método que se centra en su comportamiento durante la sesión analítica. Dado que el comportamiento es un proceso físico, a mí me parecía que el siguiente desarrollo lógico para el psicoanálisis era fijarse en el cuerpo del paciente para entender el comportamiento que presentaba.

Al principio de mi práctica, empecé por estudiar la respiración de mis pacientes y sus expresiones corporales, y me di cuenta de que las características de su personalidad se reflejaban en su cuerpo. Nuestro lenguaje está repleto de descripciones de actitudes corporales que son sinónimos de ciertos rasgos de la personalidad. Llamamos a alguien «cabezón» para decir que es testarudo u obstinado, o «cabeza cuadrada», si carece de imaginación, y a alguien remilgado lo denominamos «estirado». La columna vertebral también juega un papel importante a la hora de describir las características de la personalidad. Metafóricamente hablando, decir que alguien «no tiene columna»[1] implica que no es capaz de soportar la presión, que es una persona débil. Sin embargo, la frase también tiene un significado literal, porque si la columna de una persona no tiene suficiente fuerza vital, no puede aguantar ningún tipo de fuerza agresiva. En un sentido caracterológico, algunos individuos no colocan bien los pies en el suelo cuando permanecen en pie. No están asentados

1. Del inglés «having no backbone». La expresión no existe en español, pero se utiliza habitualmente en inglés (N. del T.).

en la realidad y viven en el fantástico mundo de la imaginación. Decir que una persona «no tiene los pies en la tierra» tiene un significado psicológico. Tener los pies en la tierra es ser independiente, un símbolo de madurez. La incapacidad de sostenerse sobre los propios pies nos indica que el desarrollo en la infancia no fue el ideal. Esa persona no gozó de un apoyo emocional completo, que es el sostén sobre el cual se desarrolla el sentido de seguridad. Probablemente no lo cogieron en brazos lo suficiente como para hacerle sentir que su madre (o la Madre Tierra) podía sostenerlo. Sin esa seguridad, el niño se tensa y sus piernas se vuelven rígidas para poder sostenerlo. Esto produce una tensión muscular crónica en las piernas que dificulta su sensibilidad, lo que acaba por convertirlas en algo parecido a una silla o una mesa; una parte del cuerpo que provee sostén pero que carece de sensibilidad.

Consideremos ahora una sonrisa perpetua que implica «soy una buena persona, amigable y complaciente». Cuando le señalé a un paciente que parecía tener una sonrisa fija, me respondió: «Soy un hombre feliz, y todos mis amigos me lo dicen siempre». Sin embargo, ese comentario me pareció sospechoso, porque ¿para qué necesitaría un hombre feliz acudir a un psiquiatra? Una sonrisa fija (parecida a la de un payaso) esconde el sentimiento opuesto. Para mantenerla hace falta tensar los músculos que están junto a la nariz a fin de elevar los labios y producir un gesto que emula la sonrisa. Apliqué presión sobre la zona y, de este modo, mi paciente no pudo sonreír. Le pedí que se colocara frente a un espejo mientras hacíamos el ejercicio. Fue incapaz de aceptar que la expresión de su cara era de tristeza, e insistió en que era feliz.

Ese exitoso hombre de negocios me agradeció que le ayudara a superar sus problemas con una mujer, pero cuando terminó la terapia continuó llevando su máscara.

Una mandíbula tensa y adelantada es expresión de determinación y agresividad, en tanto que una retraída muestra la actitud opuesta, la pasividad. Si está tensa crónicamente también expresa la resistencia que tiene el individuo hacia el llanto. La mandíbula debe suavizarse para que el paciente acceda a su propia tristeza y pueda llorar, como lo hice yo en mi sesión de 1953 con Pierrakos. Necesité que aplicara una fuerte presión con los puños sobre los músculos de mi mandíbula para que cedieran lo suficiente como para poder sollozar.

El fin de la bioenergética es ser capaz de ver y comprender las expresiones corporales. Pero supone mucho más que ver simplemente los patrones de tensión específicos del paciente, o que entender los rasgos de la personalidad que expresan. Así como el todo es más que la suma de sus partes, el individuo es mucho más que los rasgos de su personalidad. Esta dimensión más amplia se denomina «carácter» y describe el patrón de comportamiento del sujeto. La «personalidad» se refiere al efecto dinámico que tiene un individuo sobre los demás. El carácter de una persona (distinto de los rasgos de la personalidad, que solo son aspectos de su carácter) es la cualidad distintiva de ella respecto a los demás. Aunque el término se utiliza a veces para describir la personalidad, ambos términos se refieren a diferentes aspectos del individuo.

A veces hablamos de personalidades fuertes o débiles. Una personalidad fuerte generalmente se refiere a aquel que tiene mucha energía, y se asume que es algo hereditario. Pero si esa persona fue reprimida durante su infancia, si fue humillada o golpeada, eso tendrá un efecto negativo sobre su personalidad y también sobre su carácter, de manera que no podemos separar el carácter de una forma tajante y clara, en concreto el comportamiento, de la personalidad. Sin embargo, para entender a nuestros pacientes debemos evaluar ambos aspectos del individuo: la calidad y el significado de su comportamiento, y también su nivel energético.

En *El lenguaje del cuerpo* intenté clasificar los patrones neuróticos del comportamiento y asignarlos a los diferentes tipos de carácter para poder comprenderlos y, posiblemente, modificarlos. Elaboré la clasificación basándome en las fases por las que pasa un individuo desde su infancia hasta su madurez. La primera de ellas, llamada etapa *oral*, es aquella en que la nutrición, tanto física como emocional, es el aspecto predominante. Bajo mi punto de vista, esta etapa se extiende durante tres años. En las sociedades primitivas, más cercanas al ciclo natural de la vida y de la crianza, los niños son amamantados durante los primeros tres años, o incluso durante más tiempo. En la cultura indígena norteamericana, la madre carga al bebé sobre su espalda, en una especie de mochila, durante toda esa etapa. Los japoneses y los mexicanos hacen algo similar. Cuando llega el momento en que el niño es depositado en el suelo, sus piernas están lo bastante desarrolladas como para que se sienta seguro al ponerse de pie. Del mismo modo, el prolongado período de amamantamiento otorga al bebé la sensación de seguridad de que su madre siempre estará presente cuando la necesite. Al llegar a adultos, estos individuos no sienten que hayan sido privados de amor, ni que exijan demasiado. Pueden valerse por sí mismos. Sus cuerpos son completos y no albergan esos sentimientos de vacío que tantas personas sufren actualmente.

El segundo tipo de carácter es la *estructura masoquista*, que presenta una tendencia innata al sufrimiento. El término se utilizaba originalmente para describir a pacientes que tenían la fantasía de ser golpeados (o que necesitaban que los golpearan de verdad) para poder sentir deseo sexual. Existen muchos grados dentro del trastorno en lo que se refiere a la excitación sexual –desde desear recibir unos azotes hasta el deseo de ser torturado–, pero como tipo de carácter, el masoquismo se refiere a un patrón de conducta en que el individuo busca situaciones humillantes, denigrantes y de abuso físico. Sin importar de qué situación se trate, el abuso y la humillación siempre tienen una connotación sexual. Desde el punto de vista caracterológico, el masoquista es un individuo sumiso. Reich mostró en su estudio del masoquismo que la sumisión nace del miedo a la castración. Es como si la persona dijera: «No me castres, seré bueno y sumiso». Esta estructura del carácter se desarrolla en edades comprendidas entre los dos y los cuatros años, en familias en que el complejo de Edipo es bastante fuerte.

Cuando el niño alcanza la edad de tres o cuatro años, se ve inmerso inevitablemente en el complejo de Edipo, es decir, se involucra sexualmente con el progenitor del sexo opuesto y entra en conflicto con el del mismo sexo. En el caso de las niñas esta situación suele conllevar el desarrollo del *carácter histérico*. En los varones, desemboca en lo que yo llamo la estructura de carácter *falonarcisista*. El patrón básico en ambas personalidades es un comportamiento sexualmente seductor y el miedo a una excitación intensa, lo que da como resultado la incapacidad de rendirse completamente a la excitación sexual. Estas estructuras de carácter suelen ser las más fuertes y sanas, dependiendo de la intensidad del complejo de Edipo.

Otro tipo de carácter habitual es la personalidad *esquizoide*, la cual denota una fuerte tendencia a la escisión. La división se da entre el ego y el cuerpo, y si se produce hasta el extremo de que el individuo no es capaz de sentir su propio cuerpo, describiríamos este tipo de carácter como *esquizofrénico* y a su condición como *despersonalización*. ¿Cómo puede una persona dejar de sentir su cuerpo? Para entender esta situación debemos saber que esa *sensación* es la percepción de un movimiento interno. El movimiento envía una señal a través de los nervios enterocépticos hasta el cerebro, donde se produce la percepción. Los muertos no sienten porque no hay movimiento espontáneo en el cadáver, pero los sentimientos, las sensaciones y la conciencia no son únicamente funciones mecánicas. Los nervios no son cables. Transmiten información a través de ondas pulsantes y, aunque estas pueden viajar en el agua, las que son de naturaleza eléctrica no pueden hacerlo. Si el agua se congela, ninguna onda puede atravesarla. Cuando el protoplasma se congela, todos los movimientos se detienen. La tensión muscular crónica es un estado de paralización en el tejido muscular. En el músculo contraído debe mantenerse cierto grado de actividad pulsante para que este sobreviva, pero puede que no esté lo bastante vivo como para transmitir las ondas propias de la excitación. La personalidad esquizoide presenta áreas de tensiones musculares severas que bloquean el flujo de excitación o que lo reducen a un nivel inferior al de la percepción. Un área crítica es la del cuello, zona que deben atravesar los nervios que van desde el cerebro hasta el resto del cuerpo y viceversa. La tensión muscular crónica en los músculos del cuello interfiere con el flujo de excitación y trastorna o bloquea la percepción.

La pérdida de la sensación corporal puede ser local o generalizada, dependiendo del lugar y del grado de tensión muscular. Al observar el cuerpo de una persona esquizoide, es posible notar los bloqueos del flujo de la excitación. La cabeza puede parecer desconectada del resto del cuerpo y es posible que haya una zona de fuerte tensión alrededor de la cintura, que divide las partes inferior y superior del organismo. Aprender a ver y entender estas divisiones constituye una parte de la formación del terapeuta bioenergético.

Amar, como señalo en *El lenguaje del cuerpo*, es un acto agresivo y no pasivo. No se trata únicamente de la necesidad de brindarse al otro; también es absorber del otro. Amar a alguien es ponerlo en nuestro corazón. Uno debe abrirse para que la otra persona pueda entrar, pero abrirse no es suficiente. El componente agresivo de esta función está ubicado principalmente en los músculos de la parte posterior del cuerpo, los mismos músculos que se activan con la ira. Privarse a uno mismo de sentir ira implica una reducción de la agresividad necesaria para poder amar. Del mismo modo que la agresión es un componente del amor, el amor es un aspecto de la agresión, incluida la ira. Solo nos enfadamos con las personas por las cuales sentimos algún tipo de sentimiento positivo. Si somos indiferentes o negativos hacia otra persona, tendemos a ignorarla, pero cuando nos embarga la ira, vamos hacia ella. Muchas veces he señalado a mis pacientes que el brazo izquierdo representa nuestros sentimientos afectivos y el derecho, los agresivos (incluida la ira). Cortarnos el brazo derecho para evitarnos la ira no nos traería ningún beneficio.

Cuando acabé de escribir *La dinámica física de la estructura del carácter*, que como ya he dicho, más adelante se convirtió en *El lenguaje del cuerpo*, varias editoriales rechazaron el manuscrito. Después, un paciente me dijo que conocía una editorial que quizá se interesaría en publicarlo. Cuando les aseguré que el Instituto compraría quinientos ejemplares (que yo sabía que podíamos vender), Grune and Stratton Inc. me ofreció un contrato de edición, y todo empezó a moverse con rapidez. La publicación de mi primer libro fue uno de los sucesos más emocionantes de mi vida.

Amor y orgasmo: una guía revolucionaria para la satisfacción sexual

En 1958 di otro paso que resultó ser clave en mi vida. Leslie y yo seguíamos interesados en encontrar una casa en la playa. A través de otro padre del Programa Padre-Hijo de los Guías Indios del YMCA (Young Men's Christian Association), encontré una cabaña en Guilford, Connecticut, que estaba un poco destartalada y presentaba un aspecto humilde, pero que sería adecuada para nosotros. Sabíamos que tendríamos que reformarla, pero tenía una playa privada y el precio de seis mil dólares era el apropiado. Estaba amueblada con muebles de segunda mano, algo habitual en las casas de playa de la época.

Nos enteramos de que a diez de las casas que estaban sobre ese terreno frente al mar las había destruido el devastador huracán de 1938, y las que existían habían sido reconstruidas de los escombros. Los dueños tenían miedo de invertir demasiado dinero en ellas por miedo a que algo similar volviera a ocurrir, y nosotros decidimos reforzar la edificación y el muro de piedra que la protegía del mar.

Esta casa de verano se convirtió en una alegría para mí y mi familia. Mi amigo de los Guías Indios me enseñó a navegar y compré un pequeño bote durante el primer año, y uno más grande tres años después, que podía albergar hasta cuatro pasajeros. Navegar se convirtió en una de mis pasiones. Siempre dejaba el bote atracado en la ensenada para poder verlo desde la ventana de la casa. La playa estaba a tan solo una hora de New Canaan, así que hacer un viaje de ida y vuelta entre las casas era fácil.

Otra actividad recreativa que aportaba placer a mi vida era esquiar. Como deporte de invierno, el esquí complementaba a la navegación que practicaba durante el verano. A partir de 1956, cuando Fred tenía cinco años, toda la familia empezó a esquiar en las montañas de Vermont y en las de Adirondack, en Nueva York, cerca de donde vivía mi suegra. Esquiar y navegar eran mis dos grandes pasiones.

En la siguiente fase de mi desarrollo profesional, me centré en las estructuras del carácter neurótico. Deseaba profundizar en mi comprensión de las fuerzas del desarrollo que generan esas personalidades y en los patrones de conducta que dan como resultado. Comencé con el problema de la esquizofrenia. Reich publicó un estudio de su tratamiento de un paciente esquizofrénico y a mí me fascinaba su manejo del tema. El problema de la esquizofrenia y de la personalidad esquizoide está en el centro de la división humana entre el cuerpo y la mente.

Veinte editoriales rechazaron mi manuscrito de *La esquizofrenia y el cuerpo*, el cual terminé en 1959, así que decidí volcarme en un tema más interesante: la sexualidad. Como la sexualidad es una de las funciones básicas de la persona, creía lógico que la conducta sexual de un individuo estuviera estrechamente ligada a la estructura de su carácter. Di varias conferencias en la Iglesia Comunitaria de Nueva York, y decidí enfocar toda una serie de ellas en el tema de la sexualidad y la personalidad. Estas charlas fueron recopiladas posteriormente por el Instituto de Análisis Bioenergético en una monografía titulada *El sexo y la personalidad*.

Un joven editor de MacMillan me preguntó si podría escribir la biografía de Wilhelm Reich. Me dijo que se había quedado impresionado con *La dinámica física de la estructura del carácter* (que más tarde se llamaría *El lenguaje del cuerpo*) y que pensaba que yo podría hacer un excelente trabajo con su biografía –incluso que un libro así podría ganar el Premio Pulitzer–. Me interesó su oferta, pero le expliqué que no había tenido contacto con Reich ni con su trabajo durante los años que pasé en Suiza, ni desde mi separación de los orgonomistas. Le sugerí que buscara un candidato mejor entre los reichianos, alguna persona que lo hubiese conocido de forma más íntima que yo, alguien con quien hubiese tenido una relación más estrecha durante su período más crítico. Sin embargo, convencido de que yo lo escribiría bien, el joven editor no se interesó por las dos personas que le recomendé y regresó un mes después para pedirme que volviera a considerar su idea. Decidí aceptar, con la condición de que me diera tiempo para terminar lo que estaba escribiendo en ese momento. MacMillan también mostró interés por los primeros tres capítulos del manuscrito de *El sexo y la personalidad*, por lo que firmé dos contratos, uno para cada libro.

Aunque la editorial me ofreció un anticipo de las ganancias, para poder escribir el manuscrito sobre la vida de Reich había que investigar mucho, y yo era reacio a quitarle tiempo a mi creciente práctica del análisis bioenergético para dedicárselo a un proyecto tan complejo. Escribir *El sexo y la personalidad,* por el contrario, me resultó emocionante y sencillo. En este punto, el destino dio un giro a la situación cuando mi editor fue despedido. Acto seguido, el presidente de MacMillan leyó mi trabajo y propuso cambiarle el título por *El orgasmo maduro*. Yo no podía aceptar para mi libro un título que no significara nada; un orgasmo no puede calificarse como *maduro*. Me di cuenta de que él creía que poner la palabra «orgasmo» en el título sería un gancho que impulsaría las ventas, así que le sugerí que reemplazara «maduro» por «amor».

Muy pocos libros sobre sexo mencionan que este es un acto de amor, y no únicamente una acción bioquímica u hormonal. Un pene erecto sin corazón da como resultado solo una eyaculación, pero un pene erecto conectado a los sentimientos del corazón conduce al orgasmo y la plenitud. Si el orgasmo es algo más que la culminación de la excitación, ¿qué es? Reich fue capaz, gracias a su brillantez, de dilucidar la verdadera naturaleza de la respuesta orgiástica, a la que describió como una respuesta total, de todo el cuerpo, y que se manifestaba en los movimientos convulsivos del reflejo del orgasmo. Algo en lo que Reich no hizo suficiente énfasis fue en la idea de que esa respuesta total del cuerpo es una expresión de la rendición del sujeto al amor. Se trata de un proceso muy difícil para el individuo moderno, que está muy comprometido con su propio ego. Ese compromiso se manifiesta en los diferentes tipos de carácter: el carácter masoquista es sumiso en su comportamiento sexual, el psicopático necesita dominar y controlar a su compañero, el oral es dependiente y el rígido, inflexible. Estos problemas de carácter determinan la reacción del cuerpo durante el acto sexual, es decir, el grado y la calidad de la respuesta orgiástica en el clímax.

Es necesario entender la sexualidad como una expresión emocional. El libro intentaba ofrecer esa visión junto con ideas claras sobre el orgasmo a las que es imposible llegar sin considerar antes la relación existente entre sexualidad y personalidad. En cuanto podemos explorar esa relación, es posible formular algunas razones de la falta de plenitud sexual que experimentan hombres y mujeres. Varios estudios de casos individuales de mi práctica psiquiátrica fueron utilizados para ilustrar problemas comunes a muchas personas. La crítica de ciertas actitudes sexuales que emergió del estudio podría ayudar a prevenir los errores que perpetúan la infelicidad sexual. El material presentado en él forma parte del conocimiento que pude adquirir durante los quince años que dediqué al trabajo psiquiátrico y los veinte al estudio sobre el tema. Está basado en simples observaciones, ideas que fueron confirmadas repetidamente en la práctica, de que los problemas emocionales y sexuales de una persona reflejan los mismos trastornos de personalidad.

Dado que la sexualidad es sobre todo una función del organismo, es posible medir la intensidad y la calidad de la vida sexual de un individuo con solo mirar su cuerpo. Cuanto más vivo es el cuerpo de una persona, más sentimientos sexuales puede contener y expresar. Los ojos muestran especialmente el potencial sexual y el grado de alerta en que se encuentra el cuerpo. Un viejo dicho confirma esta relación: «Los ojos lo curiosean y el corazón lo desea» señala que existe un vínculo energético entre la mirada y la sexualidad.

En dos interesantes capítulos de *Amor y orgasmo,* comenté los diferentes roles que hombres y mujeres juegan en sus vidas sexuales desde el punto de vista del carácter y el comportamiento. Los cuatro roles de la mujer son: el de hija, que implica ser una prostituta, es decir, sentirse atraída por hombres mayores; el de hermana, que implica ser una compañera, y que el compañerismo y no la sexualidad sea el sentimiento dominante en la relación; el del ideal romántico, que surge de la idea del amor cortés, y por último, el de la madre. También se pueden clasificar los roles del hombre en cuatro grupos: el de amante-hijo, quien se considera a sí mismo el verdadero amor de la mujer, a costa de sacrificar su derecho a poseerla; el de hermano-protector, que se muestra agresivo para defender a la mujer, pero pasivo a la hora de establecer sus necesidades; el de héroe-caballero (contraparte de la figura romántica femenina), que se acerca a la mujer con una promesa de virilidad que no puede satisfacer porque su propio desarrollo se estancó en un nivel adolescente, y el de padre, que está basado en el poder y la dominación, pero a costa de la capacidad de rendirse ante el amor.

Estos roles representan las únicas soluciones que el niño pudo encontrar cuando tuvo que enfrentarse a los peligros y miedos generados por el complejo de Edipo. Estos roles se vuelven más estructurados en el cuerpo y pueden ser interpretados por un terapeuta bioenergético competente. Resolver las limitaciones que han impuesto en el individuo requiere un análisis terapéutico profundo y completo, sumado a una terapia física para resolver las tensiones musculares crónicas que resultan de la estructura del carácter. Esto no es una tarea fácil para ningún terapeuta. Incluso yo, que comprendía los procesos psicológicos que subyacen tras los problemas de mis pacientes, solo había podido ofrecerles mi ayuda hasta cierto punto. Me hacía falta conocer más acerca de las fuerzas energéticas del cuerpo que conservaban la estructura de carácter neurótico y la mantenían inquebrantable.

Amor y orgasmo (uno de los mejores libros sobre sexo que existen) se publicó con una portada muy atractiva pero fue un fracaso de ventas. Los libreros, temerosos de poner el libro en los estantes, preferían guardarlo detrás del mostrador. Mis propios pacientes se sentían incómodos con el título y no querían llevárselo de la tienda y pasear con él en público a menos que se lo envolvieran. En Inglaterra ocurrió algo similar. Un amigo británico vio mi libro en los escaparates de una librería. Como sabía de mi asociación con Reich, decidió entrar y pedirlo. El librero le dijo: «No te va a gustar; es un buen libro sobre sexo».

El crítico del *Village Voice*, que conocía las ideas de Reich, le dio a *Amor y orgasmo* una excelente crítica, con comentarios como este: «Es desafortunado que los buenos libros sobre sexo compartan el destino de muchos otros, es decir, que los malos libros de sexo acaben por desplazarlos del mercado». Sin duda, sus palabras eran ciertas con respecto a ese encantador libro que escribí. Muchos años después encontré una reseña en un periódico sureño que lo exaltaba, pero mi libro jamás alcanzó la popularidad en Estados Unidos. Sin embargo, ha sido traducido al menos a ocho idiomas. Después de hacerme conocido y de que mis libros posteriores recibieran algo de atención, el director de MacMillan me dijo: «Con tu libro *Amor y orgasmo* cometimos todos los errores editoriales que se pueden cometer».

Amor y orgasmo fue escrito al principio de la revolución sexual de los años sesenta, un movimiento que buscaba liberar a la sociedad de los tapujos morales de la cultura victoriana. Durante mis sesiones de terapia, Reich, a quien muchos consideran el fundador de dicha revolución, me expresó su temor a que el resultado del movimiento fuera el caos y no una verdadera libertad. Creo que esa es la situación actual con respecto a las acciones y los comportamientos sexuales. Hoy día vemos el sexo como una necesidad física para liberarnos de tensiones; una necesidad corporal similar a la de orinar, que es el resultado de liberar una tensión en el sistema urinario. En ambos actos, la liberación de tensión es placentera. Sin embargo, el sexo (cuando incluye a otra persona y hay un encuentro físico cercano) también sirve para aliviar la angustia de la soledad y la falta de contacto con otro cuerpo. Asimismo, entra en juego el factor del ego. Para muchos hombres y mujeres, el acto sexual es una afirmación de su masculinidad o de su feminidad, pero esas consideraciones no nos ayudan a alcanzar la plenitud que el amor sexual nos promete.

La traición al cuerpo: análisis bioenergético

Cuando salió publicado *Amor y orgasmo* en 1965, mi contrato con MacMillan para escribir la biografía de Wilhelm

Reich seguía vigente. Sin embargo, yo había abandonado la idea de escribirlo, y el editor responsable del proyecto se había ido de la editorial dos años antes. Se me ocurrió que quizá los términos del contrato podían ser renegociados para transferirlos a mi manuscrito inédito, que llevaba por título *La esquizofrenia del cuerpo*, y así poder publicarlo. Al editor que había trabajado conmigo en la publicación de *Amor y orgasmo* le agradó la idea y la presentó ante la junta editorial, que también la aprobó. Sin embargo, fue despedido poco tiempo después. Al nuevo editor le gustó el manuscrito, que yo había modificado considerablemente a causa de los numerosos rechazos que había sufrido por parte de las editoriales. El libro ya no estaba enfocado en el problema de la esquizofrenia, sino en el problema esquizoide. Yo no tenía experiencia suficiente con esquizofrénicos, puesto que mis pacientes solían ser personas corrientes, empleados con un sueldo estable, gente que podía permitirse el coste de la terapia. Al nuevo editor se le ocurrió el título *La traición al cuerpo*.

A lo largo de mis años de trabajo como psicoanalista, he notado que muchas personas niegan la realidad, sus sentimientos y las necesidades de su cuerpo. En este libro describo e ilustro la forma en que surgen estos problemas, cómo podemos afrontarlos y qué podemos hacer para alcanzar la plenitud emocional a través de la recuperación de una gratificante relación entre cuerpo y mente.

El conflicto entre el ego y el cuerpo produce una escisión en la personalidad que afecta a todos los ámbitos de la existencia del individuo y su comportamiento. El libro comienza con una explicación de las diferencias que existen entre las identidades, muchas veces contradictorias, de una personalidad esquizoide y una personalidad neurótica. En los capítulos siguientes examino otras manifestaciones que son producto de esa escisión. Como parte del estudio, descubrimos cómo se origina la división, qué factores la producen y con qué tipo de técnicas contamos en la actualidad para tratarla. Debería ser evidente ya, en este punto del libro, que es imposible resolver la división sin contar con las condiciones físicas apropiadas para tratarla. Debe respirarse de forma más profunda, aumentarse el movimiento y despertar los sentimientos, si queremos que el cuerpo se sienta más vivo y que su realidad gobierne por encima de la imagen del ego.

El problema esquizoide representa la escisión que existe en el individuo, y que no es más que el reflejo de la división que se da en la sociedad entre cultura y naturaleza, entre cuerpo y mente, y entre sentimientos y pensamientos. Mucha gente ha notado que el trabajo corporal es un complemento perfecto para la terapia basada en la conversación. Mis experiencias con encuentros grupales me han demostrado que es más fácil acceder a los sentimientos con el trabajo corporal que a través de las palabras. Sin embargo, se ha escrito muy poco respecto a esa división entre cuerpo y mente, entre sentir y pensar.

La traición al cuerpo documenta los factores energéticos que subyacen a esa división. El libro conmovió a muchas personas que sentían esa brecha en sus propios cuerpos y su personalidad. Algunos fueron capaces de sentir, por primera vez en sus vidas, que las dificultades y los problemas que habían experimentado tenían explicaciones lógicas. *La traición al cuerpo* le dio a la bioenergética la credibilidad que necesitaba. El interés por el libro me brindó muchas oportunidades para compartir la bioenergética con otras personas, puesto que me invitaron a dar charlas y talleres por todo el país y en el extranjero, lo que me abrió una puerta definitiva para afianzar mi carrera y el crecimiento del Instituto. *La traición al cuerpo* resultó ser un libro muy acertado, y su lanzamiento en 1967 ayudó a hacerlo famoso.

La experiencia del placer: vivencias corporales, creatividad y bioenergética para alcanzar una vida más plena

El placer es la fuerza creativa de la vida. Es la única fuerza lo bastante fuerte como para oponerse al potencial destructivo del poder. Muchas personas creen que este rol corresponde al amor, pero si bien es cierto que el amor es más que una simple palabra, solo puede descansar sobre la experiencia del placer. En este libro demuestro que la experiencia del placer o del dolor determina nuestras emociones, nuestro pensamiento y nuestro comportamiento. Describo los procesos psicológicos y biológicos del placer, y exploro sus raíces en el cuerpo, en la naturaleza y en el universo.

Si un individuo se aferra a su ego neurótico, jamás podrá conocer la plenitud emocional que ofrece la trascendencia, ni sentir la alegría de la rendición de su ego neurótico. Esta es la historia de la condena de los hombres, que se remonta a los orígenes de la civilización y sigue vigente hoy día. Antes de que Adán y Eva fueran expulsados del Jardín del Edén por haber comido la fruta prohibida del Árbol del Conocimiento, vivían sin preocupaciones en el Paraíso junto a otros animales tan inocentes como ellos, que no podían diferenciar el bien del mal. Según la Biblia, el conocimiento que obtuvieron de la fruta prohibida fue la conciencia de su propia desnudez, así que cubrieron sus cuerpos y se escondieron de Dios; se hicieron conscientes de su propia sexualidad, como ningún animal lo es. La mayoría de los seres humanos cubren sus partes íntimas y se sienten avergonzados si las exponen en público, a excepción de los niños pequeños, que aún son inocentes y no conocen la sexualidad. Pero esa inocencia se pierde rápidamente en nuestra cultura, en edades comprendidas entre los tres y los seis años.

Junto con el descubrimiento de la sexualidad, la inocencia retrocede y da paso a los sentimientos de vergüenza y de culpa (sentimientos que todos los adultos sienten en mayor o menor medida), lo que trastorna nuestras psiques. En *La experiencia del placer* describo esas emociones como juicios emocionales, porque surgen cuando una persona juzga sus propios sentimientos o su conducta. Esa capacidad de juzgarnos a nosotros mismos, o de vernos desde fuera, se desarrolló en el hombre gracias a la adquisición del lenguaje, una función del hemisferio izquierdo del cerebro. Cuando nos juzgamos a nosotros mismos, comparamos nuestras acciones y nuestros sentimientos con un modelo estándar de comportamiento que ha sido codificado gracias al lenguaje. Todos los individuos neuróticos sufren porque juzgan constantemente sus propias acciones, de una forma tan severa que es capaz de dañar la vida y el comportamiento de la persona. Podría también ser una expresión de autoestima, pero en ese caso sería considerado más egolatría que autoestima.

La persona que se auto-juzga no es capaz de moverse con gracia, porque se encuentra dividido entre lo que piensa y lo que siente. Obviamente, si no existen conflictos entre lo que sentimos y lo que pensamos, nuestras acciones y nuestros movimientos tendrían tanta gracia como los de un gato. A un gato no le preocupa el conflicto entre lo que piensa y lo que siente, porque todas sus acciones surgen y fluyen directamente del sentimiento. Naturalmente, no es lo mismo en los humanos que han crecido en culturas cuya sociedad impone reglas de comportamiento que son aceptadas por casi la totalidad de sus miembros. Eso era cierto en la historia antigua de la humanidad, cuando la gente vivía en sociedades tribales o comunidades auténticas. Una comunidad auténtica es algo poco frecuente en la cultura occidental, pero la revolución sexual que tuvo lugar el siglo pasado hizo que la relación entre sexo y amor fuese algo complicado y difícil de integrar. Si no somos capaces de hacerlo, de integrar esas poderosas fuerzas en la personalidad, ello traerá consecuencias negativas para el futuro de la humanidad.

Me temo que en esta cultura a veces hacemos las cosas al revés. Honramos los pensamientos, mientras que a los sentimientos apenas los consideramos. Asumimos que todo el mundo siente, pero la triste realidad es que la mayoría de la gente mantiene sus sentimientos en la superficie y son incapaces de sentir en profundidad. Le tienen miedo a la tristeza, que muchas veces se convierte en desazón; temen también a la ira, que puede transformarse en furia, y por encima de todo temen al amor porque puede romperles el corazón. Pensar es fácil, pero para sentir profundamente hace falta valentía.

En nuestra cultura, la mayoría de las personas vive de una forma muy superficial. Sus preocupaciones nacen principalmente de su propio ego. Les preocupa su salud, pero únicamente en lo que se refiere a enfermedades que son una amenaza para su supervivencia. No consideran que la salud sea un estado positivo del ser humano. La expresión «vibrantemente vivo» tiene mucho sentido para mí, pero para la mayoría de las personas no tiene ningún significado. Van al gimnasio, hacen ejercicios mecánicamente y creen que eso es estar sano. Para el individuo promedio, lo que siente a un nivel emocional profundo no tiene nada que ver con la salud física.

Mi odisea personal ha sido integrar cuerpo y mente, sentimientos y pensamientos. Para conseguirlo, el único camino es darse cuenta de que los sentimientos son la vida del cuerpo y que el pensamiento solo es un reflejo mental de ese proceso. En la mayoría de los adultos, sin embargo, la lucha por el poder compite con su búsqueda del placer, sabotea su propia creatividad y ocasiona tensiones musculares. *La experiencia del placer* ofrece una manera de afrontar y solucionar ese dilema utilizando los ejercicios de la bioenergética. Su objetivo es ayudar al cuerpo a recuperar su libertad natural y su espontaneidad, a derrochar creatividad, alegría y placer.

1972-1980
La depresión y el cuerpo: base biológica de la fe y la realidad

El 1972 salió a la luz mi libro *La depresión y el cuerpo: base biológica de la fe y la realidad.* En la contraportada, el editor escribió: «Según el doctor Lowen, estar deprimido es como tener un violín con las cuerdas flojas: sin melodía e incapaz de dar respuesta». Considero que esta comparación es acertada, aunque la mayoría de los psiquiatras y médicos la pasan por alto. El libro tuvo una buena acogida, aunque no se convirtió en un *best seller.*

La idea principal que quise expresar en él es que la depresión es una enfermedad física que debe entenderse en términos de la dinámica energética del cuerpo. Evidentemente, existe un aspecto psicológico que también debemos tener en cuenta, pero enfocarse solo en ese aspecto no es suficiente para resolver el problema físico, es decir, que las funciones físicas del cuerpo se encuentran deprimidas. Si seguimos con la analogía comparando el estado de depresión con un violín con las cuerdas flojas, la pregunta sería entonces qué función del cuerpo se asemeja a la del violín. La respuesta es la vibración. Cuando las cuerdas del violín vibran, producen un sonido. La parte correspondiente en una persona o animal son las cuerdas vocales, capaces de vibrar y producir un sonido. El sonido se produce cuando la frecuencia de la vibración se eleva lo suficiente como para que el sonido sea audible. En el cuerpo humano, o en cualquier otro cuerpo, existe una actividad vibratoria de baja frecuencia que no produce sonido. El corazón, por ejemplo, es un órgano vibratorio, aunque describimos su actividad vibratoria como pulsaciones. La vida es posible gracias a la actividad vibratoria del cuerpo; al morir, no se produce movimiento en él. Sería más acertado utilizar el término «pulsación» que el de «vibración», si bien la única diferencia es una cuestión de frecuencia.

En la depresión bipolar, el ánimo de la persona oscila entre un estado de hiperexcitación y otro en que la excitación está muy por debajo de la normalidad, típico del estado depresivo. Ambas condiciones son patológicas y reflejan un proceso energético que se acumula hasta que explota y luego se colapsa, algo parecido al famoso géiser del parque nacional de Yellowstone, *Old Faithful*, que estalla cada veinte minutos y después se colapsa. El proceso energético de la depresión bipolar es el mismo que el del géiser: una acumulación progresiva de energía, una liberación explosiva del exceso y un colapso. La razón por la que *Old Faithful* se ha hecho tan famoso es porque su ciclo de explosión y colapso energético es regular.

En mi experiencia con pacientes depresivos, descubrí que cada episodio depresivo estaba precedido por un estado de sobreexcitación o euforia, provocado por la esperanza o la promesa de amor. La tendencia a la depresión, como demuestro en el libro, tiene su origen en la pérdida del amor maternal cuando el individuo era un niño. Si la pérdida es abrumadora, el niño entra en un estado llamado *depresión anaclítica*, el cual puede conducir a la muerte. Pero cualquier pérdida de afecto para un niño pequeño es un asunto de vida o muerte, que puede llevar a un estado de *shock*. El cuerpo del niño reacciona a ese impacto llorando por la madre o llorando de dolor. Entra en un estado de depresión cuando se le agota la energía y ya no puede llorar más. La mayoría de los niños sobreviven a la depresión anaclítica, pero esa experiencia puede dejar como secuela un gran agujero en su personalidad.

La supervivencia de un niño depende del amor de su madre o de una figura materna que la sustituya. Si no tiene amor maternal o se siente privado de él, cuando llegue a adulto sentirá un profundo vacío interior o un gran agujero en el estómago, y evitará el contacto con esa zona no llegando a respirar profundamente. Una promesa o una esperanza de amor puede abrir el pozo, ofreciendo un panorama de alegría y libertad. Pero si esta promesa resulta ser una simple ilusión, el individuo acabará por sumergirse en un estado de profunda desesperación y depresión.

Aún no me he encontrado con un solo paciente que no muestre esta dinámica: necesidad de amor, miedo al amor y una profunda sensación de impotencia ante el amor. No todos los individuos estaban visiblemente deprimidos, pero sus vidas emocionales sí lo estaban. Sus sentimientos de amor surgían de la necesidad y no de la pasión. Su búsqueda no se enfocaba en encontrar la plenitud, sino seguridad, poder y posición social. No se sentían deprimidos, porque su hiperactividad les proporcionaba un falso sentido de excitación. Eran incapaces de calmarse, de frenar sus impulsos o de relajarse. Pero con la edad su patrón energético corporal se trastorna, porque ya no tienen energía suficiente para generar un nivel de excitación que les produzca alegría o placer. He escuchado a muchos pacientes confesar que les gustaría morir, y sé que no es la primera vez que lo piensan. Cuando les pregunto sobre este sentimiento, me confiesan que ya lo tenían cuando eran jóvenes. Una persona en esta situación (la de necesitar amor de forma desesperada) es incapaz de ofrecer amor, y las relaciones que se basan en la necesidad no suelen durar mucho tiempo. He podido ayudar a varios pacientes con este problema.

La Bioenergética

El objetivo de la bioenergética es ayudar a la gente a recuperar su naturaleza primaria, que es la condición de sentirse libre y lleno de gracia y belleza. Libertad, gracia y belleza son los atributos naturales de los organismos animales. La libertad es la ausencia de bloqueos internos que frenan el flujo de emociones, en tanto que la gracia es la expresión de ese flujo de emociones en el movimiento y la belleza, una manifestación de la armonía interna producto de ese flujo. Las tres denotan un cuerpo sano y, por tanto, una mente sana.

El propósito de la *Bioenergética* es ayudar a la persona a abrir su corazón a la vida y al amor. No resulta una tarea fácil. El corazón está muy bien resguardado en su caja ósea, y es difícil acercarse a él, debido a que está muy bien defendido física y psicológicamente. Estas defensas deben ser entendidas, estudiadas y superadas para lograr el objetivo, pero si no lo logramos, el resultado puede ser trágico. Vivir con el corazón cerrado es como hacer un viaje por el océano y permanecer encerrado en el camarote. El significado, la aventura, la alegría, la excitación y la gloria de vivir estarán siempre fuera de nuestro alcance.

La *Bioenergética* es una aventura de autoconocimiento. Se diferencia de investigaciones similares sobre la naturaleza de la identidad en que trata de entender la personalidad humana en términos del cuerpo físico. La mayoría de las investigaciones anteriores se enfocaban en la mente, y gracias a ellas logramos recabar mucha información valiosa, pero dejaron a un lado uno de los aspectos más importantes de la personalidad: el hecho de que está superpuesta a una serie de funciones físicas y corporales. Solemos aceptar la idea de que cualquier cosa que le ocurra al cuerpo se verá reflejada en la mente, pero esa idea no es nueva. Mi postura es que los procesos energéticos del cuerpo determinan lo que sucede en la mente, de la misma manera en que determinan lo que sucede en el propio cuerpo.

En 1975 la bioenergética estaba alcanzando reconocimiento tanto dentro de Estados Unidos como en el extranjero, principalmente en Europa, así que *La Bioenergética* fue publicado por Coward McCann. Aunque acuñé el término «bioenergética» y quería que fuera conocido como mi creación para guiar su crecimiento, no lo registré como marca. No quería utilizar el nombre para obtener beneficios económicos. Siempre he creído que el conocimiento de la bioenergética debería estar disponible para ayudar a cualquier persona a encontrar respuestas a sus conflictos.

El libro *La Bioenergética* fue un intento de organizar mi propia comprensión de los procesos energéticos que subyacen a la conducta humana. Tuvo un éxito moderado y fue traducido a varios idiomas. Han pasado casi treinta años desde que lo escribí, y cuando vuelvo a leerlo me impresionan las ideas que contiene. Por ejemplo, la localización exacta de las glándulas antiestrés, las suprarrenales, situadas sobre los riñones, lo cual no tiene ningún sentido hasta que uno se da cuenta de que esa zona es la que acumula mayor tensión de todo el cuerpo. El estrés es resultado de la gravedad, especialmente en individuos que deben luchar contra la fuerza de la gravedad cuando están de pie. Normalmente no es un problema grave para un adulto, pero el estrés puede aumentar mucho si la persona tiene que cargar objetos pesados. En ese caso, sentiría el estrés en la parte baja de la espalda, justo donde se encuentran las glándulas suprarrenales, que responderán secretando adrenalina para activar las fuerzas de reserva del cuerpo. Otro ejemplo es la glándula tiroides, que se encuentra junto a la tráquea, justo debajo del cartílago tiroides. Así como las suprarrenales están ubicadas en un lugar que les permita sentir el estrés, la tiroides lo está en la garganta para ser más sensible a la respiración. Esto indica que la secreción de tiroxina, que controla la actividad metabólica del cuerpo, está directamente relacionada con la cantidad de aire que respiramos. La medicina conoce esta relación desde hace mucho tiempo y ha utilizado la actividad del sistema respiratorio para medir la producción de tiroxina.

Dado que el cuerpo es un organismo vivo, no funciona como una máquina rígida, sino que responde a su entorno a través de las sensaciones. Las sensaciones son movimientos internos o flujos de excitación y de energía que fluyen desde el centro del organismo hacia la superficie como respuesta a un estímulo del mundo exterior. Este flujo de excitación sigue una serie de patrones, dependiendo de la naturaleza del estímulo recibido; cuando finalmente llega a la superficie del cuerpo, nos volvemos conscientes de la sensación y le damos un nombre. En cierta ocasión estaba trabajando con mi cuerpo, cuando sentí que una onda de excitación me subía desde la mitad de la espalda hasta el cuello; el vello de la nuca se me erizó y la onda de excitación continuó ascendiendo hacia la cabeza, hasta llegar a los colmillos. Sentí cómo se me iba formando un nudo en la garganta. Era una ola de ira a un nivel profundo y animal, como cuando un perro enseña los dientes y la espalda se le eriza. Me he vuelto tan consciente del flujo de energía que produce la ira que soy capaz de reproducirlo a voluntad y sentir cómo se me eriza el vello de la nuca. También soy capaz de evocar la mirada de la ira si concentro la energía en los ojos. Para poder hacerlo, hay que aprender a mover los músculos de la cabeza deliberadamente; por ejemplo, soy capaz de mover las orejas sin tocarlas. Este flujo de excitación que viaja a través de los tejidos del cuerpo es posible porque estos son principalmente fluidos, es decir, están hechos de agua y coloides, sustancias químicas metabólicas y otras sustancias orgánicas que se encuentran suspendidas en los líquidos, así como de iones que están disueltos en ellos.

La sensibilidad, el sentir y los movimientos espontáneos son las cualidades esenciales de los tejidos vivos, esto es, de la vida. Cuando estamos sanos, esas funciones operan con libertad y aportan al organismo una sensación de bienestar y de sentido. El significado básico y primordial de la vida es la condición del ser, y para los organismos autoconscientes eso significa ser y estar bien. Los trastornos del flujo natural de la excitación socavan la sensación de bienestar. El objetivo de la terapia, por tanto, es restablecer el libre flujo de la excitación. Todos los bloqueos de ese flujo son producidos por contracciones en los tejidos, principalmente en los músculos. Dado que el placer y el bienestar son los resultados conscientes del flujo libre de la energía y de la excitación, el dolor y la ansiedad están asociados al bloqueo de dicho flujo. Los bloqueos se producen debido a tensiones crónicas en los grandes músculos estriados que rodean al cuerpo, así como en los músculos lisos que envuelven los diferentes canales corporales, entre ellos los vasos sanguíneos, los conductos de aire, los intestinos y los uréteres. Deshacerse de los bloqueos no es tarea fácil.

Un músculo tenso es un músculo asustado. El miedo produce contracciones en él. Para llevar a cabo nuestra tarea, debemos entender el miedo, sentirlo y, finalmente, desecharlo. El estado de contracción también genera tristeza, por lo que para poder liberarnos de él, también debemos entender, sentir y expresar esta tristeza. La ira genera asimismo un estado de contracción muscular que debemos sentir, aceptar y liberar. *La Bioenergética* describe cómo podemos emprender este proceso.

Ejercicios de Bioenergética

Ejercicios de Bioenergética contiene los ejercicios básicos que se emplean en la práctica del análisis bioenergético para promover el sano flujo de energía. Se pueden realizar en casa, durante las clases de ejercicios bioenergéticos o durante la terapia bioenergética. El programa de ejercicios que he utilizado durante todos estos años está descrito en este manual y es el mismo que llevo a cabo hoy día salvo ligeras modificaciones.

Entre los años 1974 y 1976, Leslie y yo describimos los ejercicios bioenergéticos que habíamos desarrollado en nuestro trabajo de terapia y en las clases de ejercicios. Un editor de Harper & Row que había acudido a las clases de Leslie en el *loft* del Instituto nos sugirió que escribiésemos este libro, que nos produjo una gran emoción, porque en él mostramos que los ejercicios no se llevan a cabo de forma mecánica (como se harían diez sentadillas), sino que están conectados con los sentimientos. No están diseñados para hacer que la persona sea más fuerte, sino para hacerla sentir más viva, vibrantemente viva. Filmamos las series de ejercicios en blanco y negro en casa, y a partir de esas fotos hicimos dibujos para el libro. En la portada aparece una foto de Leslie acostada boca arriba, sosteniéndome a mí con las manos y los pies. Esta postura la sacamos de un concepto mitológico que describe a la Tierra sosteniendo al cielo. El cielo es la figura masculina y la Tierra, la figura femenina; así, la mujer toma el rol central de la cosmología primitiva.

Ejercicios de Bioenergética salió en una época en que los programas de ejercicios se estaban popularizando. La gente buscaba rutinas de ejercicios que pudieran seguir sin pensar o sin sentir lo que estaba ocurriendo dentro de sus cuerpos. Mi mujer y yo tratábamos de ayudar a la gente a hacer de sus cuerpos organismos más vivos, pero la mayoría no buscaba eso; simplemente querían que funcionaran mejor. Este libro tenía todo el sentido del mundo para mí, pero no lo tuvo para el público, y me resultó difícil aceptar que la mayoría de las personas no deseaban sentir más. Les asustaba que los sentimientos que emergiesen fuesen de miedo, dolor y tristeza. Para ellas era mejor estar muertas que sentir una desesperación profunda. Años más tarde, aprendería a lidiar con esta cuestión. Sin embargo, en 1977 y 1978, creía ingenuamente que la gente podía superar sus ansiedades afrontándolas; una idea que sí funciona, siempre y cuando lo hagan. Y ese es justamente el problema. Me llevó quince años más resolverlo en mi propia personalidad para poder ayudar a otros a hacerlo, y fue el compromiso que sentía hacia mi propio cuerpo lo que finalmente me permitió liberarme. Me decepcionó que *Ejercicios de Bioenergética* no despertara el interés del público.

Miedo a la vida

He practicado el psicoanálisis durante más de cincuenta años, trabajando con mis pacientes para ayudarles a alcanzar, en la medida de lo posible, la alegría y la felicidad en sus vidas. Este reto lleva implícita la necesidad de entender el carácter neurótico del hombre moderno, tanto desde el punto de vista cultural como individual, para que encuentre algo de sentido y satisfacción en su existencia; una recompensa a su lucha contra el destino. Sin embargo, esta lucha se encuentra inmersa en una serie de circunstancias culturales, de manera que es imposible entender la profundidad del problema sin conocer previamente los procesos culturales.

La Esfinge es una criatura extraña. Parte animal (el cuerpo) y parte humana (la cabeza), combina el conocimiento asociado a la mente humana con los instintos y sentimientos animales. Esta combinación de cualidades le otorga un atractivo sobrenatural. En la mitología griega, la Esfinge desempeña un papel clave en la historia de Edipo. Todos los psicoanalistas y terapeutas están familiarizados con la historia de Edipo porque se considera que es la historia que mejor describe al hombre moderno.

Miedo a la vida está basado en mi propia opinión sobre esa historia. En él analizo en profundidad la dinámica de la situación edípica, porque es un factor importante para todas las familias civilizadas y porque desempeñó un rol crucial en mi propia crianza.

Creo que comprender el enigma de la Esfinge nos permite entender y vivir mejor nuestra propia vida. La Esfinge pide a todos los hombres que pasan por su camino que respondan a su pregunta: «¿Cuál es el animal que camina a cuatro patas por la mañana, a dos patas al mediodía y a tres por la noche?». Si no eres capaz de responder, la Esfinge te destruirá.

Edipo pasa por este camino, se encuentra con la Esfinge, y ella le plantea el enigma. Edipo le responde: «Un bebé gatea a cuatro patas, al mediodía se levanta y camina con sus dos piernas, y al atardecer de su vida camina a tres, puesto que se apoya sobre un bastón». La respuesta al acertijo es *el hombre*. Debemos entender al hombre y a su carácter desde el punto de vista de las tres fases de su vida.

El reto del hombre moderno es reconciliar los aspectos antitéticos de su personalidad. Con respecto a su cuerpo, todo hombre es un animal, pero en lo referente a su ego, quiere ser un dios. El destino de los animales es la muerte, y el ego, en sus aspiraciones divinas, trata de evitarla. Pero al tratar de evitar su propio destino, el hombre crea para sí uno mucho peor: vivir con miedo a la vida.

La vida humana está llena de contradicciones. Lo que diferencia a los sabios es que son capaces de reconocer y aceptar esas contradicciones. Parece un contrasentido asegurar que aceptar nuestro propio destino nos lleva a cambiarlo, pero es absolutamente cierto. Cuando dejamos de luchar contra el destino, detenemos la neurosis, el conflicto interno, y alcanzamos la paz mental. El resultado es una actitud nueva frente la vida; ya no la tememos, y eso se expresa en un carácter diferente asociado a un destino también diferente. La persona capaz de aceptar su destino sabe lo que significa vivir plenamente. Así concluye la historia de Edipo, el personaje que logró identificar el problema principal de la personalidad del hombre moderno.

Teniendo en cuenta su cultura y el carácter que genera, ¿cuál es el destino del hombre moderno? Si la historia de Edipo puede servirnos como profecía, se trata de alcanzar el éxito y el poder, para luego descubrir que nuestro mundo se cae en pedazos. Si el éxito se mide por las posesiones materiales, como ocurre en los países industrializados, y el poder se mide por la capacidad de ir, venir y hacer (maquinaria y energía), la mayoría de las personas de la sociedad occidental alcanzan tanto el éxito como el poder. El colapso de su mundo no es más que el empobrecimiento de sus vidas internas y emocionales. Al haberse comprometido con la consecución del éxito y el poder, tienen poco más por lo que vivir. Y de la misma forma que hace Edipo, se convierten en vagabundos en esta tierra, en seres desprovistos de raíces, que no pueden encontrar la paz en ningún lugar. Se sienten alienados, hasta cierto punto, de todos sus congéneres y cada uno lleva consigo un profundo sentimiento de culpa que es incapaz de entender. Esa es la condición existencial del hombre moderno.

La neurosis no suele definirse como el miedo a la vida, pero eso es precisamente. La persona neurótica tiene miedo de abrir su corazón al amor, de buscar ayuda, de emprender algo y fallar en el intento, de abrazar por completo su propia identidad. Podemos dar una explicación psicológica a esos temores. Abrir nuestro corazón al amor nos hace vulnerables a que nos hieran; buscar ayuda nos pone en la posición de que nos rechacen; fallar puede tener como consecuencia nuestra propia destrucción. Pero el problema también tiene otras dimensiones. Vivir de una forma más completa, o sentir más de lo que uno está habituado, nos da miedo porque amenaza con abrumar nuestro ego, con rebasar sus fronteras, con destruir su identidad. Estar más vivos y sentir de manera más profunda es aterrador. Trabajé en terapia con un joven cuyo cuerpo tenía muy poca vitalidad. Estaba contraído y tenso, tenía los ojos opacos, el color de su piel era gris y su respiración superficial. Al aprender a respirar más profundamente y al hacer los ejercicios terapéuticos, su cuerpo adquirió la vitalidad que le faltaba: los ojos empezaron a brillarle, el color de su piel mejoró, logró sentir cosquilleos en varias partes del cuerpo y las piernas le comenzaron a vibrar. Y entonces me dijo: «Tío, esto es demasiada vida para mí. No lo soporto».

Creo que, hasta cierto punto, todos nos encontramos en la misma situación que ese joven. Queremos sentirnos más vivos, pero tenemos miedo al resultado. Nuestro temor a la vida se hace evidente cuando buscamos mantenernos ocupados para no sentir, cuando corremos para no enfrentarnos a nosotros mismos, o cuando nos embriagamos con alcohol o drogas para evitar sentir nuestra propia identidad. Tememos a la vida y por eso buscamos controlarla y adueñarnos de ella como si fuera propiedad nuestra. Creemos que está mal o que es peligroso dejarse llevar por las emociones. Admiramos a las personas frías, que actúan sin sentimientos de por medio. Nuestro héroe es James Bond, agente 007. Nuestra cultura pone el énfasis en alcanzar objetivos. El individuo moderno se compromete de lleno con la idea de tener éxito, y no con la de ser persona. Pertenecemos a la generación de la acción, cuyo lema es hacer más y sentir menos. Esta actitud caracteriza a la mayor parte de la sexualidad moderna: más acción y menos pasión. Sin importar si alcanzamos o no el éxito, hemos fracasado como personas, y creo que la mayoría de nosotros sentimos ese fracaso muy dentro. Apenas somos conscientes del dolor, la desesperación y la tristeza que hay bajo la superficie, pero estamos determinados a vencer nuestras debilidades, a sobreponernos a nuestros miedos y ansiedades. Es por esta razón por la que los libros de autoayuda son tan populares. Por desgracia, todos estos esfuerzos están condenados al fracaso. Ser persona no es algo que se pueda llevar a cabo, no es una acción ni un acto. Es posible que para llegar a ser persona tengamos que detenernos, frenar nuestro ritmo de vida frenético, nuestros negocios, para aprender a respirar y sentir. En el proceso es probable que tengamos que enfrentarnos a nuestro dolor, pero si tenemos la valentía de aceptarlo, con él llegará también el placer. Si somos capaces de entender nuestra sensación interna de vacío, podremos también llenarla y alcanzar la plenitud. Si podemos atravesar nuestro propio dolor, descubriremos la alegría. Es este el reto terapéutico, y para conseguirlo probablemente necesitaremos ayuda.

Miedo a la vida, publicado en 1980, es mi libro más importante.

1984-1995

El narcisismo: la enfermedad de nuestro tiempo

Para poder comprender la locura que se esconde tras el narcisismo, necesitamos una visión más amplia y menos técnica del problema de la personalidad. Cuando decimos que el ruido en la ciudad de Nueva York, por ejemplo, es tan fuerte que es capaz de enloquecernos, estamos hablando en términos reales, humanos y significativos. Cuando describimos a otra persona afirmando que está «un poco loca», estamos expresando una realidad que no se encuentra dentro de la literatura psiquiátrica. Creo que la psiquiatría podría beneficiarse mucho si ampliara sus conceptos y su comprensión de los trastornos para incluir las experiencias que la gente describe a diario en el lenguaje coloquial.

La intención de este libro era compartir con el lector mis ideas sobre la condición narcisista. Es necesario entender las fuerzas de la cultura que crean el problema y los factores de la personalidad humana que predisponen a desarrollarlo. Y debemos entender también qué significa ser humano, si queremos evitar convertirnos en narcisistas.

En la conocida historia de Narciso, el protagonista es un hermoso joven que se enamora de su propio reflejo en el lago. Incapaz de consumar su deseo, muere de tristeza y se convierte en una encantadora flor. Describimos a una persona como *narcisista* cuando se identifica con su propia imagen y tiene ideas de grandeza.

Este era también mi problema personal. Cuando Reich me sugirió que comenzara el proceso terapéutico con él, me sorprendí a mí mismo diciéndole, con total espontaneidad, que quería ser famoso. Normalmente, no suelo expresar mis sentimientos tan abiertamente, pero sabía que esa aseveración surgía de un sentimiento profundo. Tiempo después, cuando descubrí que podía ser clasificado como un narcisista fálico dentro de los tipos neuróticos de carácter, me cuestioné la idea que le había expresado a Reich. Mi narcisismo estaba relacionado con la creencia de que podía satisfacer a cualquier mujer, y eso provenía de mi madre, que siempre me vio como su salvador. Mis logros y éxitos darían sentido a su vida. Debía ser superior para compensar sus sentimientos de inferioridad y, más profundamente, los míos propios.

En nuestra cultura, la gente gasta enormes cantidades de dinero para proyectar una imagen de superioridad destinada a impresionar a los demás. La necesidad de hacer esto denota la debilidad de su propia autoestima y pone de manifiesto la brecha existente entre su apariencia, su conducta y su propio sentido de identidad. Sufren, de hecho, una personalidad escindida, que es una condición esquizofrénica.

Algunos narcisistas tienen una fuerza de carácter y de voluntad que les permite llevar esa actitud de éxito y de superioridad sin quebranto alguno, pero no sin pagar a cambio un alto precio. Muchas estrellas del espectáculo llevan una vida vacía de alegría y significado, y sin embargo, siguen luchando para tener más éxito, riqueza, fama y reconocimiento. Lo que los impulsa es una sensación de vacío interno que no es infrecuente. El narcisismo es la locura de la cultura moderna.

El amor, el sexo y la salud del corazón

El propósito de este libro es dilucidar las conexiones existentes entre amor, sexo y corazón para que el lector pueda ver que su vida emocional está ligada al mundo físico, y cómo depende también su salud física del bienestar emocional. Es mi deseo que la comprensión de las causas del miedo al amor ayude al lector a convertirse en un ser más amoroso, y asegurarle así el bienestar de su corazón. Sin ese conocimiento, todos nuestros esfuerzos por conseguir esa salud emocional no lograrán alcanzar la verdadera raíz del problema. Comienzo el libro examinando los nexos que se producen entre el corazón y el amor, una relación que ha sido reconocida y expresada durante siglos por poetas, filósofos y maestros religiosos.

El libre fluir de las pulsaciones desde la cabeza hasta los pies, y de regreso, es señal de un individuo sano que está conectado con su propio cuerpo y con la tierra. La profunda conexión con el cuerpo es la base del sentimiento del amor, porque está centrada en el corazón. En *El amor, el sexo y la salud del corazón,* el amor es el sentimiento de estar conectado desde el corazón con el corazón del ser amado. En el amor, dos corazones laten al mismo ritmo, pero para que esto ocurra, los corazones deben estar abiertos. Un corazón cerrado no puede sentir amor porque no es capaz de conectarse al corazón de otra persona. Según los amantes, dos corazones laten como uno solo. El bloqueo no empieza en este órgano, sino en los tejidos que lo rodean, en los músculos del pecho. Cuando estos músculos sufren de tensión crónica, el corazón se encuentra encerrado en un envoltorio rígido que limita su capacidad para sentirse conectado con la vida. Esto tiene como consecuencia una sensación de soledad muy habitual. Finalmente, esta condición puede agravarse tanto que dé lugar a enfermedades coronarias y a la muerte. Mi interés en *El amor, el sexo y la salud del corazón* estriba en la relación que existe entre el amor y el hecho de saber poner los pies en la tierra, o entre la carencia de amor y la pérdida de rumbo. Es un proceso que en nuestra cultura empieza durante los primeros años de vida.

La espiritualidad del cuerpo: bioenergética, un camino para alcanzar la armonía y el estado de gracia

En este libro intenté desvelar la cara oculta de la salud emocional. La percepción subjetiva de la salud es de vitalidad y placer en el cuerpo, una sensación que se incrementa en momentos de alegría. En tales estados sentimos un lazo que nos une a todas las criaturas vivas y reconocemos nuestra conexión con el mundo. El dolor, por otra parte, nos aísla de los demás. Cuando estamos enfermos, nuestra salud no solo se ve amenazada por nuestros síntomas, sino también por la soledad que nos impone.

La salud se manifiesta objetivamente en la gracia de los movimientos del cuerpo, en un brillo especial de la piel (por eso cuando alguien está sano, decimos que «está radiante»), y en la suavidad y calor corporal. La ausencia de estas cualidades es señal de muerte o enfermedad letal. Cuanto más suaves y flexibles seamos, más próximos estaremos a la salud. Con la edad nos volvemos más rígidos porque nos vamos acercando a la muerte.

La gracia es lo que revela a una persona realmente sexual. Por «gracia» no me refiero a la habilidad de mover las caderas, de bailar la danza del vientre o de lanzarse de cabeza desde un trampolín. Me refiero a un cuerpo suave, donde se produce el flujo de la excitación y una sensación de vitalidad y placer en cada uno de sus movimientos. Una persona sexual no contonea las caderas al caminar; al contrario, su pelvis se mueve con libertad, fluye junto al movimiento del resto del cuerpo. Cuando alguien camina de forma tal que es capaz de sentir el suelo bajo sus pies y de coordinar el flujo de excitación con su propia respiración, la pelvis se mueve con cada inhalación. Vemos este estilo de andar en personas de países subdesarrollados, que no están tan dominadas por sus egos como las del mundo occidental. Es posible que aquí seamos más sofisticados sexualmente, pero allí tienen más vitalidad sexual.

La gracia espiritual tiene que ver con la conexión que puede sentir una persona con un orden más elevado. La gracia humana se refleja en el comportamiento de un individuo hacia sus congéneres. Estamos familiarizados con la gracia animal que vemos en las criaturas libres y salvajes. En mi caso, observar cómo juegan las ardillas en los árboles es realmente emocionante. Pocos humanos pueden aspirar a alcanzar la gracia y la determinación de los movimientos de una ardilla. El vuelo de las golondrinas también es inspirador. En mayor o menor medida, todos los animales salvajes poseen la hermosa cualidad de la gracia en sus movimientos. Aldous Huxley escribía que, para nosotros los humanos, la gracia animal es solo posible si nos abrimos «a la virtud del sol y al espíritu del aire», en lugar de abusar de nuestros cuerpos y de interferir con las maquinaciones de nuestra inteligencia animal.

La verdadera gracia no es algo que se pueda aprender; es un don natural que los humanos recibimos como criaturas de Dios. Una vez perdida, sin embargo, solo podemos recuperarla si logramos restablecer la espiritualidad en nuestro cuerpo. Para ello debemos comprender el porqué y el cómo de su pérdida. De la misma manera que resulta imposible recobrar un objeto perdido a menos que sepamos exactamente qué es, debemos empezar por investigar el cuerpo natural, sus movimientos, sentimientos y pensamientos, y cómo se integran en acciones llenas de gracia.

Estudiamos el organismo como si contuviera un sistema energético que se mantiene a sí mismo y que interactúa constantemente con su medio ambiente para sobrevivir. La perspectiva energética nos permite entender la verdadera naturaleza de la gracia corporal y espiritual sin caer en el terreno de lo místico. Esto nos lleva a explorar el rol de los sentimientos en la gracia humana. Si carecemos de sentimientos, los movimientos se vuelven mecánicos y las ideas se convierten en abstracciones. Podemos enseñarle sobre amor a una persona cuyo espíritu es frágil y cuya alma está llena de odio, pero dar sermones es poco efectivo. Si podemos restaurar la integridad de su espíritu, el amor aparecerá y brillará por su cuenta.

La espiritualidad del cuerpo investiga algunos de los trastornos que pueden quebrantar el espíritu de una persona, disminuir su gracia y afectar a su salud. Enfocarnos en la gracia como un criterio para evaluar la salud nos permite comprender muchos de los problemas emocionales que aquejan a los seres humanos y desarrollar la gracia que promueve la salud.

El espíritu y la materia están unidos por el concepto de la gracia. En teología esta se define como «la influencia divina que actúa en el corazón para regenerarlo, santificarlo y cuidarlo». También podría definirse como el espíritu divino actuando dentro del cuerpo. El espíritu divino se experimenta como la gracia natural del cuerpo y la gracia de la actitud de la persona hacia todas las criaturas de Dios. La gracia es un estado de plenitud, de unidad y de conexión a la vida y a lo divino. Es también un estado de salud.

La alegría de vivir: la entrega al cuerpo y a la vida

Mi último libro, *La alegría de vivir*, fue publicado en 1995. Anteriormente ya había comentado el tema de la entrega en el contexto de la aceptación del fracaso en *Miedo a la vida*. En ese libro, el análisis de la entrega se hacía desde el punto de vista del fracaso y su aceptación. El individuo neurótico aspira a ser una especie de dios, y el esquizofrénico cree que es Dios. ¿Qué entendemos por Dios? El término se refiere a alguien que es capaz de ser omnisciente, omnipotente e inmortal. Lo único que conocemos objetivamente que concuerde con esa descripción es el universo como tal. Uno podría definir a Dios, desde un punto de vista lógico y correcto, como el espíritu del universo. Ser mortal significa estar limitado. Si podemos ser como Dios, eso quiere decir que podemos participar de su naturaleza. Esa naturaleza, de acuerdo con las antiguas escrituras, es la alegría. La parte central de la creencia bíblica es el mandato de «regocijarse ante el Señor, vuestro Dios». Regocijarse significa bailar y cantar, y los hebreos reverencian la alegría y se centran en ella, por lo que cuando rezan hacen giros rápidos y alegres. Imaginan a Dios bailando y girando con delicia sublime.

Si aceptamos la idea de que Dios es la fuente de toda nuestra luz y de que está girando de alegría en el cielo, es fácil comprender por qué los antiguos egipcios adoraban al sol como a un dios. Pero cuando el hombre cayó en desgracia por probar la manzana prohibida y aprender a distinguir el bien del mal, perdió también su inocencia. Esto les ocurre a todos los niños, que nacen inocentes y son capaces de sentir una gran alegría, hasta que desarrollan un ego autoconsciente que juzga cada uno de sus pensamientos, sentimientos y acciones. Esta pérdida está relacionada con tensiones musculares crónicas que destruyen la gracia del animal. No respetar la inocencia de un niño es el peor pecado que se puede cometer. Las tensiones musculares crónicas, que sufren la mayoría de las personas en las culturas modernas, son producto de la esclavitud a la que las somete su propio ego tiránico. Y no solamente son esclavos de su propio ego, sino que además les han hecho un lavado de cerebro para enseñarles a aceptar lo que el ego dicta como algo natural y, por tanto, como ley divina. El ego autoconsciente, en contraposición al ego del cuerpo, es un dictador y, por consiguiente, por su propia naturaleza es incapaz de entregar su control a otros aspectos del yo.

El mayor miedo de todos los pacientes es la pérdida del autocontrol. Creen que perderlo implica varios peligros, como caer en la locura o la muerte. Dentro del cuerpo, el miedo se localiza en tensiones musculares crónicas en la articulación que une la cabeza con el cuello y también en la parte inferior del cuerpo, en la articulación que une la columna con la pelvis. La tensión en ambos puntos es utilizada estratégicamente por el ego para dividir el cuerpo y poder controlar así el flujo de la excitación hacia la mente y hacia los órganos sexuales.

Estas dos tensiones corporales están ahí para ayudar a cumplir dos de los principales mandamientos de la cultura moderna: «No pierdas la cabeza» y «No te dejes llevar por tu libido». De hecho, la gente suele decir: «No pierdas el control». Estas tensiones hacen del ciudadano promedio un sirviente del estado o del sistema económico, convirtiéndolo en un buen trabajador. Para poder producir un cambio así en una persona, para quebrantar su voluntad, es necesario domarla, como si se tratara de un caballo o de un toro salvaje que será empleado para arar el campo o tirar de un carro de carga. Esto puede tener ciertas ventajas, pero a cambio es necesario sacrificar la libertad. El grado de tensión que existe en la base del cráneo y en la articulación situada entre el sacro y la pelvis es simplemente una forma de medir esa pérdida de libertad y de individualidad. Las tensiones sirven para poner un límite a la libertad interior y a la posibilidad de experimentar alegría. No soy tan inocente como para creer en la idea de que somos capaces de liberarnos de todos los controles que la sociedad impone al individuo, pero sin libertad no existe alegría, y sin alegría la vida no tiene sentido.

Mi propio cuerpo me mostró el poder de esas tensiones hace unos años. En un taller que estaba dando en Santa Lucía, el quinto de una serie de talleres que impartí en el Caribe, me sentía especialmente estresado y no lo estaba disfrutando de la misma manera que los talleres anteriores. Poco después de regresar a casa, me atacó un dolor fuerte y persistente en los músculos de la nuca. Los músculos estaban muy contraídos y el dolor se extendía hasta la cabeza. Un amigo que sufría de un dolor similar me dijo que las duchas de agua caliente sobre la zona lo habían ayudado a aliviarlo en gran medida. Su consejo me parecía lógico, así que todas las mañanas me duchaba con agua caliente y me aplicaba el chorro sobre el cuello. Las duchas lograron aliviar el dolor significativamente, pero no lo hicieron desaparecer por completo, por lo que le pedí a Leslie que me examinara por si veía algo inusual. Me miró la nuca y su respuesta me sorprendió mucho: me dijo que tenía una profunda línea roja que se extendía de un lado al otro del cuello. Con la ayuda de un espejo pude verla con mis propios ojos; era roja y estaba hundida en la carne. Supe de qué se trataba cuando me di cuenta de que había estado contrayendo el cuello con obstinación y ahora las señales de esa tensión se hacían visibles en mi cuerpo.

La mayoría de las personas de nuestra cultura viven como si fuesen supervivientes, y muchas están incluso agradecidas de vivir de ese modo. La bioenergética ofrece la posibilidad de tener más libertad y vivir más plenamente, pero el camino es largo y doloroso. En mi caso, recorrerlo ha sido una tarea en la que he comprometido más de sesenta años de mi vida, y todavía no he llegado al final.

Después de tratar con personas durante más de medio siglo, tiempo durante el cual he escrito doce libros, creo que he logrado entender el problema humano y que he formulado los principios de un enfoque terapéutico efectivo. Esta obra describe los procesos analíticos e ilustra la forma de aplicarlos a través de las historias de mis propios pacientes. Me gustaría aclarar que la cura no es fácil ni rápida, pero sí efectiva. Sin embargo, su efectividad depende de la experiencia y del autoconocimiento del propio terapeuta. No es realista esperar un remedio rápido para problemas que se han estructurado en las personalidades de los pacientes durante muchos años. El único milagro que se produce con regularidad es el de la creación de nueva vida, y a ese milagro dedico este libro. Fue por él por lo que escribí *La alegría de vivir.*

Ahora te invito a leer los *Principios básicos de la bioenergética,* que pone el énfasis en la capacidad de asentar los pies en la tierra, en nuestra perturbada cultura y en la vibración.

Cuarta parte

PRINCIPIOS BÁSICOS DE LA BIOENERGÉTICA

La respiración completa es la onda respiratoria que va desde el cuello hasta la pelvis y hasta los pies, que es la manera en que respiran los niños.

Las emociones son la vida del cuerpo, así como los pensamientos son la vida de la mente.

Los componentes del análisis bioenergético son la respiración, el llanto, el trabajo con los pies y la profundización de las vibraciones para que puedan fluir libremente por el cuerpo hacia arriba con ayuda de la respiración.

La vida es vibración. Si no estás vibrando, deberán enterrarte, puesto que estás muerto.

ALEXANDER LOWEN
Citas de entrevistas, 2003

13

Arraigarse

Es literalmente cierto que el análisis bioenergético fue desarrollado del suelo hacia arriba. Observar que no me sentía firmemente conectado a la tierra me llevó a estudiar la forma en que mis pacientes permanecían erguidos, cuánta sensibilidad presentaban en los pies y lo vitales que se mostraban estos, pues el grado de vitalidad era una forma de medir la energía que tenían en los pies. Los hacía levantarse, descalzos, frente a mí mientras estudiaba la calidad de su postura. No me sorprendió descubrir que solo unos pocos tenían conciencia de que sus pies estaban sobre el suelo; por supuesto, literalmente sus pies permanecían en el suelo, pero no sentían esa unión. El contacto era mecánico y carecía de vida. En la mayoría de los casos, los pies estaban pálidos o blancos, lo cual indicaba un pobre flujo sanguíneo a los órganos locomotores. Muchos tenían pies planos, en tanto que otros mostraban arcos contraídos y parecía que temían dejar caer todo su peso sobre el suelo. Muchos pacientes sufrían distorsiones en ellos: juanetes, contracciones musculares que les torcían el pie o pies demasiado grandes (o pequeños) en comparación con el resto del cuerpo. Unos pies bien formados, vivos, de buen aspecto, eran una rareza.

Estas personas habían acudido a mi consulta porque tenían problemas emocionales graves y trastornos que paralizaban su vida. Muchos estaban deprimidos o ansiosos, o tenían miedo, y algunos eran demasiado rígidos y controladores. Mi trabajo con Reich me hizo ser consciente de la íntima conexión que existe entre cuerpo y mente. El cuerpo es la expresión física de la personalidad, de la misma forma que la mente es su reflejo consciente. En su trabajo conmigo, Reich había estado al tanto de mis tensiones corporales y conocía la conexión entre esas tensiones y los problemas de mi personalidad. Percibió rápidamente que yo mantenía el pecho hinchado, lo cual sabía que era una expresión de miedo. Me hizo reducir la tensión del pecho movilizándolo para liberar mis miedos reprimidos, lo que culminó en un grito. Esta dramática experiencia me abrió la puerta para liberar otros sentimientos y recuerdos reprimidos, pero su trabajo conmigo no fue lo bastante profundo ni extenso. Reich no examinó ni comprendió la dinámica subyacente a mi personalidad, una profunda sensación de inseguridad. Yo solía ocultar esa inseguridad tras un estado de alerta y una inteligencia que me ayudaban a anticiparme a un problema y controlar la situación. Sin embargo, eso no tenía ningún efecto sobre mis sentimientos de inseguridad. Si mi postura hubiera sido tan firme como mis convicciones, habría sido un hombre mucho más fuerte y menos asustadizo. Pero ¿cómo podía conseguirlo?

Mi primera idea fue ponerme de pie con los pies separados, las rodillas ligeramente flexionadas y el cuerpo arqueado hacia atrás. Esta postura me permitía sentir mejor los pies sobre el suelo. La mantuve durante varios minutos, y después sentí la necesidad de inclinarme hacia delante para tocar el suelo con la punta de los dedos de las manos. Gracias a esta nueva postura podía estar más cerca del suelo, con las rodillas ligeramente flexionadas y los pies paralelos a una distancia de medio metro. Tras mantenerme así durante varios minutos, empecé a sentir una vibración involuntaria en las piernas a consecuencia del estiramiento de los tendones de las corvas.

Hay otra explicación para esas vibraciones. El cuerpo vivo se encuentra en un estado constante de vibración o pulsación que, por lo general, es tan sutil que resulta imperceptible. Sin embargo, cuando la carga energética que se aplica sobre el músculo aumenta, ese temblor involuntario se hace más fuerte y puede sentirse o verse a simple vista. Este fenómeno vibratorio, que también ocurre cuando una carga eléctrica fluye a través de un cable, es el responsable del sonido que emiten los cables de alta tensión, similar a un murmullo. Dado que la actividad vibratoria del cuerpo es un movimiento espontáneo, somos capaces de sentirlo, lo que constituye la base de nuestra propia autoconciencia. Si no sintiéramos nuestro cuerpo, significaría que estamos muertos. De la misma forma, unos pies muertos a nivel energético no tienen sensaciones y no le proporcionan al individuo la sensación de conexión con su entorno. «Arraigarse» significa conectarse a través de los sentimientos con el suelo, con la tierra.

Literalmente, la tierra es la fuente y la base de nuestra existencia. Por esa razón llamamos a nuestro planeta Madre Tierra, y nosotros somos sus criaturas.

De hecho, la energía para nuestro desarrollo y crecimiento nos la proporciona nuestra madre biológica. Cuando estamos en el vientre materno, y aun un tiempo después, se establecen las bases para una existencia independiente. La forma en que nuestra madre humana nos proporcione energía y cuidados durante la infancia determinará la seguridad que sintamos a lo largo de nuestra vida. La idea es que la calidad de nuestra postura y nuestra sensación de seguridad son un reflejo de los cuidados que nuestra madre nos brindó en la infancia. Las posteriores experiencias también tendrán su influencia en cómo permanecemos de pie, pero sus efectos serán más superficiales. Podemos evaluar la calidad y cantidad de ese apoyo analizando cómo se yergue una persona adulta. Aunque se trata de un axioma dentro del pensamiento bioenergético, los nuevos terapeutas pueden tardar un tiempo en aprender a evaluarlo correctamente.

Dejando a un lado la sensación de seguridad, sentirse conectado con todos los aspectos del medio que nos rodea depende y es producto de la forma como permanecemos de pie. Un individuo que fue incapaz de sentir sus raíces durante la infancia generalmente se sentirá igual a lo largo de su vida. «Yo vengo de aquí» es una forma de decir «este soy yo». Por supuesto, cada experiencia afecta a nuestro sentido de la identidad, pero las experiencias más tempranas de nuestra infancia son las que tienen un mayor impacto.

Si me dejas ver cómo permaneces en pie, te diré quién eres. Si crees que eres valorado en tu comunidad, tu postura y la parte inferior de tu cuerpo reflejarán esa creencia. Es imposible estar erguido cuando las piernas y los pies son débiles, ya que constituyen la base sobre la cual se levanta la personalidad adulta. En muchos individuos, la debilidad de las piernas y de los pies se compensa con un superdesarrollo del ego. La gente con poder, ya sea económico, político o social, puede actuar como si estuviera segura de sí misma. El poder normalmente se emplea para compensar los sentimientos de inferioridad o inseguridad. Después de todo, nadie le mira los pies al rey; toda la atención se concentra sobre su corona y es esta la que establece su posición. La ropa cubre nuestra desnudez, pero también nuestros defectos.

La inteligencia de un individuo está directamente relacionada con el grado y la calidad de su arraigo al suelo. Puede carecer de conocimientos sofisticados y modernos, pero tiene sentido común y comprensión. El individuo sofisticado piensa con su cerebro, que funciona como un ordenador, mientras que aquel que sabe arraigarse piensa con todo su cuerpo, lo que implica que sus sentimientos penetran con fuerza en sus pensamientos. La palabra «comprensión» es hermosa, porque significa que los pensamientos de un individuo están basados en sus sentimientos y surgen de ellos, es decir, que nacen de su sentido de conexión con la tierra y con sus criaturas. No es una forma de pensar egoísta que se centra principalmente en el *yo*, sino en el *nosotros*. Lo que nos hace humanos es todo lo que compartimos con las criaturas que nos rodean. Enfatizar las diferencias supone perder la sensación de conectividad, que es un atributo de arraigarse a la tierra.

El individuo que sabe arraigarse está conectado a la tierra y a la naturaleza, a su cuerpos y a sus sentimientos, y a sus seres queridos y a las demás criaturas. El desarraigado es un ser solitario, una hoja que se ha separado del árbol, una criatura errante. Nuestro cuerpo es nuestro hogar, por lo que no poder conectarse con los sentimientos del cuerpo implica ser un espíritu inconexo que se pasa la vida flotando sin pertenecer a ningún lugar. Todos los pacientes con los que he trabajado sienten esta separación y soledad en cierto grado. Es una forma de ser trágica. El objetivo de mi trabajo terapéutico consiste en ayudar a la gente a recobrar su sentimiento de conexión con la vida y con los demás. Arraigarse es la única manera de recuperar la conexión.

Nos desarraigamos en nuestra infancia cuando empezamos a tener miedo y a sentirnos inseguros por falta de apoyo. Al asustarnos, la energía del cuerpo se aleja de la superficie y se concentra en las partes más internas, donde se encuentran los órganos vitales, es decir, el corazón y el cerebro. Esto es el reflejo del miedo, que también implica aspirar el aire con fuerza, y que es fácil de sentir si imitamos la experiencia del miedo: los hombros se encogen, los ojos se abren de par en par y aspiramos una bocanada de aire con intensidad. Cuando veo que un paciente tiene los ojos abiertos de este modo, los hombros encogidos y el pecho hinchado, sé que está asustado aunque él no sea consciente de ello. El movimiento del cuerpo hacia arriba es una reacción energética espontánea que somos capaces de sentir e identificar cuando ocurre por primera vez; sin embargo, cuando nos hallamos en una situación atemorizante durante mucho tiempo, perdemos la capacidad de sentir miedo. Es entonces cuando este se vuelve parte estructural de nuestro cuerpo y se transforma en una tensión crónica que se diluye, gradualmente, de nuestra conciencia.

Solo somos conscientes de los movimientos espontáneos de nuestro cuerpo, y eso es fácil de demostrar. Cuando dejamos el brazo colgando muy quieto durante varios minutos, empezamos a perder la sensación en él y decimos que se nos ha dormido. La conciencia y la sensación dependen en cierta medida de los movimientos espontáneos del cuerpo. Los muertos no sienten.

La interrupción de la energía en la parte inferior del organismo a causa del miedo resulta en la pérdida de arraigo. La persona está tensa. En lugar de funcionar con los pies en la tierra, es decir, con conciencia de la realidad, es presa de ideas poco realistas. Su comportamiento pasa a ser gobernado por el ego autoconsciente y por sus sentimientos. Se trata de la típica personalidad neurótica de nuestro tiempo, del individuo que no puede desprenderse de los valores neuróticos de nuestra cultura. Si comparamos estos valores con los que caracterizan al sujeto que permanece bien arraigado con su cuerpo a la tierra, podremos apreciar cómo el individuo moderno está en las nubes, perdido en su propia cabeza. La siguiente tabla sirve para ilustrar esta idea:

VALORES DEL CUERPO	VALORES DEL EGO
Arraigarse	Desarraigarse
El placer y el amor	El poder y la riqueza
La aceptación de uno mismo	La fama
La dignidad	Las metas
La gracia	La fuerza

Las comparaciones nos ofrecen una imagen de lo problemático y neurótico que es el individuo moderno. Sin esta apreciación, llevamos a cabo juegos mentales con nosotros mismos, creyendo que resolveremos nuestros problemas con más conocimientos o información. Necesitamos bajar de nuevo a la realidad, a la realidad de nuestros cuerpos y de nuestra relación con la tierra. Ya no somos seres de la tierra, pero para muchas personas hacerlo se asemeja una gran caída, y eso las atemoriza; bajar a la tierra les evoca el miedo a caer.

El ejercicio para arraigarse que describí antes era demasiado débil para poder apreciar cambios significativos. Sin embargo, desde que el concepto del arraigo y el ejercicio descrito fueron introducidos en la bioenergética, la condición humana se ha deteriorado considerablemente. La gente está incluso más separada de sus cuerpos y de sus sentimientos de lo que lo estaba entre 1953 y 1959, cuando creé la bioenergética. Esta es una cultura de la cabeza porque la mayoría de las personas que la conforman viven en sus cabezas. Utilizan su voluntad en un esfuerzo vano para hacer que sus cuerpos cobren vida, pero la voluntad es un instrumento del ego y resta al individuo el contacto con su cuerpo y sus sentimientos. Este problema no se resuelve desde la cabeza, sino desde el suelo. Debemos empezar por los pies.

Una de las ideas básicas del análisis bioenergético es la onda energética de excitación que atraviesa el cuerpo de los animales multicelulares y que fluye longitudinalmente desde la cabeza hasta los pies y, de regreso, desde los pies hasta la cabeza en una pulsación rítmica. Esta pulsación energética fue descrita por primera vez en mi libro *El lenguaje del cuerpo*. Las ondas respiratorias son aspectos de ella, y la inhalación está asociada con el flujo de energía hacia arriba, en tanto que la exhalación lo está con el flujo hacia abajo. La inspiración requiere la contracción de un grupo concreto de músculos, mientras que la espiración es el proceso de relajación de esos músculos. Al ser palpitantes en su naturaleza rítmica, los flujos ascendente y descendente tienen la misma intensidad y profundidad. Este principio subyace a una observación habitual en bioenergética según la cual la carga de los ojos es idéntica a la de los pies. Cuando mis pacientes trabajan con intensidad la respiración y los ejercicios de arraigo, de forma que sus pies se cargan de energía, aseguran que su visión mejora de forma considerable. Sus ojos se ven más brillantes y más cargados de energía.

Trabajar con el cuerpo ha sido clave en la bioenergética desde sus comienzos, y ha ayudado a muchos de mis pacientes. Uno de ellos utilizó esos ejercicios cuando estaba haciendo una prueba para el papel de un musical; mientras el resto de los cantantes vocalizaban para entonar y calentar las voces, él se inclinaba hacia delante para tocar el suelo con los dedos y se concentraba en la respiración. Cuando los demás fueron llamados a cantar, sus voces estaban tensas y rígidas, mientras que la suya fluía relajada. Como resultado obtuvo la mayoría de los papeles para los que se presentó, y finalmente se convirtió en una reconocida estrella de los musicales.

A pesar de que este ejercicio, al que llamamos «doblarse», me ha beneficiado durante más de cuarenta años, no pudo resolver mis inseguridades ni las de mis pacientes por completo. La mayoría desarrolló vibraciones en las piernas, pero no lograron extenderlas a los pies, y se hizo evidente que no podían sentir con intensidad en ellos. Para hacer el ejercicio más exigente, les pedí que hicieran el ejercicio con una sola pierna cada vez. Debían estirarla hacia atrás mientras se inclinaban hacia delante, lo que provocaba una mayor carga sobre la pierna que quedaba en el suelo, resultando en vibraciones más fuertes y mayor sensación en los pies. Efectué esta modificación con todos los pacientes. La gente lograba sentir los pies en el suelo, pero los resultados todavía se quedaban cortos.

Años atrás tuve una experiencia que me sorprendió y me agradó a partes iguales. Mientras paseaba por un camino cerca de mi casa de verano, sentí que ascendía un flujo de energía a través de mi cuerpo que me hizo enderezarme y me dio la sensación de que había ganado dos centímetros de estatura. Noté que tenía la cabeza más erguida, lo que suponía una sensación nueva y emocionante. No hice nada de manera consciente para crear esa reacción y, aunque no he sido capaz de reproducirla, jamás olvidaré esa experiencia.

Todos conocemos la siguiente ley física: *toda acción produce una reacción.* Si presionamos el suelo con la mano, sentiremos una presión igual en sentido contrario. Este es el principio de los motores a propulsión de los aviones: la descarga de energía del motor impulsa al avión hacia delante. Esta ley fundamental de la física también opera cada vez que damos un paso: no nos levantamos del suelo, sino que nos empujamos hacia arriba y hacia delante valiéndonos de la fuerza que imprimen nuestros pies en el suelo. No se trata de una acción consciente, claro, pero es inherente al caminar. Afortunadamente la mayoría de las personas son capaces de andar sin hacer un esfuerzo consciente, y por eso caminar es uno de los placeres de la vida. Sin embargo, aun si camináramos prestando atención a cada movimiento, seguiría sin ser una operación mecánica. Dirigir nuestra atención a una parte determinada del cuerpo no es posible sin energía, porque en lo que realmente nos estamos enfocando es en nuestra percepción del flujo de energía en esa zona. Si extiendo la mano de una forma relajada y después intento concentrar la atención en la punta de los dedos, sentiré cosquilleo y vibraciones en ellos. Lo que he hecho es dirigir una corriente de excitación hacia la mano. Las corrientes de excitación fluyen a través de nuestro cuerpo sin la intervención de ningún pensamiento o acción consciente y son la base de la vida involuntaria del organismo. Cuando el flujo es libre y profundo, podemos experimentar el placer y, dependiendo de la intensidad de la excitación, incluso sentir alegría. Las tensiones musculares crónicas bloquean ese flujo de energía y nos hacen sentir dolor. Para muchas personas las tensiones musculares son crónicas, y la carencia de flujo energético les provoca la pérdida de sensaciones, un estado parecido a la muerte.

La mayoría de la gente no siente sus pies mientras camina y, literalmente, no nota que tenga los pies en la tierra. Su flujo de excitación hacia los pies a través de las piernas es muy limitado y no pueden incrementarlo conscientemente. La acción consciente nace de la voluntad y tiene poco que ver con el flujo libre de excitación espontánea que experimentamos como placer, es decir, como sentimiento. El flujo de la excitación es parecido al agua que fluye por una tubería: una restricción en uno de los extremos de la tubería puede controlar el flujo del agua, la cantidad y velocidad con las que pasa el líquido. La zona distal del metatarso controla el flujo de excitación a través de la pierna; si contraemos estos músculos, el flujo de energía se queda encapsulado en la pierna y no llega al suelo. La persona no se sentirá conectada con la tierra porque su contacto es mecánico; no se trata de un contacto real y, dado que no lo siente, tampoco sentirá la zona distal del metatarso y desconocerá su localización. Mucha gente cree que el arco metatarsiano es la zona situada en la base de los dedos, pero cualquiera capaz de sentir la planta de los pies señalará hacia un punto que parece un hoyuelo y que está cerca del arco. Esta zona del hoyuelo es la zona distal del metatarso, lo cual es fácil de demostrar. Si presionamos con el nudillo justamente sobre este punto, sentiremos dolor a causa de la contracción, pero también una carga energética que sube hacia la pierna. También podemos percibirlo presionando esta zona del pie contra un objeto pequeño y redondeado, como la esquina de una mesita (siempre que alguien te ayude a aguantar la mesa). En mi consulta utilizo el reposabrazos de una silla de madera.

La mano, que también es un órgano que sirve para conectarnos con los objetos y el mundo que nos rodea, tiene una función como la de la zona distal del metatarso. Los «pulpejos» están ubicados justo debajo de los huesos metacarpianos. Si presionamos con los nudillos sobre este punto, podremos sentir un flujo energético que sube por el brazo. Cuando los tejidos de la mano se contraen, la presión resulta dolorosa, pero si aprendemos a relajar esta zona tanto en las manos como en los pies, no sentiremos dolor al presionar.

En cuanto el paciente ha aprendido a sentir la zona distal del metatarso, le pido que haga una serie de ejercicios sencillos para liberar la tensión del área. Erguido sobre una sola pierna mientras mantiene el equilibrio con los dedos en el suelo, le insto a que levante los dedos de los pies y el talón al mismo tiempo. Esta acción acerca la zona distal del metatarso al suelo. Al balancearse sobre el pie de esta manera, el paciente es capaz de sentir la zona distal del metatarso en contacto con el suelo y un flujo de energía que asciende por la pierna hacia la cadera. Después cambia de pierna y repite el ejercicio en el otro lado. Todo ello aporta mucha más energía y sensaciones a los pies y a las piernas que el simple ejercicio de inclinarse hacia delante.

Cuando hago estos ejercicios, descubro que mis pies se sienten más vivos y mis piernas, más relajadas. Ambos incrementan la vibración en las piernas, lo que indica que hay un flujo intenso en la zona. Los pacientes que realizan estos ejercicios durante las sesiones de terapia y en su casa siempre me comentan que se sienten más conectados con sus pies y sus piernas, y eso se traduce en una mayor sensación de seguridad.

Yo los practico casi todas las mañanas. Ahora que soy viejo, me doy cuenta de que no tengo los pies y las piernas tan suaves ni flexibles como solían ser, pero camino como una persona joven. Ahora hago otro ejercicio que aprendí hace unos años de un colega de la bioenergética. Él lo había aprendido, a su vez, en un taller para el dolor en la parte baja de la espalda organizado por un grupo de médicos osteopáticos. Partiendo de la posición de arraigo, la persona se inclina hacia delante, toca el suelo con la punta de los dedos y hace presión con la zona metatarsiana de un pie. Al mismo tiempo, gira sobre la zona metatarsiana de ese pie de forma que se produzca una ligera rotación de las caderas hacia ese lado. Después se repite el proceso con el otro pie, rotando la cadera hacia ese otro lado. El movimiento de las caderas se logra activando únicamente los pies. Este ejercicio tiene un efecto muy positivo sobre la articulación de la cadera, porque el movimiento no está provocado por ninguna presión sobre la articulación. Es posible sentir que la cadera se relaja y la pelvis se revitaliza. Los indígenas balancean las caderas al caminar de una manera espontánea y no consciente. Es el resultado de un movimiento dinámico en el cual la energía y la excitación se dirigen a una pierna y a otra, a medida que caminan. Las personas de culturas más desarrolladas andan con más rigidez y de forma mecánica. Nuestras caderas están congeladas y tenemos que hacer un esfuerzo consciente para imitar ese contoneo. La paralización de esta zona del cuerpo es la responsable de las enfermedades degenerativas de la cadera que afectan a tantas personas maduras en nuestra cultura.

Después de trabajar estos ejercicios durante varios años, tuve que enfrentarme al hecho de que la terapia que estaba haciendo no generaba los cambios necesarios en los pacientes, no les hacía sentir más plenos. Tuve que entender y aceptar que el carácter neurótico es una estructura de personalidad congelada, como si la persona hubiese sufrido un *shock* en un punto anterior de su vida.

Nunca fallé realmente en ningún proyecto que fuera importante para mí. Sin embargo, en 1990, comencé a hacerme cada vez más consciente de que estaba fracasando tanto en mi matrimonio como en mi trabajo como terapeuta. Mis capacidades intelectuales ocultaban aspectos inmaduros de mi personalidad. Como había escrito una serie de libros populares y había fundado una organización respetada a nivel internacional, muchos me consideraban un hombre de éxito. Bajar de esa nube y poner los pies en la tierra fue un proceso que me obligó a abandonar las trampas que tiende el propio éxito. Eso significó embarcarme en una serie de cambios importantes, como renunciar a mi puesto de director ejecutivo del Instituto Internacional de Análisis Bioenergético. Los resultados fueron positivos, ya que me sentí más libre como persona al delegar la responsabilidad del IIAB. Continué con mi trabajo como terapeuta y seguí dando algunos de los talleres del Instituto. Había permanecido en un estado de *shock* que no me había permitido ver las dinámicas más profundas de mis problemas. La cuestión seguía siendo la conexión con la tierra, pero necesitaba una técnica que me ayudara a librarme de dicho estado.

Con esta intención introduje un nuevo ejercicio en las rutinas de la bioenergética que ayudó a hacer la práctica mucho más efectiva. El individuo coloca la zona distal del metatarso sobre una pelota de golf. Poner todo su peso sobre ella envía una carga energética tan fuerte a través de su cuerpo que, en algunos casos, puede incluso sacudir a la persona. Es posible que sea muy doloroso al principio, pero el dolor se disipa después y el resultado es una vibración corporal generalizada y una conmoción que puede llevar al paciente al llanto. El individuo se coloca sobre la pelota de golf hasta que no puede soportar el dolor y, entonces, se la pone bajo el otro pie. Hago repetir el ejercicio a mis pacientes dos veces por cada pie, y en cuanto han retirado la pelota, saben perfectamente dónde se sitúa la zona distal del metatarso. Después de acabar este ejercicio, intentamos hacer de nuevo los ejercicios tradicionales para arraigarse, que tienen entonces un resultado tan potente que pueden conducir al efecto kundalini. Sin utilizar la pelota de golf, es muy complicado cargarse de la suficiente energía como para sentir la kundalini. Yo la utilizo a diario, hasta que llego a un punto en que el dolor es insoportable, lo cual solo me lleva unos minutos.

El ejercicio para arraigarse ayuda a que las personas se abran a sentimientos más profundos; cuando se lleva a cabo junto con ejercicios de respiración y vibración, la sensación se convierte en una experiencia de todo el cuerpo en la que uno se siente más recargado y lleno de vitalidad. Los cambios en los pacientes son visibles al final de cada sesión. El paciente percibe cómo sus pies tocan el suelo y, a través de esa conexión con la tierra, se siente más conectado con su propio cuerpo. La respiración y el llanto siguen siendo partes clave del proceso, porque ayudan a liberar las tensiones de la parte superior del cuerpo. Los ejercicios sexuales conocidos tradicionalmente como arco pélvico ayudan a abrir el área pélvica de una forma más completa. El trabajo físico dentro del análisis bioenergético siempre se combina con trabajo de psicoterapia para ayudar al paciente a entender su comportamiento neurótico desde el punto de vista del trauma que vivió en su juventud. Sin embargo, comprenderlo es un proceso de crecimiento porque cada nueva experiencia de vitalidad y placer va transformando gradualmente el organismo y la personalidad del individuo.

La clave radica en estar plenamente conectado con tu cuerpo y contigo mismo para poder liberarte y disfrutar de tu autoexpresión. Lo que me ha facilitado los procesos de terapia es que los pacientes sienten los beneficios de cada sesión y pueden apreciar sus propios cambios con el tiempo.

La falta de seguridad no es el único precio que pagamos por vivir un estilo de vida desarraigado. Si observamos a la gente caminar por las calles de cualquier gran ciudad, notaremos que sus movimientos son deliberados y que requieren un gran esfuerzo. Para la mayoría de las personas, caminar no es una actividad placentera; simplemente lo hacen porque tienen que llegar a algún sitio o para hacer ejercicio. Como resultado, sienten poco placer y su andar carece de gracia, lo que no constituye una pérdida cualquiera, ya que la gracia en los movimientos es lo que diferencia a una persona que está conectada con su cuerpo y con la tierra de otra que no lo está. Cuando nos movemos con gracia, estamos conectados con los ritmos más profundos de la vida. La gracia es síntoma de que el individuo se siente pleno y a gusto en su hogar, que es este universo. La falta de gracia es, en cambio, señal de que nos sentimos extraños en nuestro propio medio. En lugar de hallarnos completamente cómodos y de liberar el flujo de nuestra energía, estamos contraídos y nos sentimos inseguros.

La naturaleza de la gracia reside en la sensación y el sentimiento de que somos apoyados y nutridos por nuestra gran madre, la Tierra. El gran héroe Hércules no podía matar a Anteo, el hijo de la Madre Tierra, porque cada vez que lo tiraba al suelo, él se restablecía, sintiéndose más fuerte y más vivo por haber tenido contacto con su madre. Hércules estaba perdiendo la batalla hasta que se dio cuenta de quién era Anteo. En ese momento, en lugar de tirarlo al suelo, lo agarró y lo alzó en el aire para debilitarlo hasta que murió. Su fuerza venía de la tierra, como la de los árboles. Si nos cortan las raíces que nos unen a la tierra, morimos. Perder el contacto con ella no resulta en la muerte física de la persona, sino en una muerte energética o espiritual. Eso es cierto para muchos individuos que viven en sus cabezas, es decir, aquellos que se centran en las ideas de poder, objetivos y fama. Estas personalidades narcisistas y esquizoides de nuestra era están desconectadas de sus cuerpos y de sus sentimientos. La mayoría de las personas de nuestra cultura no se sienten conectadas a su cuerpo y no sienten los pies sobre la tierra, por lo que en su proceso terapéutico es importante enfocarse en el problema de la pérdida de sensaciones en esta parte del organismo.

Resulta interesante especular sobre cómo la zona distal del metatarso es capaz de proveernos de tal conexión. Suelo visualizar la ola de excitación fluyendo hacia abajo por las piernas en un movimiento en espiral. Todos los movimientos que se producen tienen aspecto de espiral; la vida no opera en líneas rectas. La zona distal del metatarso es como un vórtice que concentra el flujo de la energía y lo dispersa. La dispersión es el movimiento opuesto, que sube por las piernas hacia las ingles. He logrado experimentar ese movimiento ascendente en las piernas varias veces, y no se detiene en las ingles ni en la pelvis. La ola continúa subiendo hacia la espalda y la cabeza. Hay un punto en la parte superior de la cabeza que es paralelo a la zona distal del metatarso; podemos reconocer este vórtice porque el cabello hace un remolino a su alrededor, y es también un punto de liberación de energía. Cuando una intensa ola de energía sube por la espalda y sale por el vórtice de la coronilla, decimos que el individuo ha *perdido la cabeza*. Lo que ocurre es que se le escapa un grito muy agudo e intenso, parecido al canto de una sirena. La capacidad de gritar en la mayor intensidad posible se corresponde con la liberación de energía en los pies. Los adultos que no sienten el arraigo al suelo no pueden gritar, en tanto que los bebés y los niños, aunque no están arraigados en términos de contacto entre los pies y el suelo, sí lo están con su madre biológica. Si esa relación se rompe, el niño concentra toda su energía y se convierte en autista. En los más pequeños, eso se considera una depresión anaclítica.

El cuerpo tiene otros centros energéticos en los que la concentración y la descarga de energía son más intensas. Consideremos los ojos, por ejemplo. No tenemos ningún problema en reconocer que el ojo es un globo –de hecho, se lo llama *globo ocular*–. Sus funciones son muy parecidas a las de la zona distal del metatarso. El ojo es el centro de nuestro contacto visual con el mundo que nos rodea. Podemos constatar el hecho de que la energía contenida en los ojos es similar a la que hay en la zona distal del metatarso. Como he mencionado anteriormente, cuando un paciente trabaja los ejercicios para arraigarse y aumenta el flujo de energía en los pies, sus ojos se vuelven más brillantes y su visión mejora. Todos los pacientes con los que he trabajado han manifestado este fenómeno, y yo he podido observarlo en cada uno de los casos.

Un cuerpo debe tener un equilibrio energético. Reich lo explicó en sus conferencias en la Nueva Escuela en 1940, pero lo formuló de forma diferente. La carga energética y la descarga deben ser iguales. Si la carga de un individuo aumenta por encima de su capacidad para descargarla, se verá en una situación de desequilibrio, sus movimientos se volverán caóticos y se sentirá desorientado. Si, por el contrario, descarga más energía de la que puede absorber, se debilitará y morirá. Los desequilibrios ocurren, pero el cuerpo los soluciona rápidamente con sus procesos de autorregulación.

Lo que he comentado acerca de que la energía de los ojos es igual a la de la zona distal del metatarso también puede aplicarse a las gónadas sexuales, testículos y ovarios. La excitación sexual provoca que nos brillen los ojos. La persona que está arraigada al suelo se encuentra más viva sexualmente y sus ojos establecen un contacto más potente con el individuo al que está mirando, conectándose con él a todos los niveles.

No pretendo afirmar que arraigarse, conectarse con los demás y despertar sexualmente sea un proceso rápido ni sencillo. En la mayoría de las personas el flujo de excitación del cuerpo se ha vuelto difícil y errático; su viaje se encuentra bloqueado por tensiones musculares crónicas que restringen los sentimientos. Nadie limita ni restringe su vida a menos que sea necesario para su supervivencia. Hay mucho miedo a estar vivo, a sentir miedo, amor, ira, tristeza y entrega, y contra eso precisamente se defiende el carácter neurótico. El miedo a la entrega, al sentimiento, a la vida y al cuerpo es endémico de esta cultura, que denigra el cuerpo a favor de la mente, y en la que el pensamiento es superior al sentimiento, el poder más importante que el placer, y el *hacer* es el sentido de la vida, no el *ser*. Esta actitud es la que caracteriza al individuo narcisista, que se ha convertido en la personalidad dominante de nuestra cultura.

14

Nuestra cultura obsesiva

Los individuos que no tienen los pies en la tierra viven en un estado obsesivo. La obsesión es una condición psicológica, en tanto que no estar arraigado al suelo es un estado físico. Estas condiciones se complementan porque son dos aspectos del mismo problema, que resulta de no estar conectado con la realidad de nuestro ser. Para trabajar este problema, la bioenergética utiliza un enfoque dual: el trabajo físico que he descrito hasta ahora y el trabajo psicológico, que está basado en la comprensión de las obsesiones del paciente. Los enfoques duales se asemejan a tener dos piernas sobre las que apoyarse. Una persona que solo emplee una pierna para avanzar podrá dar un paso, pero ese será el límite de su movimiento. Trabajar el problema desde el punto de vista físico y psicológico (en lugar de utilizar un solo enfoque) es una manera más efectiva de manejar la falta de conexión con nosotros mismos y con los demás.

Estar obsesionado implica estar incapacitado para sentir la plenitud en nuestra vida. No es fácil liberarse de una condición de inmovilidad semejante. El flujo de energía del cuerpo de una persona obsesiva permanece bloqueado y no puede avanzar hacia los pies, condición necesaria para movernos espontáneamente. Cuando el flujo de energía llega a la cabeza, activa los procesos de pensamiento espontáneo que pueden ayudarnos a entender de dónde viene esa obsesión, por qué ocurrió y qué podemos hacer para liberarnos de su yugo.

El siguiente caso ilustra muy bien el problema y su resolución. Max, un hombre de unos cincuenta años, vino a mi consulta porque tenía problemas en su relación con una mujer a la que sentía que amaba mucho. Dijo que ambos disfrutaban de sus relaciones sexuales, pero que no podía entender por qué ella estaba insatisfecha y deseaba ver a otros hombres. Trabajando con Max, me di cuenta rápidamente de que no estaba lo bastante arraigado. Los ejercicios para aumentar su energía y sus sensaciones en las piernas ayudaron a crear vibraciones en esta zona, lo cual lo hizo sentirse más vivo y esperanzado para resolver su problema. Sin embargo, todavía se quejaba de que no podía entender qué estaba ocurriendo en sus relaciones con su amante. Señalarle el hecho de que no estaba lo bastante arraigado y que, por tanto, no era lo bastante viril, no lo ayudó mucho. Al estudiar de nuevo su cuerpo, observé que tenía una fuerte contracción en los músculos de la parte superior de la espalda, que estaba encorvada como si tuviera una joroba. El cuello, que era corto y de apariencia débil, se alzaba por detrás de la joroba y daba apoyo a la cabeza, que parecía desconectada de la espalda. Estudiando la espalda, vi que la línea de los hombros era recta y rígida. Había descrito este patrón de tensión en uno de mis primeros libros, *La depresión y el cuerpo,* y le había dado el nombre de «percha de ropa» porque da la impresión de que una percha sostiene a la persona por los hombros. (Unos años antes, se había representado una obra de teatro independiente en Nueva York titulada *Oh papá, pobre papá, mamá te tiene colgado en el armario y me siento terriblemente triste.*)

Max había sido «colgado» por su madre; el objetivo de su vida era hacerla feliz, porque su padre nunca pudo lograrlo. El padre de Max era un individuo egocéntrico o narcisista cuyo único interés era avanzar en su carrera. Sintiendo la infelicidad de su madre, Max adoptó la responsabilidad de hacerla feliz y, en ese rol, se sentía superior a su padre. Sin embargo, no tuvo éxito en su propósito, y este rol se estructuró en su personalidad, dominando su conducta adulta con todas las mujeres. Inevitablemente, esas relaciones fracasaban porque no podían satisfacer a ninguna de las partes y acababan desmoronándose. Sin embargo, Max no podía entender por qué le ocurría, ya que su deseo de ayudar a las mujeres le parecía legítimo. Pero ¿acaso lo era? ¿O brotaba más bien de su necesidad infantil de acercarse a su madre, y servirle era la única forma de lograrlo? La situación de Max supone un trastorno de la relación natural entre madre e hijo, porque lo normal es que sea la madre quien sienta el deseo de estar a su lado para ayudarle.

Para describir el cuerpo de Max, debería señalar que tenía los músculos de la espalda muy desarrollados. Elevaba la espalda, en una expresión corporal típica de la ira. En los animales, se relaciona con el erizamiento del pelo y la muestra de los dientes en señal de amenaza, para comunicar que se está preparado para atacar. Sin embargo, los hombros de Max expresaban miedo. Podemos confirmar la teoría adoptando la típica posición corporal del miedo: los hombros suben automáticamente e inhalamos aire con rapidez, con lo que el pecho se hincha. La interpretación emocional de esta postura es que está relacionada con sentimientos de ira que se han reprimido y cuya expresión se ha bloqueado por un miedo predominante. Sin embargo, el individuo no experimenta ni ira ni miedo, porque el patrón de tensión muscular que mantiene esa postura es crónico y está congelado en esa posición. Uno no puede sentir lo que no se mueve y Max no sentía que estuviera obsesionado, de la misma forma que no sentía su incapacidad para arraigarse. Para resolver su problema, debía llevar a cabo el ejercicio para arraigarse; de este modo aumentaría la sensación en los pies y las piernas, y desarrollaría un mayor sentido de seguridad. Al mismo tiempo, debía analizar el conflicto de su personalidad con respecto a las relaciones con las mujeres, para que pudiera entender la dinámica de su obsesión.

Esta obsesión también se produce en las mujeres que muestran la misma dinámica corporal, es decir, los hombros rígidos y la espalda jorobada. Su patrón de tensión presenta la misma dinámica que en los hombres: un deseo infantil de complacer al padre, asociado con el miedo a los celos de la madre, y una ira profunda hacia el padre por la seducción. Estas dinámicas surgen del complejo de Edipo, que he descrito en otros libros. El niño es seducido por la madre en una relación sexual que no se lleva a cabo, pero que lo obsesiona y limita su capacidad para entregarse de lleno a otra mujer. Creo que esta dinámica es un factor en el desarrollo de la homosexualidad en los hombres y en la tendencia lésbica en las mujeres. Ese comportamiento seductor de los padres con los hijos socava su capacidad para establecer una conexión fuerte con la tierra, lo cual se refleja en la incapacidad para entregarse totalmente a la excitación sexual.

En mi libro *Miedo a la vida*, comento las dinámicas de la situación edípica en profundidad porque es un factor importante en todas las familias civilizadas. Inevitablemente, también jugó un papel importante en mi propia crianza. Ya he narrado cómo esperaba mi madre que yo la hiciera sentir plena como mujer. Yo me convertiría en el hombre de éxito que mi padre jamás fue, pero inducirme a eso implicaba un grado de seducción sexual que me excitaba pero que jamás se convirtió en algo genital. Cuando era pequeño, me dejaba acostarme con ella en la cama, pero siempre de espaldas, y yo podía sentirme excitado sexualmente en esa situación, incluso a los tres años de edad. Al mismo tiempo, mi madre podía negar que tuviera algún tipo de sentimiento sexual, pues para ella la sexualidad era algo sucio, si bien también le preocupaban mis funciones anales. El efecto que eso tuvo fue que desarrolló en mí una gran curiosidad por los órganos sexuales de las mujeres, pero ese interés me hacía sentir inseguro y sucio. Mi curiosidad por los órganos femeninos continuó durante la pubertad. Cuando empecé a masturbarme, mi ansiedad creció considerablemente, y no podía controlar el deseo. Mi madre fingía no darse cuenta de nada, y mi padre me contó la historia de un pariente que se volvió loco porque no podía controlar su masturbación.

La adolescencia fue una época difícil para mí, como conté en capítulos anteriores. A medida que crecía y me hacía adulto, la vida no se me hizo más fácil. Dejando a un lado mi interés por los deportes, el sexo era lo que dominaba mi vida, pero no de una forma positiva, como fuente de plenitud y alegría, sino como una necesidad y bajo una sensación de incomodidad que llegaba a ser muy dolorosa de vez en cuando. No fue sino hasta los veinte años cuando tuve mi primera novia y pude salir de ese período tormentoso. Durante la juventud estaba obsesionado con el sexo de una forma muy dolorosa. Fue mi contacto con Reich el que me ayudó a comprender que mis deseos sexuales eran «normales», y fueron mi conexión y mi matrimonio con Leslie los que me ayudaron a alcanzar el rayo de sol del amor y el sexo. Los retos debían continuar pese a todo; recuerdo haberme despertado una mañana sintiendo que tenía la mano sobre el pene y haber pensado de pronto que no debía estar haciendo eso: el tormento y la vergüenza que me inculcó mi madre con respecto al sexo no me habían abandonado del todo. Hasta que esos sentimientos se desvanezcan, no encontraré la gracia que busco y necesito. Escribir esta autobiografía es una gran ayuda en mi búsqueda.

He logrado comprender la conexión que existe entre la autoconciencia del hombre moderno y su obsesión por el sexo. Con la caída del código moral victoriano, los hombres y las mujeres son libres de cumplir sus deseos sexuales a placer. Podría parecer que sus vidas deberían ser alegres y plenas, pero por más extraño que parezca, ese no es el caso. La gente está más obsesionada con el sexo que nunca, lo que parece estar directamente relacionado con una moralidad que retira todos los límites en cuanto a la exhibición pública de temas sexuales. Sin embargo, la ausencia de límites y códigos morales de conducta sexual crea un problema nefasto, un problema que pretendía ser un remedio y que terminó siendo peor que la enfermedad. Lo expresaré de la siguiente forma: no existe libertad sin control, no hay libertad sin límites. Al igual que no podemos llenar un vaso plano, no puede existir la trascendencia sin el ego que origina al «yo». Solo podemos ser realmente libres si somos fieles a nuestra propia naturaleza. El problema del sexo es que no tiene significado si no hay amor. Su significado es directamente proporcional a la cantidad de amor que une a las personas en su acto sexual. El sexo sin amor es como orinar: nos ofrece alivio, pero no nos llena.

La pérdida de una conexión fuerte y vital con la tierra y el cuerpo se refleja en la disminución del impulso sexual. El individuo moderno no está arraigado a su naturaleza sexual, y esto se refleja en la tendencia de muchas personas a vestirse con un estilo que consideramos unisex. Vestir con tejanos, por ejemplo, es una expresión típica de lo unisex. Sin embargo, la pérdida de la distinción entre lo masculino y lo femenino también se manifiesta en muchos otros aspectos de la vida, principalmente en el trabajo, en el que ahora se espera que las mujeres se comporten como hombres. Es especialmente en el ámbito del sexo donde la pérdida de distinción es más destructiva. No estoy hablando de que debería existir una doble moral para los sexos, lo que hemos descartado por ser una forma de discriminación. Los hombres y las mujeres deberían ser igual de libres para expresar sus deseos sexuales; sin embargo, el acto sexual es una experiencia tan íntima que reducirla al nivel de «cualquier cosa es válida» le roba la pasión que requiere para convertirse en la experiencia trascendente de alegría que puede llegar a ser. El acto fisiológico del sexo no nos proporciona la carga de energía que es capaz de elevar el espíritu a las alturas, pues esa carga proviene del sentimiento del amor, un sentimiento que puede elevarnos a alturas sublimes, incluso cuando no hay contacto sexual de por medio. El amor unido a la acción explosiva de la intimidad sexual puede producir una carga energética que envía al espíritu humano al espacio sideral.

La sexualidad ha sido vulgarizada en una cultura cuyos valores dominantes son irreales en cuanto a la vida. Los valores del éxito, el poder, la fama, la riqueza, las grandes mansiones y otros bienes materiales no tienen nada que ver con los valores del cuerpo. Ninguna de esas cosas aumenta la sensación física de placer de quien las posee. Una casa elegante no incrementa la salud de su dueño. Esos objetos y posesiones que los hombres buscan con tanta desesperación únicamente satisfacen los valores del ego, es decir, valores que solo existen en la mente pero no en el cuerpo. Los valores del cuerpo están directamente conectados con los sentimientos. Tres ejemplos de valores corporales serían erguirse con dignidad, moverse con gracia y hablar con integridad. Un individuo que posee estas cualidades ha sido bendecido con los sentimientos de alegría que iluminan su vida con más fuerza que el sol.

El hombre moderno, de la forma como yo lo veo, está obsesionado con los valores del ego, porque ha perdido su sentido de la realidad al perder el contacto con las realidades de la vida; no puede sentir el suelo sobre el que se yergue, no puede sentir la alegría de estar vivo y conectado con su cuerpo y no puede sentir amor por todas las criaturas, grandes y pequeñas.

No pretendo dar un sermón sobre el amor, porque las palabras resultan impotentes para afectar a los sentimientos profundos del cuerpo, que son inherentes a los procesos naturales, como el latido rítmico del corazón, las pulsaciones de la respiración y las vibraciones rítmicas de las células. Como seres capaces de sentir, somos conscientes de los movimientos que pueden poner en contacto a nuestro organismo con su medio. Así, los sentimientos dolorosos provienen de movimientos de retracción en el contacto con el mundo exterior, llamados «movimientos de contracción». Por el contrario, los sentimientos placenteros surgen cuando nuestros movimientos tienen una dirección expansiva. Para decirlo en términos sencillos, nos expandimos con el amor y nos contraemos con el miedo.

Estas pulsaciones básicas, las de expansión y contracción, placer y miedo, son inherentes a los procesos vivos de todos los organismos, desde un plasma simple como el del moho hasta las formas más complejas de vida, incluido el hombre. En las esferas de vida más evolucionada y organizada, los movimientos espontáneos están asociados al flujo de los líquidos corporales a través de los diferentes canales. El flujo de la sangre, por ejemplo, se produce gracias a las pulsaciones del corazón, su contracción y expansión, pero también tiene un recorrido desde el corazón hasta los órganos periféricos, y de regreso. Experimentamos esos movimientos como un flujo de excitación dentro del cuerpo. En los organismos más evolucionados, este flujo de excitación tiene una dirección longitudinal, es decir, desde la cabeza del organismo hacia atrás y hacia abajo, y después en dirección contraria hacia arriba y hacia delante. Sin embargo, como el flujo es pulsátil, no puede fluir más lejos en una dirección que en la otra. En los seres humanos, el que fluye hacia la cabeza no puede ser mayor que el que fluye hacia los pies, o podríamos decir que el flujo de excitación hacia los genitales no puede ser mayor que hacia los ojos.

La pulsación longitudinal de la cabeza hacia los pies y de vuelta hacia arriba es señal de un individuo sano que está conectado con su cuerpo y con la tierra. La profunda conexión con el cuerpo es la base del sentimiento de amor, porque se centra en el corazón. El amor es el sentimiento de conexión que existe entre nuestro corazón y el del ser amado. Cuando amamos, nuestros corazones se acoplan y laten al mismo ritmo, pero para que eso ocurra este órgano debe estar abierto. Un corazón cerrado no puede sentir el amor porque no es capaz de conectarse con otro corazón. El bloqueo del corazón comienza en el pericardio y en los músculos de la cavidad pectoral. La tensión crónica en esos músculos encierra al corazón en un envoltorio rígido que limita su capacidad para sentirse conectado a la vida y, en cambio, lo dota de un profundo sentimiento de soledad. Esta condición puede volverse tan grave que cause problemas coronarios y hasta la muerte. Lo que me interesa explorar es la relación entre el amor y el arraigo, o entre la falta de amor y la desconexión con la tierra. Este es un proceso que comienza en la infancia para la mayoría de las personas de nuestra cultura.

Cuando nace un niño, su arraigo es el cuerpo cálido y amoroso de su madre. En la mayoría de las culturas del siglo anterior, el bebé estaba conectado con el cuerpo de su madre porque ella lo cargaba en la espalda hasta que cumplía tres años. Las indígenas americanas llevaban a sus bebés en una especie de mochila que portaban en la espalda mientras hacían sus tareas diarias. Las madres mexicanas, por su parte, cargaban a sus hijos en una manta que enrollaban a su cuerpo, y así podían amamantarlos a cualquier hora del día. El amamantamiento es un momento muy especial para el niño, porque es cuando establece el contacto más íntimo con su madre tras salir del medio cálido y seguro de su vientre. La manta permitía a las madres mexicanas hacer las tareas del hogar sin interrumpir el contacto vital con su hijo. Por desgracia, esta conexión del niño con su madre no es una práctica habitual en la cultura occidental, en la que los bebés se colocan en una cuna para que la madre pueda liberarse a fin de ocuparse de otras tareas, e incluso el amamantamiento es una práctica poco común.

Yo no me sentía conectado a la tierra porque no podía entregarme completamente a la vida. Como tantas otras personas que no se sintieron plenas en su necesidad infantil de ser amados incondicionalmente, pensé que podría ganarme ese amor y esa seguridad a través del éxito, los logros y el reconocimiento. Eso no funcionó. Sin embargo, por suerte para mí, había ganado una mejor comprensión de mi necesidad de estar conectado a mi cuerpo y de trabajar mis problemas a ese nivel –la inseguridad y los miedos, producto de no estar bien arraigado a la tierra–. Mis esfuerzos por arraigarme por medio de los ejercicios de la bioenergética no pudieron resolver mis problemas por completo, ya que estaba obsesionado y no era del todo consciente de este hecho. Justificaba mi ambición con la idea de que tenía demasiado que ofrecer al mundo, es decir, la comprensión de la personalidad humana que ofrece la bioenergética. Y aunque eso pudiera ser cierto, e incluso si lo es, no justifica que lo utilice como una muleta para sostener mi ego. Un ego sano no necesita esos mecanismos para mantenerse satisfecho, porque está arraigado a la realidad del organismo y de sus sentimientos. Por tanto, regreso a mi cuerpo y a los ejercicios de arraigo que realizo casi a diario.

Un individuo que está libre de sus obsesiones por los valores del ego es capaz de abrirse y entregarse con mayor libertad y de forma más completa a cualquier actividad o relación. Eso es amor, porque implica una apertura del corazón. Y en cuanto el corazón está abierto, la cantidad de amor que se puede sentir en una relación es proporcional a la excitación y al placer que esta proporciona. Este análisis no se limita solamente a las relaciones románticas. Una persona puede conectarse emocionalmente a un lugar, o a un acto, como puede ser escribir un artículo, construir una estantería o incluso bailar. La cantidad de amor que uno siente está determinada por el grado en el que puede entregarse a cualquier actividad que le excita y le hace sentir placer. Este concepto del amor puede estar representado por el dicho popular de que cualquier cosa que hagas, hazla con el corazón.

Por desgracia, para la mayoría de las personas, abrir el corazón es un acto que provoca mucha ansiedad. No solo te expones a sentirte desnudo y vulnerable, sino que además existen los miedos a sentirte herido, rechazado, humillado y profundamente solo. Esto es lo que experimentamos de niños, en nuestra inocencia, cuando abrimos nuestros corazones por completo a unos padres que no supieron respondernos. Cada bebé o niño necesita el compromiso emocional incondicional por parte de sus padres de estar disponibles para él siempre que necesite conectarse y sentirse seguro. Cada vez que un padre falla en este sentido, el efecto sobre el niño es similar al que un adulto sentiría durante un terremoto. Por supuesto, podemos sobrevivir a un terremoto y un niño puede hacerlo a la pérdida temporal de sus cimientos cuando la madre no responde a sus necesidades, pero cada una de esas experiencias sabotea su capacidad de sentirse seguro en el mundo.

La falta de seguridad será un lastre que deberá cargar a lo largo de su vida y que se transformará en la incapacidad para abrir su corazón y entregarse al amor. Así, vamos por la vida ofreciendo a nuestras parejas un amor condicional, como el que recibimos de nuestros padres. Podríamos decirlo de la siguiente manera: *te amo, pero mi amor es condicional y depende de que me aceptes y me ames incondicionalmente.* La esperanza de que esto pueda ocurrir en algún momento envuelve al individuo en una excitación que puede levantarlo del suelo y hacer volar su alma. Creo que todos hemos experimentado esta pasión abrumadora en algún momento de nuestra vida, y estoy seguro de que también hemos experimentado la decepción que resultó al darnos cuenta de que ese sueño era irrealizable. Cuando acaba la infancia, perdemos la capacidad de ser satisfechos por otra persona. Debemos erguirnos sobre nuestros propios pies, y si no podemos hacerlo, nuestra vida será un fracaso. Debido a que hemos heredado esta discapacidad por la inadecuada labor de nuestros padres, debemos encarar lo que parece ser un futuro desesperanzador.

Pero sí hay esperanza, porque disponemos de nuestras dos piernas para apoyarnos aun cuando se sientan débiles. Como adultos, tenemos la posibilidad de tomar las medidas necesarias para fortalecer nuestras piernas y sentirnos más seguros sobre ellas, y algunas personas necesitan ayuda en ese proceso. De esto trata, o debería tratar, la terapia. De ayudar a un individuo a sentirse más seguro sobre sus pies.

En mi experiencia, el grado de inseguridad de la mayoría de la gente es enorme, y no existe una forma fácil o rápida de remediar esa situación. Los ejercicios de bioenergética están diseñados para ayudar a una persona a alcanzar esa meta, pero muchas veces los individuos que se comprometen con el programa tienen una gran resistencia al cambio porque se enfoca en los sentimientos y no en el poder. Es mucho más sencillo realizar los típicos ejercicios aeróbicos, como correr o montar en bicicleta estática, que otros que involucran los sentimientos.

Pocas personas quieren sentir lo inseguras que son, o experimentar la tristeza y el vacío de una vida incompleta. Existe una ira y una tristeza profunda en los sujetos que no recibieron suficiente amor en la infancia y, a causa de ello, no son capaces de sentirse seguros. Pero se niegan a aceptar que nadie puede darles esa seguridad interior en su edad adulta, y creen que pueden compensar esa falta con el poder.

En nuestra cultura, el poder significa dinero o riqueza. Estas son nuestras mayores obsesiones. La gente pone mucho empeño en reforzar su ego haciéndose rico, poderoso, famoso o atractivo; un proyecto que da lugar a una personalidad narcisista que es incapaz de amar. Para estos individuos el sexo es una expresión del ego, no del amor. Esta postura del ego debe rendirse si la persona desea encontrar la capacidad de abrir su corazón a la vida.

15
Vibraciones

El análisis bioenergético tiene un único concepto para *vibración*, producto de mis experiencias terapéuticas con Reich. En una consulta, mientras estaba acostado en la cama haciendo ejercicios de respiración, sentí en mi cuerpo dos acciones involuntarias: un cosquilleo en las manos y un temblor en las piernas. Solía tener las manos frías y, en cierto modo, congeladas, es decir, eran incapaces de soportar una carga energética fuerte. (En aquella época fumaba en pipa, lo que contribuía al frío porque la nicotina contrae los vasos sanguíneos periféricos.) El cosquilleo indicaba un aumento de la carga de energía, que me calentó las manos cuando estas estuvieron relajadas. Estas sensaciones se volvieron más intensas cuando los labios se me cargaron de energía. Cuando mi cuerpo estuvo más relajado, las piernas empezaron a temblar, pero eso no me asustó –de hecho, me resultó placentero–. Los músculos se relajaron, se cargaron de energía y vibraron. Las piernas me temblaban en un patrón rítmico, no caótico.

La sensación de cosquilleo se conoce como *parestesia*, que el *Diccionario Universitario Estándar de Funk & Wagnall* define como «un defecto en los órganos sensoriales externos» y, psicológicamente, como «una alucinación producto de una sensación defectuosa o anormal». En contraposición a estas definiciones, yo considero el fenómeno como un aumento de la excitación en una parte periférica del cuerpo, producto de un incremento de la respiración, que puede ser muy fuerte e implicar una parálisis temporal. Aunque algunos médicos consideran que la parestesia es patológica, yo siempre disfruté de ese fenómeno. Ahora que estoy más relajado gracias a los ejercicios bioenergéticos, soy capaz de enfocar mi energía en las manos o los pies y de provocarme esas sensaciones de cosquilleo.

Durante la primera experiencia de sacudidas y temblores involuntarios, la mayoría de los pacientes se asustan. Yo trato de hacer que se sientan más seguros diciéndoles que los muertos no tiemblan ni vibran. La vibración es una manifestación de la vida, el cuerpo vivo siempre está pulsando, y nuestra vibración es un aspecto de la propiedad pulsante del tejido vivo. Si uno no tiene miedo a perder el control, la vibración puede ser una forma de librarse de la rigidez característica de la neurosis. Aunque la pérdida de control se considera un fenómeno patológico dentro del campo de la medicina, no es así necesariamente. Una persona que tiene miedo de entregarse a sus sentimientos puede considerar que la acción vibratoria de su cuerpo es una debilidad patológica. Sin embargo, el control no tiene por qué ser saludable, y en la mayoría de los casos, nace del miedo a sentimientos intensos que nos conmueven. Un individuo enfadado puede temblar de ira, pero eso no deriva en una acción destructiva si está sano. A algunos, los sentimientos intensos les resultan atemorizantes, pero una persona sana no los teme, y esa es la diferencia entre una personalidad neurótica y otra sana. Uno es lo que siente.

Tú eres tu cuerpo, y el objetivo de la terapia es ayudarte a identificarte con él, pero la mayoría de nosotros tememos nuestros sentimientos intensos y nuestros cuerpos. Este miedo nos incapacita porque se cristaliza en nuestros músculos en forma de tensiones crónicas. Las contracciones crónicas suprimen el miedo, pero al precio de reducir la espontaneidad de nuestros movimientos y sentimientos. La terapia trata de restaurar la acción vibratoria de nuestros músculos y eso requiere aumentar la energía corporal, en concreto la de los músculos.

Hace falta energía para mover el cuerpo y hacerlo vibrar. Aunque resulta una tarea difícil, cuando logramos que un paciente deprimido vibre, su depresión disminuye. Aumentar la energía corporal requiere que respiremos más profundamente. La primera señal de que el cuerpo se ha cargado de energía son las sensaciones de cosquilleo. Esto puede traer consigo movimientos espontáneos de las piernas o de otras zonas pero, por lo general, necesitamos movilizar el cuerpo con varios ejercicios antes de que podamos sentir alguna vibración significativa. Los ejercicios para arraigarse están diseñados para producir vibraciones en los músculos de las piernas, lo que desata un flujo de excitación en ellas que sube a través del cuerpo, causando fuertes acciones vibratorias en todo el tronco. Generalmente, cuando comienza la acción vibratoria, la respiración de la persona se profundiza y su nivel energético aumenta, lo que intensifica aún más la acción vibratoria.

Esta puede volverse demasiado fuerte y producir ansiedad al paciente. Cuando ocurre en una sesión de terapia, la vibración del cuerpo puede abrumar el ego del paciente y provocar que se encierre en sí mismo y tenga una regresión. Es posible que adopte entonces una posición fetal para contener su miedo. Eso les sucede a veces a los individuos *borderline*, cuyos cuerpos no pueden aguantar una carga fuerte, pero no representa ningún peligro para él si el terapeuta está presente para apoyarlo y hacerle sentir seguro. Yo apoyo a mis pacientes *borderline* siempre que la excitación aumenta y los asusta. Los he visto llenarse de vitalidad, volverse más seguros y efectivos como personas; se trata de un proceso lento pero seguro. Esos mismos resultados positivos se logran con el paciente neurótico promedio. Sin embargo, como están menos asustados y tienen más contacto con sus cuerpos, la experiencia los asusta menos y la sensación de vitalidad es más placentera.

He trabajado con algunos pacientes cuya actividad vibratoria es tan fuerte que puede levantarlos del suelo literalmente. Estos individuos son fuertes físicamente y están muy cargados, pero no poseen la capacidad de aguantar esa carga porque fueron abrumados por el interés sexual de sus padres durante su infancia. Con un paciente así, tienen lugar todo tipo de movimientos espontáneos en sus cuerpos cuando respiran profundamente. Sus cabezas pueden moverse espontáneamente a derecha e izquierda en un fuerte gesto de negación porque no pueden integrarse en los eventos que les ocurrieron en su primera infancia ni conectarse con ellos. Los movimientos de cabeza y los golpes en la cama se producen de forma espontánea, como si dijeran «no lo puedo soportar».

Una manifestación de salud y de la experiencia del placer (un movimiento involuntario y convulsivo, un tipo especial de vibración) es el reflejo del orgasmo, que resulta placentero porque duplica los movimientos del cuerpo en el clímax del acto sexual sin que haya una carga de tipo sexual en los genitales. Experimenté ese movimiento convulsivo en mi terapia con Reich y lo recuerdo como un sentimiento feliz, y también lo he experimentado en mis relaciones sexuales con mi mujer. Ambas experiencias fueron posibles como resultado de mi terapia y, al igual que Reich, consideré esa reacción una señal de salud emocional. Debo admitir, sin embargo, que solo algunos pacientes alcanzan ese objetivo en sus terapias conmigo, algo que atribuyo al deterioro de la salud emocional en los últimos cincuenta años y a la fuerte personalidad de Reich. Sin embargo, el reflejo del orgasmo sigue siendo el criterio para medir la salud emocional y física, y la mayoría de mis pacientes han experimentado una mejora significativa en su vida sexual.

Un cuerpo vivo se encuentra en un estado de vibración que se manifiesta en temblores mínimos en algunas partes del cuerpo, visibles cuando descansa. Los ojos, por ejemplo, nunca están totalmente quietos cuando permanecen abiertos; siempre se están moviendo. La actividad vibratoria también puede demostrarse midiendo el potencial eléctrico de los músculos. Esta manifestación eléctrica es un aspecto de la actividad vibratoria, porque desaparece cuando todos los movimientos cesan en el organismo. Mientras que la vibración es un aspecto inherente al tejido vivo, la calidad de esa actividad vibratoria varía con el estado emocional. Cuando el estado emocional es muy intenso, las vibraciones se vuelven más fuertes y violentas. Un cuerpo puede agitarse de ira, convulsionarse con el llanto o saltar de alegría. Especialmente en el acto sexual, la actividad vibratoria y convulsiva puede alcanzar los picos de intensidad y de placer que caracterizan a la experiencia del éxtasis. Sin embargo, una excitación dolorosa puede también causar que el cuerpo se sacuda o se convulsione.

Esta actividad vibratoria es la base de la sensación de vitalidad. Un cuerpo que no vibra está emocionalmente muerto, es decir, está vacío de sentimientos. Este es el problema más común de las personas en nuestra cultura. La mayoría de ellas no sienten los pies, y algunas ni siquiera las piernas. Su respiración es superficial, y eso les provoca un nivel energético bajo y la pérdida de acción vibratoria. Como resultado, los niveles de funcionamiento están deprimidos, lo que puede dar lugar a un estado depresivo. Incluso si el paciente no se siente deprimido, su organismo está funcionando en un nivel emocional deprimido, es decir, opera a través de su mente consciente y de su voluntad en lugar de hacerlo a través de sus sentimientos.

Todo problema neurótico tiene sus raíces en un estado vibratorio depresivo del cuerpo, aun cuando algunos individuos neuróticos operan a un nivel de hiperactividad. Esto no significa que estén más vivos y tengan más energía. Su hiperactividad surge de la incapacidad de contener su excitación y sus sentimientos, producto de un estado de contracción en la musculatura, que se satura con un aumento de carga o excitación. Dado que la tensión muscular crónica es la responsable de un cuerpo deprimido o bajo de energía, y de la condición hiperactiva, el reto terapéutico consiste en devolverle al organismo su estado natural de vitalidad liberando las tensiones musculares crónicas que bloquean el libre flujo de la excitación. Cuando esto ocurre, el flujo de la excitación es como un río que se desborda por estar bloqueado por piedras y rocas. Un flujo sano de excitación, por el contrario, es como un río profundo que fluye estable y con suavidad, o como un automóvil potente que rueda silenciosamente por la carretera. *Ejercicios de Bioenergética* contiene los ejercicios básicos del análisis bioenergético para promover este flujo saludable.

El concepto de vibración me ha ayudado a entender las dinámicas físicas del cuerpo y sus mecanismos emocionales. He descrito los cuerpos de algunos de mis pacientes como muertos, es decir, emocionalmente muertos, como si estuvieran congelados en un estado de *shock* por un trauma grave de su infancia. En muchos casos, han sido necesarios varios tipos de terapia de impacto para liberarlos tanto física como emocionalmente. Por lo general, el trauma es producto de la negligencia o el abuso que sufrieron en su infancia. En otros casos puede ser una respuesta a un sentimiento de miedo que el paciente ha reprimido. (Esa fue mi experiencia durante mi primera sesión con Reich y lo que funcionó como *shock* fue el grito que me salió de la garganta cuando abrí los ojos de par en par.) Puede ser una visión que el paciente haya bloqueado de su conciencia. También puede tratarse de un sentimiento de fracaso que la persona ha negado a lo largo de su vida, pero que ahora siente como una realidad. El efecto del *shock* es sacudir al individuo lo suficiente como para que se libere del estado rígido y congelado de su cuerpo, de modo que pueda experimentar los sentimientos que ha tenido enterrados. Algunas veces el *shock* se produce tras escuchar en la terapia determinada verdad acerca de sí mismo que no creía ser capaz de afrontar. En todo caso, el *shock* libera una gran cantidad de energía y de sentimientos que habían sido suprimidos para defender la estructura neurótica.

El *shock* sacude temporalmente la estructura neurótica y, en muchos casos, provoca vibraciones y temblores. Este efecto puede ser transformador, pero la mayoría de las veces solo abre la puerta al cambio de forma parcial. Esa apertura debe agrandarse y fortalecerse, lo que se logra entendiendo la estructura del carácter del paciente y cargando su cuerpo con energía mediante una respiración más profunda. Ese tipo de respiración se desarrolla con el llanto, un tipo de vibración que se origina en el tubo digestivo y las cuerdas vocales. Si es lo bastante intenso, se vuelve convulsivo y se extiende hasta la pelvis, produciendo un grito sonoro similar energéticamente a las carcajadas, como he experimentado muchas veces.

El llanto, si es terapéutico, debe adoptar la forma de sollozos y no de lágrimas. Las lágrimas son una expresión de tristeza, pero están más conectadas con lo que se ve que con lo que se siente. Para comprender la relación existente entre el llanto y el estrés, basta con observar la manera en que un bebé reacciona a una mirada de enfado o al regaño de sus padres. Es un impacto emocional que hace que su cuerpo se tense de repente. Unos momentos después, el bebé empieza a llorar, y el *shock* se transforma en temblores y en un llanto continuado. En la mayoría de los casos, el llanto no cesa hasta que el padre responde positivamente a la búsqueda de contacto de su hijo. Si esto no sucede, el bebé llorará hasta quedar exhausto y caer dormido. Sin embargo, a ese nivel el *shock* se estructura en el cuerpo. Reich observó esta reacción en un bebé de dos semanas cuando se le retiró temporalmente el apoyo de la madre. Los hombros se le tensaron en una posición elevada, y su respiración se inhibió. Esta reacción se conoce como *ansiedad de caída*, que puede observarse también en los adultos cuando hacen un ejercicio de caída en la terapia.

El llanto es el mecanismo natural para liberar tensión cuando se tiene una experiencia de pérdida o de pánico. A los adultos se les enseña a no llorar en esas circunstancias, a ser valientes y no derrumbarse frente al estrés. Hay momentos en los que uno está en peligro, de forma que derrumbarse y llorar de impotencia podría poner en peligro su vida. En esta sotuación, uno moviliza la voluntad de afrontarla. Sin embargo, esa voluntad situa al cuerpo en un estado de elevada tensión y no debería usarse salvo en una situación de peligro. Luego, cuando el peligro ha pasado, se le debería permitir al cuerpo llorar para liberar los efectos de la tensión. Los mandamientos de nuestra sociedad, enfocada en los logros y el éxito son: «No pierdas la cabeza» y «Aprieta la mandíbula y mantén el tipo», con lo que muchos individuos se pasean por ahí con los labios apretados y las mandíbulas duras como una roca, unas posturas que adoptaron en la infancia porque los criticaban o los humillaban por llorar o sentir miedo.

Por desgracia, la tensión muscular asociada a estas actitudes resulta destructiva para el cuerpo. La mandíbula tensa dificulta el llanto e, incluso, la respiración profunda. Algunos individuos rechinan los dientes al dormir, por lo que se dañan estos y los músculos de la mandíbula. Una barbilla que se dirige hacia delante no permite a la persona relajarse, pero también vemos lo opuesto: barbillas retraídas que bloquean los sentimientos agresivos así como la respiración profunda y el llanto porque se encuentran en un estado congelado. Estas condiciones son manejadas por la terapia bioenergética, pues disponemos de ejercicios para liberar las tensiones del cuerpo. Trabajamos con la mente ayudando al paciente a comprender que estas tensiones fueron desarrolladas por su inconsciente durante la infancia como respuesta a una situación de amenaza.

Ciertos ejercicios específicos permiten al individuo liberarse para que la mandíbula vibre. Las tensiones de la parte posterior del cuello, que está diseñado para mantener el control sobre los sentimientos y las acciones, pueden relajarse a través de los ejercicios apropiados. Durante la infancia esas tensiones eran una expresión de resistencia a aquellas demandas de los padres que el niño percibía como negativas. Cuando persisten en la edad adulta, se vuelven parte de la estructura del carácter neurótico y denotan una testarudez generalizada. Estos individuos se suelen resistir a cualquier demanda que se les haga. Por desgracia, la tensión de esos músculos afecta a los vasos sanguíneos que abastecen de sangre al cerebro y hace que esos individuos sean susceptibles de sufrir apoplejías. El tratamiento debería hacerse desde la bioenergética, porque tiene un enfoque que integra cuerpo y mente.

Reducir las tensiones crónicas no es una tarea fácil. Abandonar el autocontrol del cuerpo no es algo que se pueda hacer, porque *hacerlo* es en sí mismo una forma de control. La tarea terapéutica consiste en ayudar al individuo a entregarse a su cuerpo, lo que implica entregar también su voluntad. Obviamente, utilizar la voluntad para obtener la entrega de la voluntad es una contradicción. Los pacientes no mejoran a través de las acciones voluntarias. Como Reich solía decirme en los ejercicios de respiración: «No lo hagas». El cuerpo sabe cómo respirar si nos entregamos a él. Si no confiamos en él, ¿en quién podemos confiar? No confiamos en nuestros cuerpos porque no confiamos en nosotros mismos, ni en la naturaleza, ni en Dios. Llegamos al mundo como pequeñas criaturas confiadas, pero pronto descubrimos que nuestros impulsos naturales son malos e inaceptables. Necesitamos aceptar nuestros sentimientos, lo que no significa que llevemos a cabo cualquier cosa que sintamos, sino que reconozcamos y aceptemos nuestros sentimientos como parte de nuestro ser.

Dejar ir mi cabeza ha sido uno de mis problemas. Mi trabajo personal en terapia me ha ayudado en gran medida a abandonar el control asociado a mi estructura neurótica de carácter; sin embargo, descubrí que aun así no me había liberado de mis rasgos neuróticos. No podía dejar mi cabeza, mi control. Siempre me ha sido fiel, y he obtenido muchos logros gracias a ella de los que estoy realmente orgulloso. Sin embargo, a medida que he ido envejeciendo, he notado en los últimos años que el estrés se me acumula en la nuca. Las tensiones crónicas que sufrimos en el cuerpo desde la infancia nunca acaban de desaparecer. No podemos transformarnos en otro ser diferente al que somos. Si eso fuera posible, perderíamos nuestra historia, que está reflejada en nuestros cuerpos, pero siendo quienes somos, podemos estar más libres de tensiones crónicas y más vivos, y ser más humanos.

Decidí retar a mi miedo a perder la cabeza. El ejercicio que escogí fue un salto mortal. En 1960, había desarrollado unos ejercicios con un paciente que debían hacerse sobre una barra de trapecio que tenía colgada en mi consulta. (He tenido miedo a estas maniobras desde que me caí a los dieciséis años.) Empezando por hacer unos saltos mortales sobre un colchón, avancé hasta el punto en que podía hacer unos sencillos movimientos de trapecio sobre una barra. El logro se llevó gran parte de mis miedos.

A la edad de ochenta y siete años empecé a sentir tensiones en los músculos de la nuca, y me di cuenta de que estaban asociadas a mi miedo a perder la cabeza o a romperme el cuello. Este miedo es común a todos mis pacientes. Se me ocurrió que el ejercicio de hacer un salto mortal sobre la cama o sobre un colchón retaría a mi miedo. Los niños pequeños adoran este ejercicio, pues para ellos no existe un miedo real a perder la cabeza, y sus cuerpos son más suaves y flexibles que el de un adulto o un anciano. Sin embargo, me sorprendió conocer que incluso mis pacientes de treinta años tenían miedo de este ejercicio, y sentí que me daba un poco de miedo a mí también. Sabía que no me rompería el cuello, pero ¿le causaría daños graves? Debía intentarlo. Tenía que hacerlo con facilidad, no con audacia, sino entregándome y dejando ir mis miedos y tensiones. El miedo era mínimo, pero me hizo daño. Si pretendía usarlo como una técnica terapéutica, tenía que probarlo conmigo mismo. Comencé haciéndolo casi a diario junto con mi rutina de ejercicios. Todavía me duele ligeramente cada vez que lo hago, pero puedo sentir que los músculos del cuello se relajan y que tengo la cabeza más libre. Este sencillo ejercicio se ha convertido en parte del trabajo que practico con todos mis pacientes; todos ellos expresan un sentimiento positivo como resultado del ejercicio y disfrutan al verme hacerlo con ellos.

Dejar ir la cabeza no es algo fácil en esta cultura. Sin embargo, soltar la pelvis para que se mueva con libertad es igual de difícil para la mayoría de las personas, porque a pesar de la libertad sexual de la que se disfruta hoy día, siguen sin ser libres en sus movimientos sexuales. Ya sean viejos o jóvenes, mis pacientes no pueden relajar los músculos que rodean la pelvis lo suficiente como para que se produzca el reflejo del orgasmo, lo que significa que no tienen la pelvis más libre que la cabeza. Existe un equilibrio en el cuerpo que se debe mantener, incluso en momentos de estrés y presión, para que los movimientos sean posibles. Así, la tensión en el cuello siempre está asociada a una tensión similar en la parte baja de la espalda, aunque siempre haya más estrés en la zona lumbar que en el cuello, porque es la que soporta el estrés de la gravedad. La mandíbula y la pelvis son ambas estructuras con articulaciones que les permiten balancearse hacia delante y hacia atrás. Una mandíbula relajada siempre está asociada a una pelvis relajada.

El movimiento de la pelvis hacia delante es una acción agresiva. Al igual que la mandíbula, la pelvis puede trabarse hacia delante o hacia atrás, que vendría a ser la posición pasiva. Ambas posiciones son válidas si podemos movernos con libertad de una a la otra. Una posición estática es patológica porque bloquea el flujo de la excitación. En el acto sexual, la pelvis se mueve hacia atrás y hacia delante en una acción que aumenta la excitación hasta el punto de que los movimientos pélvicos se convierten en involuntarios. Tan solo este movimiento involuntario da lugar a una liberación completa: el orgasmo.

En casi todos los individuos modernos, las tensiones crónicas de los músculos van disminuyendo y, por lo general, evitan los movimientos involuntarios que podrían conducir al orgasmo. De la misma forma que hay un mandato en contra de perder la cabeza, hay otro similar en contra de dejar libre la pelvis. Aquí, también, el miedo está en la idea de perder el control o de entregarse al cuerpo. Como resultado, la mayoría de los individuos de nuestra cultura alcanzan cierto clímax en el acto sexual, pero muy pocos llegan a tener un orgasmo que sea una experiencia abrumadora, y eso es lo que el orgasmo debería ser. Las personas del Tercer Mundo están mucho menos bloqueadas en la expresión de la pasión que las de los países desarrollados. Nosotros tenemos más poder; ellos, más pasión.

Mi visión de la bioenergética es la de ayudar a liberar a los individuos de las tensiones crónicas que les imposibilitan entregarse al cuerpo y a la vida. Para alcanzar este objetivo, el organismo debe volverse más vital, más pasional, más vibrante. Un ejercicio clave para conseguir esto es el denominado *arco pélvico*. Utilizando el arco pélvico con una comprensión más profunda del cuerpo y de los ejercicios bioenergéticos, uno puede lograr cambios significativos en el plano físico y en el de la personalidad para experimentar la alegría de estar completamente vivo.

En la mayoría de los individuos, las vibraciones se pueden desarrollar en la medida en que una mayor carga energética fluye hacia las piernas, pero esto no tiene por qué movilizar la pelvis. Es necesaria una carga mucho más fuerte en las piernas para poder moverla. La mayoría de la gente sentirá un dolor en los cuádriceps al contraerlos para prevenir el movimiento espontáneo de la pelvis. La práctica continuada de este ejercicio estirará y relajará esos músculos, permitiendo la vibración en la pelvis. Es importante que al hacer este o cualquier otro ejercicio de la bioenergética, se respire profundamente a fin de proporcionarles a los músculos la energía necesaria para relajarse. Entender este principio ayuda a la persona a realizar estos ejercicios de una forma positiva, es decir, sin llevar a cabo la acción, sino dejando que se produzca. La siguiente ilustración clarifica el concepto:

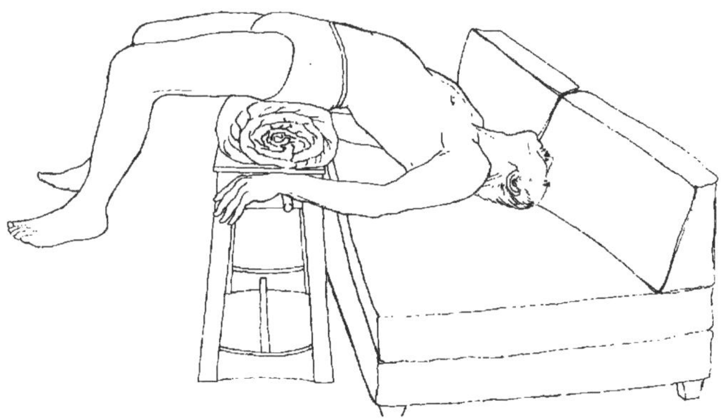

Al contraernos para mover el cuerpo, los músculos utilizan energía. Al relajarnos, se recargan reemplazando la energía que utilizaron previamente para trabajar o moverse de nuevo. El oxígeno es necesario para activar los fuegos de la oxidación que produce la energía a partir del alimento. Respirar forma parte de la acción pulsátil del organismo. Sentir el cuerpo e identificarnos con él resulta esencial para que estos procesos involuntarios funcionen libre y completamente. Este proceso te acerca a tu propio cuerpo.

Quinta parte

LA BIOENERGÉTICA Y LOS VIAJES ALREDEDOR DEL MUNDO

El interés por la bioenergética me llevó a viajar por el mundo, y nos aportó a Leslie y a mí muchas experiencias enriquecedoras. Conocimos a gente maravillosa e interesante en los talleres y charlas que llevamos a cabo, y pudimos conocer lugares hermosos y especiales.

16

México, Tokio y Hawai

En 1969, viajé a México por primera vez. Para tranquilizarme en cuanto al agua contaminada, un psicólogo de Esalen, que conocía el país bastante bien, me sugirió ir a Yucatán, donde el agua estaba limpia. Esa fue mi luz verde para ir, pero quería incluir en mi viaje a mis amigos y colegas. Comenté mi intención de llevar a cabo un encuentro para compartir ideas sobre el análisis bioenergético y los ejercicios de bioenergética con John Bellis, Alice Ladas y otros.

Alice escribió a una agencia de viajes explicando nuestros requerimientos para el encuentro: un pequeño hotel cerca del mar para poder nadar en las aguas cálidas del Caribe y que tuviera una habitación lo bastante grande como para que cupieran treinta o cuarenta personas haciendo ejercicios. La correspondencia con la Ciudad de México era lenta en aquella época, y tuvimos que esperar un tiempo antes de recibir respuesta. Había un hotel en Isla Mujeres, junto a la costa de Yucatán. La carta con la foto describía el agua como «luminiscente». Nos darían uso exclusivo del hotel durante una semana. Se veía bastante bien, así que les enviamos un depósito de mil dólares para asegurar la reserva.

El Instituto invitó a gente de todo el país que sabíamos que estaría interesada. Además de John Pierrakos, Alice Ladas, Hazel Stanley y John Bellis, fue gente de la bioenergética del este, del medio oeste y de California. Yo estuve impaciente hasta un mes antes del viaje, cuando el hotel volvió a contactar con nosotros.

Un día antes, viajé hacia Mérida desde San Diego, donde había impartido un taller en Kairos. Leslie perdió el avión y llegó al día siguiente, justo a tiempo para disfrutar de una noche muy emocionante con todo el grupo en un restaurante con música mexicana. Partimos hacia Isla Mujeres a la mañana siguiente, en un autobús con un guía que hablaba inglés. Trepamos hasta la cima de la pirámide de Chichén Itzá, aunque bajar de allí no fue sencillo porque era una pared de piedra bastante empinada. Vimos el altar de piedra para los sacrificios humanos y el patio en el que las diferentes tribus o clanes echaban una pelota a través de un aro en un juego similar al baloncesto. El capitán del equipo que perdía era decapitado por los vencedores. Me impresionó Chichén Itzá, pero era un mundo ajeno al mío.

Después de tomar un delicioso almuerzo en un motel con piscina, me detuve en un bar para comprar una botella de Coca-Cola y, en un descuido, dejé la billetera sobre el mostrador. Cuando me di la vuelta, mi billetera de piel de avestruz, un regalo que me había hecho mi mujer, había desaparecido. Nadie admitió haberla visto y yo, desde luego, no la volví a ver.

Abordamos un *ferry*, que transportaba vacas, para ir hasta la isla, en un viaje que duró cuarenta y cinco minutos. Siguiendo a un grupo de niños que llevaban nuestras maletas a las espaldas, caminamos un kilómetro y medio hasta llegar al lado opuesto de la isla, y cruzamos un río por un puente. Fue una escena excitante para mí; se estaba haciendo de noche y el agua brillaba con las luces del hotel.

Las instalaciones del hotel eran satisfactorias, a pesar de que a veces nos quedábamos sin agua caliente. Después de que los lugareños se reunieran para mirar el patio donde hacíamos nuestros ejercicios matutinos, el hotel decidió colgar sábanas en su perímetro para ofrecernos algo de privacidad. Las sesiones de presentación de la noche se hacían en el salón.

David Boadella, el editor de una publicación trimestral llamada *Energía y carácter*, vino desde Gran Bretaña como huésped del Instituto. Yo había conocido a David en Inglaterra hacía muchos años, cuando Leslie y yo lo visitamos en su casa de Devon. Nos hizo una demostración de su trabajo, que consistía en pasar las manos sobre ciertas partes del cuerpo. Las aguas de las playas de alrededor del hotel eran muy poco profundas para poder nadar, pero era una delicia recostarse en ellas. Los pescadores del pueblo organizaron un viaje de pesca en el golfo para el doctor Welhaven y yo. Pescamos varios peces de un metro de longitud, pero lo mejor de todo el viaje fue almorzar en una isla virgen. El oficial de la barca se metió en el agua con un tubo de buceo y un arpón, y logró atrapar tres grandes pargos rojos, que preparó y cocinó en una fogata. El capitán añadió vino y una gran ensalada. Fue un almuerzo delicioso en un paraje exótico. Cuando regresamos al puerto, regalamos a los nativos el pescado más grande que habíamos logrado.

Tuvimos otra experiencia memorable. Mi mujer, dos colegas y yo caminábamos por la playa hacia la pequeña villa del puerto cuando vimos a un grupo de gente que parecía estar discutiendo a viva voz. Había varias tortugas marinas panza arriba en la arena de la playa bajo un sol abrasador. Uno de los hombres nos dijo que los pescadores habían atrapado a las tortugas y las habían dejado ahí para que murieran. Le parecía algo tan cruel que estaba tratando de persuadirlos para que llevaran las tortugas al agua. Los pescadores pedían cinco dólares por cada tortuga que devolvieran al mar y un dólar adicional a cambio de la promesa de no volver a capturarlas en cuanto nos fuéramos. Reunimos el dinero y los hombres cumplieron su promesa. Sin embargo, los animales debían de estar bastante confundidos, porque se daban la vuelta y regresaban a la playa. Nos llevó bastante tiempo empujarlas para que nadaran mar adentro. El hombre que había empezado el rescate resultó ser el embajador de Italia en México, y nos dijo que había venido a la isla porque era uno de los mejores lugares para bucear. Después nos retiramos a un pequeño hotel que había en la orilla para disfrutar de la cena.

Nos quedamos durante una semana en Isla Mujeres. Nuestro grupo crecía a medida que llegaban otros inscritos, que por fortuna pudieron encontrar habitaciones cerca del hotel. Bill Johnson vino desde Nueva York en su avioneta privada de dos motores. Como no había aeropuerto en la isla, utilizó una carretera de las afueras del pueblo como pista de aterrizaje.

Cuando acabó la reunión, Bill nos llevó a Leslie y a mí de regreso a Mérida en un interesante viaje en avioneta. La mañana siguiente tomamos un avión hacia la Ciudad de México, donde hicimos la conexión a Nueva York. Mi asiento estaba junto al de Bennett Shapiro, un arquitecto cuyo interés por el crecimiento personal lo había llevado hasta Esalen, donde descubrió el análisis bioenergético. Bennett sugirió que empezáramos un programa de formación en bioenergética. Al principio dudé de si sería una buena idea, pero como no encontré ninguna objeción válida, acepté e iniciamos el proyecto.

El interés por la bioenergética había aumentado en los diez años transcurridos desde la publicación de *El lenguaje del cuerpo*, y como resultado de los talleres que John Pierrakos y yo habíamos desarrollado. Por ejemplo, en uno de mis viajes a California, me detuve en Chicago para dar un taller en un centro de crecimiento. Muchos profesionales que acudieron a él querían que hiciera la presentación y enseñara bioenergética a sus colegas y estudiantes. En esos momentos ya había grupos informales en Detroit (donde Jack McIntyre practicaba la bioenergética), en San Francisco, en Newport Beach (donde Renato Mónaco y Bob Hilton realizaban terapia) y en Tulsa (donde Frank Hladky dirigía el centro psiquiátrico de Tulsa).

En 1973 Jerry Nims, que me había invitado a un curso de esquí al sur del lago Tahoe, me pidió que organizara un taller de seis días en Japón, un viaje que duraría tres semanas. También se había acercado a Alan Watts, el renombrado escritor, para que llevara a cabo un taller de seis días sobre budismo zen. Los participantes tendrían la oportunidad de experimentar dos enfoques de la sanación totalmente distintos. Necesitaba veinticinco participantes para que el proyecto fuera económicamente viable, y esperaba que yo pudiera reclutar a la mayor parte de mis seguidores de la costa oeste. Esa experiencia nos permitiría ver auténticas maravillas de la naturaleza, porque sería en abril, cuando brotan las flores de los cerezos. El viaje y la estancia correrían por cuenta de una agencia de viajes japonesa.

Harvey Wasserman, psiquiatra y colega de Connecticut, conocía a un psicólogo nipón que estaba interesado en el movimiento del potencial humano. Wasserman le escribió para saber si estaría interesado en unirse a nuestro grupo, y recibió una respuesta muy entusiasta. Como nuestros guías japoneses solo podían acompañarnos en los *tours*, y el señor Miyama hablaba inglés, prometía convertirse en un evento muy afortunado.

Cuando llegamos a Tokio, un psiquiatra japonés que nos había visitado un año antes nos invitó a Leslie y a mí a cenar. Nos llevó a un restaurante encantador en el que cenamos al estilo tatami. Había oído hablar de Reich y estaba interesado en conocer a su discípulo. Le di un ejemplar de *El lenguaje del cuerpo*. Esta fue una de las múltiples experiencias con psicoanalistas que me convencieron de la incompatibilidad existente entre el psicoanálisis freudiano y la psicoterapia enfocada en el cuerpo. Freud lo explicó de manera muy clara: «Donde esté el ello, estará el yo». Esa noche fue la última vez que vi a ese psiquiatra japonés o escuché hablar de él.

Pasamos dos días en Tokio antes de ir a nuestro hotel en el parque nacional de Hakone, cerca del monte Fuji. En el camino hicimos una parada para ver la estatua llamada «El

Gran Buda», que mide alrededor de seis metros de altura y que estaba abarrotada de turistas japoneses. En el encantador hotel del parque, dormimos sobre alfombrillas y comimos comida nipona. Leslie tuvo problemas con el desayuno, porque constaba de algas y otros alimentos marinos. Desde nuestro balcón podíamos ver el monte Fuji cubierto de nieve. El hotel también tenía aguas termales que venían de una fuente natural. Por supuesto, todo el mundo se bañaba desnudo en compañía mixta, y nosotros también lo hacíamos todos los días después de las sesiones de la mañana y de la tarde.

Durante las sesiones, nos sentamos en almohadones y nos vestimos con batas que nos proporcionó el hotel. El trabajo bioenergético estuvo enfocado en el cuerpo, con los ejercicios de arraigo y de respiración y con la vibración. Hubo algún trabajo analítico pero fue la menor parte.

Para la mayoría de los participantes el viaje fue una oportunidad para visitar Japón con personas que compartían un interés común, el desarrollo personal, más que la bioenergética. Los miembros se masajearon unos a otros y eso promovió la intimidad en el grupo.

Hicimos una excursión a un lugar cercano para ver las espectaculares flores que crecían junto a un río con pequeños puentes, lo que nos pareció típico del paisajismo japonés. Nos encontramos con unos artesanos que trabajaban en sus manualidades y que escribieron nuestros nombres en caligrafía japonesa.

Caminamos hacia una torre situada al final del lago, frente al hotel, lo que nos llevó todo el día. Cruzamos una gran colina repleta de fuentes de aguas termales que olían a azufre, de donde bajaban las aguas del hotel. Atravesamos un jardín repleto de estatuas y nos detuvimos para admirar la ceremonia del té y para formar parte de ella. Al terminar la tarde, llegamos hasta el final del lago y cogimos un pequeño *ferry* que nos llevó de regreso al hotel. En esa excursión Tomio Miyama fue nuestro guía e intérprete.

Me quedé impresionado cuando vi a un niño de cuatro años llorando y golpeando con los puños a su madre. Estaban en el parque que había junto al hotel. La madre no hacía absolutamente nada para detenerlo, y no lo castigó cuando el niño paró. Luego supe que los padres japoneses no aplican la disciplina a sus hijos hasta los seis años de edad. Los niños son considerados seres inocentes que no pueden hacer nada malo. El buen comportamiento se enseña a partir de los seis años, avergonzando al niño que no hace caso o que se comporta de un modo que no es aceptado socialmente. Cualquiera que visite Japón se quedará impresionado de lo tranquilos y bien educados que son los niños. Eso no se aprende a través de la disciplina. Un niño solo aceptará la guía de sus mayores si hay amor de por medio. Creo que la mayoría de los problemas tienen sus raíces en el fracaso, por parte de los padres, a la hora de proporcionar a sus hijos el amor y el apoyo que necesitan, y en muchos casos, el trato que les dan resulta chocante. En el mundo occidental, hemos aceptado la doctrina del pecado original, es decir, que los niños son malos por naturaleza y necesitan ser disciplinados, lo que contrasta con la actitud que se tiene hacia ellos en las sociedades asiáticas.

En el camino de regreso desde Hakone hasta Kioto para la segunda parte del viaje, hicimos una parada de un día en la Ciudad de las Perlas, el hogar de la industria perlera de Mikimoto. Fue una visita placentera, y nuestro grupo estaba muy emocionado. Vimos a una mujer joven bucear en busca de ostras y el proceso que se llevaba a cabo en Mikimoto para producir las perlas. Después de una tarde de compras de perlas, tuvimos una agradable cena en un restaurante japonés de tatami, en el que prepararon nuestros platos en la mesa. Todavía tengo el pin de perla para la corbata que me compré allí (aunque jamás lo uso).

Cuando Alan Watts, que iba a encargarse de la segunda parte del taller, vino a cenar al restaurante del hotel Grand, me causó mala impresión. Tenía la camisa por fuera de los pantalones, y me di cuenta de que estaba borracho. Watts no se acercó a nuestra mesa para presentarse hasta la noche siguiente. Se encontraba en mejor estado, pero era evidente que había estado bebiendo. Empezó a contarme su postura respecto a la muerte –no creía que la muerte fuera el final–, y nada de lo que decía tenía mucha coherencia. Me dio la impresión de que quizá su discurso naciera de la preocupación por la posibilidad de su propia muerte. No parecía gozar de una buena salud, y eso confirmó mi teoría. Su parte del taller consistió en guiar a algunos de los miembros de nuestro grupo a través de varios templos de Kioto. No me uní a esas excursiones, y Tomio Miyama nos llevó a Leslie y a mí en su coche hasta un templo de las afueras de Kioto.

Una noche fuimos a una pequeña fiesta en casa de unos amigos ingleses de Alan Watts que vivían en una ciudad contigua a Kioto, en una casa rodeada por un hermoso jardín japonés. En la fiesta, Watts recitó varios pasajes de una obra de Shakespeare. Lo hizo tan bien que sentí que una parte de él quería ser actor shakespeariano y que se identificaba con esa cultura. La otra parte de él estaba buscando una identidad que estuviera libre de las rígidas restricciones de la cultura burguesa de posguerra. Por desgracia, se vio envuelto en drogas alucinógenas al mismo tiempo que estudiaba budismo zen, otro ejemplo de la profunda escisión que existía en su personalidad. Esa división surgió en su infancia como consecuencia del conflicto que había entre sus padres.

En 1974 mi mujer y yo hicimos un placentero viaje a Hawai, organizado en torno a un taller para los participantes en el programa de formación bioenergética en el sur de California. Los patrocinadores eran Margot Robinson y Felicia Sachs, que habían participado en mis cursos de esquí en el sur del lago Tahoe. Fueron a Maui para hacer todos los preparativos y regresaron con una propuesta muy excitante. El grupo pasaría quince días en dos lugares distintos de la isla de Maui. El primero quedaba en un pueblo de la costa oeste, un encantador hotel llamado Napili Kai, que disponía de su propia playa privada y las instalaciones apropiadas para llevar a cabo nuestro primer taller. La segunda parte del viaje sería en la ciudad de Hanna, que tenía un pequeño hotel y una playa de arena negra de roca volcánica. En nuestro grupo de trabajo había terapeutas bioenergéticos o principiantes que estaban estudiando para convertirse en terapeutas, todos del sur de California, del área de Newport Beach. Nosotros éramos los únicos miembros que vivían en la costa este. Leslie y yo tomamos un avión desde Los Ángeles hasta Honolulu y allí hicimos el trasbordo al vuelo hacia Maui.

Para ahorrar dinero, los líderes habían reservado varias *suites* en el Napili Kai, que contaban con cocinas donde podíamos hacer nuestra propia comida. Margot Robinson tenía a una joven criada que se encargaba de cocinar para todo el grupo. El plan era desayunar y almorzar en nuestras habitaciones, y cenar en otro hotel. Fue un excelente arreglo. Las deliciosas comidas que tomábamos en nuestras habitaciones nos dieron la oportunidad de intercambiar divertidas ideas y ocurrencias que nos hicieron reír la mayor parte del tiempo. El marido de Margot Robinson, Bert, que había sido actor, nos divirtió con muchas historias sobre el teatro. Además, aprovechamos la playa privada para nadar en nuestro tiempo libre. Las cenas en el otro hotel también resultaron deliciosas y nos divertíamos con música y bailes hawaianos.

El taller consistía en un programa de ejercicios de bioenergética, pero sin terapia personalizada. Emocionado como estaba por los ejercicios que hicimos en el hotel, el grupo sugirió que buscásemos a algún hawaiano que nos enseñara a bailar el *hula*, por lo que de ahí en adelante a la terapia diaria le seguía una hora de lecciones de baile en grupo. El hula es un baile relativamente fácil de aprender y sus pasos son sencillos. El bailarín se mueve de un lado a otro dando un paso cada vez. El movimiento se coordina con gestos de las manos que cuentan una historia. El baile que aprendimos, llamado Hooki Lau, es la historia de un grupo de pescadores, que cuenta cómo se lanzan las redes al mar y se recogen para sacar los peces del agua. El profesor se sorprendió de que nuestro grupo pudiera ejecutar los movimientos del baile con algo de gracia –para conseguirlo, las rodillas debían estar flexionadas durante todo el baile–, y nos contó que la mayoría de los norteamericanos bailan con las rodillas rígidas y que le costaba mucho trabajo enseñarles a doblarlas para que pudieran bailar. Nosotros le explicamos que mantener las rodillas flexionadas es la forma natural de mantenerse de pie para la bioenergética. Estas articulaciones deben funcionar como un amortiguador similar al de los coches. Cuando la presión que ejerce el cuerpo hacia abajo aumenta, las rodillas flexionadas absorben el exceso de fuerza, que pasa a los pies y se libera en el suelo. Si se mantienen rígidas, la fuerza se descarga en la zona lumbar. Toda la presión del organismo de una persona actúa como la fuerza de la gravedad, a la que el cuerpo debe resistirse. Una rodilla relajada es el mecanismo necesario para mantener el cuerpo relajado. La mayoría de las personas que llegan a la terapia bioenergética por primera vez se ponen de pie con las rodillas totalmente estiradas, como si tuvieran que hacer un esfuerzo para mantenerse de pie resistiendo una fuerza negativa que las empujara hacia abajo. Esta presión negativa representa el mandato de los padres que le exigen al niño que se mantenga erguido, como si fuese un soldado que está a punto de recibir una orden. En las culturas nativas los hombres no son soldados, sino guerreros. Un guerrero no acepta órdenes de nadie. No es parte de ejército alguno, y no puede luchar contra un ejército. Sin embargo, como hombre es superior a cualquier soldado, incluido un general. Los soldados no bailan, y muchas personas no pueden bailar, pero el guerrero sí lo hace.

Cuando nuestro grupo hubo aprendido a bailar el hula, salimos a cenar al hotel Sheraton, que tenía un espectáculo muy bueno. Al final, la orquesta tocó la canción del Hooki Lau, y nuestro grupo se puso en pie para bailarla. La gente se sorprendió al ver a un grupo de estadounidenses bailar el hula tan bien, y recibimos muchos aplausos.

Después de nuestra estancia en Napili Kai, un autobús nos llevó a un pequeño hotel situado cerca de la playa Hanna, en la costa opuesta de Maui. Tuvimos un embarazoso incidente en la sala de reuniones del hotel. La bioenergética estimula el uso de la voz durante la terapia, con la idea de que si uno no usa su voz para expresarse, es difícil que pueda sentir su propia identidad de la forma adecuada. Por desgracia, el hotel estaba rodeado de cabañas. Los huéspedes de las cabañas podían escuchar nuestros gritos y llantos, y eso los asustó y perturbó. Nos sorprendimos cuando un día vino la policía para investigar qué estaba ocurriendo tras recibir varias quejas. Cuando escucharon lo que hacíamos, se relajaron y nos dijeron que preferían que evitáramos los gritos.

En ese taller hice algo de lo que me arrepentí mucho. Leslie estaba dirigiendo el taller una mañana y se enfrentó a uno de los participantes por no hacer los ejercicios de bioenergética con regularidad –hacer los ejercicios en casa forma parte del programa de terapia–. El participante tenía el pecho hinchado, y yo lo interpreté como un bloqueo contra la tristeza que le generaba la infelicidad de su madre. Comentar mi interpretación (fuese correcta o no) en ese momento, cuando Leslie estaba trabajando con el paciente, fue una intrusión injustificable, y Leslie se enfadó conmigo. Salí de la habitación sintiéndome mal. Esa experiencia me hizo tomar conciencia de mi tendencia a demostrar que sé más que los demás. Fue una expresión de arrogancia que me llevó muchos años superar. Jamás me olvidaré de ese incidente.

El taller terminó en Hanna con una fiesta tradicional hawaiana y un almuerzo al aire libre que cocinaron en una fogata hecha en un hueco en la tierra. En el luau, bailamos el

Hooki Lau de nuevo. Regresamos al continente con recuerdos muy queridos de ese hermoso lugar y de nuestras placenteras experiencias.

17

Yugoslavia, Hungría e Italia

En 1974 participé en un taller de Gestalt en Yugoslavia. El líder del taller, que tenía muchos seguidores como formador de Gestalt en Alemania, creía que la bioenergética podía ser incorporada en la terapia Gestalt. El fundador de este tipo de terapia, Fritz Perls, había sido paciente y discípulo de Wilhelm Reich en Austria. Perls adaptó su enfoque del aquí-y-ahora del análisis del carácter de Reich a los comportamientos de sus pacientes en el presente. La bioenergética ofrecería a los terapeutas de Gestalt una mayor comprensión de la manera en que el aquí-y-ahora, el presente, se reflejaba en la estructura corporal de sus pacientes.

Era una oportunidad para difundir la bioenergética por Europa y para visitar la costa dálmata de Yugoslavia. El taller de dos semanas se hizo en una isla que quedaba frente a la ciudad de Zadar. Como tenía entre cuarenta y cincuenta participantes, invité al doctor Robert Lewis, formador de bioenergética, para que fuera en calidad de mi asistente. Otro formador bioenergético, Miki Frank, se unió a nuestro grupo en Zadar al regreso de una conferencia de investigación que había dado en Marruecos. El doctor Lewis y su esposa también trajeron al hijo que acababan de adoptar.

Nuestro vuelo desde Nueva York hasta París no tuvo contratiempos, pero cometí el error de salir de la zona de embarque. Quería enviar un paquete a unos amigos en París y me perdí dentro del aeropuerto Charles de Gaulle, ya que no pude encontrar el camino de regreso a la zona de embarque. Con todas aquellas escaleras mecánicas en diferentes direcciones, el aeropuerto me parecía un lugar confuso. Nuestra partida era inminente y me entró el pánico. Por suerte, como hablaba perfectamente francés, pude pedir que me explicaran cómo regresar y llegué a la puerta de embarque a tiempo. El aeropuerto de Zadar estaba en remodelación, así que aterrizamos en Zagreb, donde pasaríamos la noche para partir hacia Zadar a la mañana siguiente. Nos alegró que el hotel contara con una terraza para cenar al aire libre y una banda que tocaba música para bailar en la plaza descubierta. Teníamos el ánimo festivo y disfrutamos de una noche placentera bajo el cielo estrellado. El tren hacia Zadar partía a las seis de la mañana. No tuvimos tiempo para desayunar, pero nos sirvieron café turco, una mezcla muy espesa que me pareció deliciosa. En Zadar pasamos la noche en un pequeño hotel, donde nos encontramos con Miki Frank. Para llegar hasta la isla de Dugi Otok, donde tendría lugar el taller, tomamos un pequeño barco y navegamos durante treinta minutos.

Los organizadores del taller alquilaron el único hotel de Dugi Otok, que estaba junto al mar y que servía las comidas al aire libre; un ambiente muy atractivo. No se permitían coches en la isla, que tenía unos dos kilómetros de longitud, por lo que todos los días caminábamos por la orilla. Como el agua del Adriático era muy limpia y clara en esa zona, podíamos ver el fondo del mar a cualquier profundidad. Era todo un regalo para Leslie y para mí poder nadar en aguas tan claras. No había playas cerca del hotel, pero nos metíamos en el agua con cuidado, caminando sobre las piedras y con cuidado de no pisar las púas de ningún erizo marino.

Mis sesiones de bioenergética con los miembros del taller no fueron dinámicas. Leyendo los cuerpos de los voluntarios, señalé las tensiones obvias, pero no había forma de involucrarlos en el trabajo fuerte de la bioenergética. No contábamos con un banquillo bioenergético para ayudar a los participantes a respirar con mayor profundidad, ni una cama para hacer ejercicios de patadas. La gente mostró algún interés por el tema, pero no fue muy grande. Uno de los líderes del programa de Gestalt, Jan Velzeboer, ciudadano holandés, me pidió que demostrara cómo funcionan los banquillos de bioenergética. Le hice poner la espalda contra la mía y estirar los brazos. Tomándole las manos, me incliné hacia delante y estiré su espalda sobre la mía, como lo haría sobre un banquillo. Él sintió el fuerte poder de ese ejercicio en su respiración. Cuando regresó a casa, influyó a Ed Svasta para empezar un grupo de formación bioenergética en Holanda y en el norte de Alemania. Se convirtió en un activo formador en bioenergética.

Un participante austriaco del taller, Reiner Frank, que había llegado hasta Zadar en coche, nos ofreció llevarnos a Mili Frank, a Leslie y a mí de viaje, durante el fin de semana libre del taller. Desde el puerto en el que atracamos con el *ferry* hasta la ciudad de Zadar, tomamos la autopista. A pesar de que Reiner tenía un buen coche y de que era un buen conductor, la carretera era estrecha y conducía a gran velocidad, lo que asustó a Leslie. Para el almuerzo del mediodía hicimos una parada en un restaurante que quedaba al borde del mar. Leslie y yo estábamos ansiosos por bañarnos en aguas bajas, y nadar allí nos sentó muy bien. Pero lo que más nos agradó fue el almuerzo: mariscos asados en un horno de leña y condimentados con salsas del lugar. Las salsas eran tan deliciosas que de solo olerlas se nos hacía la boca agua. Tomamos otra cena de mariscos en Zadar que también estaba buena, pero jamás volví a comer algo tan delicioso como el almuerzo en aquel pequeño pueblo a orillas del mar Adriático.

Después del taller, tomamos el *ferry* para cruzar el Adriático hacia la ciudad italiana de Ancona. Allí nos encontramos con unos terapeutas italianos del centro de terapia reichiana de Nápoles, y también vimos a Ellen Greene, una formadora bioenergética que había conocido en Nueva York. Le emocionaba escuchar que pensábamos introducir la bioenergética en Italia y fue a nuestro encuentro en Ancona, donde daría una charla sobre bioenergética el domingo por la mañana y después conduciría hasta Nápoles para dar el taller. Colocamos pósters por la ciudad de Ancona anunciando la charla y presentándome como un profesor de Estados Unidos, pero me advirtieron de que los domingos de otoño la ciudad estaba desierta porque la gente se iba al campo durante el fin de semana. Para nuestra sorpresa, al llegar al salón de la charla, había un gran grupo de gente esperando, el cual llenó el recinto. Hablé en inglés y mediante un intérprete expuse los principios de la bioenergética con su enfoque en el cuerpo y en los sentimientos como un aspecto clave de la personalidad. La capacidad de expresar nuestros sentimientos libremente es señal de un individuo que tiene sentido de la identidad, y si los sentimientos son expresados de la forma adecuada, se puede decir que la persona tiene aplomo. Hice énfasis en la importancia de aprender a decir «no» como una de las claves de la autoestima. Me complació que la audiencia recibiera mis palabras con muchos aplausos.

Después de la charla, volvimos por la parte posterior de los montes Apeninos hasta Nápoles, donde tendrían lugar los talleres. Esa noche tuvimos la suerte de ver un espectáculo de fuegos artificiales en la bahía de Nápoles. En el taller había veinticuatro participantes, y los dividí en dos grupos. Un grupo lo dirigía yo y el otro, Leslie. Ella los guió a través de los ejercicios básicos de la bioenergética, en tanto que yo les mostré un ejercicio de caída libre diseñado para inducir la entrega del cuerpo. Todos los individuos neuróticos tienen miedo a caer, porque el ego lo experimenta como una derrota. En este sencillo ejercicio, una persona se pone de pie sobre una pierna enfrente de un colchón colocado en el suelo. La otra pierna se eleva hacia atrás, de manera que únicamente los dedos tocan el suelo para mantener el equilibrio. Al final, la pierna que sirve de apoyo al cuerpo se cansa y la persona se cae sobre el colchón. No hay peligro alguno, pero la mayoría de la gente tiene miedo a caer libremente, por lo que se deja caer antes de que la pierna falle. De este modo, no hay sorpresa ni impacto cuando se produce la caída; se sigue teniendo el cuerpo bajo control. Si la caída ocurre de forma libre, el impacto sacude al cuerpo y la persona rompe a llorar, lo que supone una liberación. Los participantes del taller se impresionaron con el enfoque bioenergético, que compromete activamente al cuerpo, a diferencia de la terapia reichiana, en la que este tiene un papel pasivo. Estaban ansiosos por experimentar una vez más la bioenergética.

Mi mujer y yo disfrutamos mucho de Nápoles. Al día siguiente, Ellen Greene nos llevó a Leslie y a mí a la isla de Capri para visitar la famosa Gruta Azul, una cueva en la roca de la isla que está llena de agua de mar. Los botes pequeños pueden entrar en la gruta si sus pasajeros agachan la cabeza. Dentro de la cueva el agua es azul como el cielo, y la luz entra por una abertura natural que hay en el techo. Los emperadores romanos tenían su palacio en la cima de la isla y construyeron un túnel que llevaba hasta la cueva. Nos impresionó la belleza de esta y del mar de Capri. Almorzamos en un restaurante al aire libre y disfrutamos de mariscos asados en una barbacoa con carbón, similar a lo que habíamos comido en la costa yugoslava. Al día siguiente, después de otro taller, el grupo organizó una cena con música y tarantela, el baile típico de Nápoles. Nuestro viaje a esa ciudad hubiese estado incompleto sin una visita a Pompeya, y fue una experiencia de lo más emocionante.

La parte más placentera de nuestra visita a Nápoles fue una cena en un restaurante en el que dos hermanos cantaban canciones napolitanas durante horas. Uno tocaba la viola y el otro, la guitarra. Los miembros de nuestro grupo conocían esas canciones, y muchos cantaban con ellos. Fue una noche deliciosa. Sus cantos nos hicieron sentir parte de esa excitante cultura. A principios de siglo, Nápoles estaba considerado uno de los lugares más increíbles, lleno de belleza, encanto y aventura. Un dicho popular apoyaba esa idea: «Si vas a Nápoles, puedes morir en paz».

La experiencia del taller fue tan interesante para los participantes que nos rogaron que volviésemos el año siguiente. Uno de los psiquiatras italianos del primer grupo nos dijo que un paciente cuya familia tenía una casa en Capri, con una criada y un cocinero, nos la ponía a nuestra disposición durante una semana. No pudimos resistirnos a semejante oferta, y el segundo viaje también incluyó un taller en Holanda y un divertido viaje por Hungría. Cada una de las salidas al extranjero nos permitió establecer un centro donde se podía enseñar análisis bioenergético, y nos ofreció grandes oportunidades a Leslie y a mí para experimentar Europa bajo la guía de personas nativas que estaban interesadas en él. En Hungría, sin embargo, nuestra visita no estaba conectada al análisis bioenergético de una forma directa. Nuestra visita a Ámsterdam fue deliciosa; navegamos por los canales y compramos regalos para nuestros amigos, pero lo que más nos emocionaba era Budapest. Estábamos excitados cuando llegamos, pero al irnos nos sentíamos decepcionados. Nuestra visita solo duró tres días. Como no conocíamos a nadie en la ciudad, hicimos lo que suelen hacer los turistas. Fuimos al Danubio, pero no navegamos en él. Desde la habitación de nuestro hotel el agua del río no parecía particularmente azul o especial. Conocimos que la ciudad estaba dividida en dos por el Danubio; Buda se encontraba a un lado y Pest, al otro. Budapest seguía estando gobernada por el comunismo en aquella época y sufría de las deficiencias del régimen. El servicio en el hotel era pobre, y no podíamos hacer una reserva para cenar. La excursión patrocinada por el Estado para cenar *goulash* y ver un espectáculo era poco interesante. Durante la cena, los húngaros competían con los turistas en juegos en los que estos siempre perdían. La cena era pobre. Sin embargo, aprendimos algo acerca de su gobierno gracias a un taxista. Nos contó que cada persona tenía una cuota que debía alcanzar en el trabajo, y que cuando la alcanzaba o superaba, se la aumentaban para el año siguiente, por lo que la gente debía trabajar muy duro. Cuando acabó nuestra corta visita, tomamos el tren desde Budapest hasta Nápoles.

El tren hacía una parada en Viena para cambiar las máquinas. Ese proceso llevaba varias horas, así que tomamos una modesta comida en un restaurante cercano a la estación y partimos de nuevo. El tren era nocturno y dormimos hasta bien entrada la mañana, cuando llegó a Milán. Allí debíamos cambiarnos a otro tren para ir hasta Roma, y en Roma tomaríamos otro más que nos llevaría hasta Nápoles. Siempre he disfrutado de los viajes en tren por las vistas del campo. En esa parte del viaje nos sentamos frente a una dama australiana que estaba viajando por toda Italia, y conversamos de forma amena con ella. En la estación de Nápoles nos encontramos con nuestro anfitrión, quien nos llevó directamente en barca a Capri, donde un taxi nos condujo hasta la villa que daba al mar. La criada y el cocinero nos hicieron sentir cómodos y nos sirvieron muy bien durante los cinco días que nos quedamos allí. Lo mejor de la visita a Capri fue la excursión al pueblo de Anacapri, que queda en la cima de la isla. Allí visitamos San Michele, el hogar del escritor Axel Munthe, quien escribió la adorable historia de su vida, *La historia de San Michele*. Axel Munthe era un médico sueco que practicó la medicina en París durante muchos años. En una visita a Italia, se enamoró perdidamente de la isla de Capri. Sus ojos se abrieron de par en par al ver los brillantes rayos del sol, pero al sentir que su gran poder lo estaba encantando, también percibió que finalmente lo cegaría, lo que era cierto: perdió la vista a los noventa años de edad. Leyendo a Munthe, me sentí identificado con él, porque yo también soy un amante del sol. Cuando era joven, me encantaba leer a la luz del sol, y como jugador de tenis, en las canchas me exponía constantemente a sus rayos. La luz y la claridad son dos cualidades que admiro. Aunque desde los catorce años tengo la visión defectuosa, nunca he usado gafas. Mi aversión a ellas surge de una poderosa necesidad de ver y comprender, y a los noventa años de edad, me niego a llevar gafas. Por fortuna puedo ver bastante bien si hay suficiente luz, y cuando no puedo hacerlo es porque hay muy poca luz o tengo los ojos cansados, y es entonces cuando utilizo una lupa. Pero sigo sosteniéndome sobre mis propias piernas sin ayuda, y uso los ojos de la misma forma.

Axel Munthe es un hombre a quien admiro, al igual que hacen muchos otros, porque escribía desde el corazón. Y su corazón era de los grandes, porque contenía dentro de sí a todos los animales del planeta. Me sentí realmente conmovido por su aseveración de que no entraría en el cielo si lo invitaban, a menos que también invitaran a su perro. San Michele tiene una esfinge de piedra muy antigua. Munthe hizo que la llevaran a San Michele, y allí descansa, mirando al océano sobre una pared de piedra. Es una copia más pequeña de la Esfinge que se encuentra cerca de la Pirámide de Keops.

La Esfinge es una extraña criatura, parte animal (el cuerpo) y parte humana (la cabeza). Esta criatura combina el conocimiento asociado a la mente humana con los instintos y los sentimientos del estado animal. Dicha combinación de cualidades tiene un atractivo sobrenatural. En la mitología griega, la Esfinge juega un papel importante para Edipo. Todos los analistas o terapeutas están familiarizados con la historia de Edipo porque se considera la historia y el mito del hombre moderno. Mi libro *Miedo a la vida* está basado en mis ideas sobre esta historia. Axel Munthe era un hombre que también tenía este aspecto dual: la inteligencia humana con la sensibilidad y la comprensión de un animal.

Cuando regresamos a Nápoles desde Capri, lo hicimos por la costa de Amalfi hasta Sorrento, y allí nadamos en el Mediterráneo y compramos regalos. También aprovechamos la oportunidad para ver las ruinas de Pompeya. Descubrimos que había un interés más acentuado por la bioenergética en Roma que en Nápoles, e hicimos planes para desarrollarlo y convertirlo en un grupo de formación en bioenergética. El plan se llevó a cabo en 1977, en la Conferencia Internacional del valle de Waterville, en New Hampshire. El doctor Renato Mónaco, que hablaba italiano y era un reconocido formador del sur de California, accedió a responsabilizarse de la organización de una sociedad italiana. Tuvimos una visita cordial con la gente de Roma, principalmente con Ellen Greene y Luisa Parmiagini, antes de regresar a Estados Unidos.

Durante la década de los setenta hice varios viajes a Europa para realizar talleres de bioenergética. El interés por ella en el continente se expandía con rapidez, y me invitaron a realizar talleres en varios países, como Francia, Holanda,

Alemania, Bélgica, Dinamarca, Noruega y Suiza. Me complació mucho que una técnica tan revolucionaria fuese tan apreciada por los terapeutas de esos países, a pesar de que aún no hubiésemos obtenido la aceptación general.

Un ejercicio que utilizaba con esos grupos era que un sujeto se pusiera de pie frente a una o más personas y, sacudiendo los puños, les gritara: «No», «Te odio» y «Podría matarte». No hay contacto físico con el resto de los miembros del grupo y no es un ejercicio peligroso. Tiene valor catártico y la mayoría de las personas sienten una liberación de tensión gracias a la expresión de esos sentimientos, lo que puede darle una sensación momentánea de poder. Al mismo tiempo que hacíamos ese ejercicio, le daba al grupo la oportunidad de examinar el cuerpo de la persona y captar sus obsesiones. Esto nos suele llevar a comentar su historia y su pasado. Entonces conectaba la capacidad o incapacidad de expresar sus sentimientos con la información que la persona me ofrecía y los patrones de tensión de su cuerpo, que bloqueaban la expresión profunda y completa de sus sentimientos. Otros ejercicios que hacíamos con todo el grupo era ayudar al individuo a sentir sus tensiones crónicas y la liberación cuando el cuerpo entraba en vibración espontánea. Mis presentaciones siempre eran bien recibidas por los participantes, y la mayoría expresaba su deseo de continuar con la bioenergética.

Hacia 1976, existía un buen número de sociedades bioenergéticas, que enseñaban los principios del análisis bioenergético por toda Europa. Sociedades similares se habían desarrollado en Estados Unidos gracias al trabajo de diferentes formadores. Escribí un manual para ellos, con el deseo de que las clases fueran las mismas en todas las sociedades.

Sexta parte

AÑOS DE PLACER Y ESTRÉS

Trabajar con energía, tanto de mi propio cuerpo como de mis pacientes, me brindó un aprendizaje que duró varios años. Estos fueron los años durante los cuales difundí la Bioenergética. Mi cuerpo siempre me enseña cosas nuevas. Mis alegrías y retos personales me aportaron sabiduría y autoaceptación.

18

Mi cuerpo me enseña lecciones: enfermedades psicosomáticas

De pequeño tuve las típicas enfermedades infantiles: tos seca, rubéola, sarampión y resfriados. Me extirparon las amígdalas en una operación que no recuerdo, pero eso no contribuyó a que cesaran los resfriados, que mi madre solía tratar con Nycrol, un atomizador nasal. El medicamento en sí era un irritante que me hacía estornudar y le daba a mi mucosidad una coloración negra. También asocio mi infancia tardía con ataques de bronquitis que me solían provocar fiebre. Cuando esto ocurría, mi madre llamaba al médico, que venía a casa de visita y nos cobraba dos dólares; me bastaba saber que vendría para sentirme un poco mejor. Si tenía fiebre y tos, no me dejaban salir a jugar durante una semana, pero no recuerdo que mi madre me diera ninguna medicina para la tos.

Mi madre contaba con un tratamiento estándar: la cataplasma de mostaza. La elaboraba aplicando una concentrada mezcla de mostaza sobre un trozo de tela grueso, que después me colocaba en la espalda y que resultaba doloroso, porque la mostaza me quemaba la piel. Encima del remedio me ponía un pijama de franela y me calentaba los pies con una plancha de hierro caliente que situaba en el borde de la cama. La cataplasma de mostaza funcionaba como un contrairritante que atraía la sangre hacia la piel y ayudaba a sanar el área inflamada. Mantenerme lo bastante caliente como para que sudara durante toda la noche era la parte más importante del tratamiento. Siempre funcionaba, y lo he utilizado, quitando la cataplasma en sí, a lo largo de toda mi vida para tratar los dolores de garganta y otros problemas de los bronquios. Otro elemento esencial para la mejora era el descanso. Debía quedarme en la cama hasta que se me quitaran la fiebre, la tos y la debilidad.

Me fui haciendo mayor, pero mi vulnerabilidad a los resfriados y a la bronquitis se mantuvo intacta. Los síntomas desaparecían, por lo general, al segundo o tercer día, si sudaba lo suficiente. Aunque no solía darme fiebre, con solo tener tos ya era señal de que mis bronquios estaban infectados. Me di cuenta de que tengo la garganta y los bronquios sensibles al estrés, especialmente al emocional.

El estrés emocional se genera en mí en cualquier situación que me provoque miedo y que no pueda expresar verbalmente. Al tragarme las palabras, se genera el estrés. Eso lo aprendí en la terapia, cuando tenía miedo de gritar o llorar incluso siendo un bebé. Ese miedo me creó tal estado de tensión en la garganta que me hizo vulnerable a cualquier estrés que activara el miedo. Un miedo arraigado de forma tan profunda es muy difícil de eliminar, y muchas veces ni siquiera se logra en toda una vida de terapia. Se puede reducir significativamente al comprender su causa o raíz, y al entrenarnos de forma consciente para utilizar la voz con libertad, sobre todo para ser capaces de llorar cuando nos asustamos o nos hieren. Negar o superar el miedo, que podría suprimir la conciencia de él, no libera la tensión en la garganta ni en los bronquios, que es la contraparte física del miedo. El asma es la manifestación más evidente de una contracción en los bronquios producto del miedo al llanto o al grito. Haciendo que el paciente asmático llore, he logrado disminuir su tendencia a tener ataques de asma como producto del estrés. Describiré varios ejemplos más de la conexión que existe entre la mente y el cuerpo en las enfermedades.

A principios de los sesenta, un paciente a quien llamaré Eric (y a quien llegué a admirar) me consultó porque tenía problemas en su relación con su mujer. Trabajaba como artista gráfico para una editorial de libros sobre parques nacionales; era naturalista, pero no por educación, sino por su profundo amor al campo y la vida silvestre. Era un espíritu libre, pero su trabajo no le generaba suficientes ingresos, por lo que empezó a tener problemas con su mujer. Eric había sido piloto durante la guerra y había derribado cinco aviones enemigos, cuestión por la que ganó el título de «As». Era además marinero, así que lo invité a navegar en mi velero. Dijo que había aprendido una cosa en las fuerzas aéreas: confiar en que su avión haría aquello para lo que había sido diseñado. Confiar en el avión le ayudó a superar los miedos que sentía a la hora de volar. Pude constatar que era un excelente navegante; había aprendido en Noruega durante su juventud, cuando vivía cerca del mar. Creo que pude ayudarlo con mi apoyo y comprensión, e incluso me envió a su hijo a terapia, pero después de eso perdimos el contacto.

Muchos años después, cuando Leslie y yo salíamos de un restaurante, el hijo de Eric entró con una mujer. Me impactó mucho enterarme de que su padre había muerto, de cáncer de próstata. Tan pronto como le expresé mis condolencias sentí una necesidad inminente de ir a orinar y sospeché que estaba relacionado con la noticia que acababa de recibir. Al llegar a casa solo logré orinar un poco, con gran dolor. Repetí la experiencia durante la noche y a la mañana siguiente no mejoró mi estado. Me dolía la vejiga por las ganas de orinar, pero si lo intentaba el dolor era insoportable. El segundo día fue una tortura y lo pasé durmiendo siestas cortas interrumpidas por la presión de la vejiga. Cuando el dolor continuó durante la noche, llegué a mi punto máximo de tolerancia y sentí que prefería morir a continuar con esa tortura.

Empecé a recordar mis experiencias de la infancia, cuando mi madre me hacía ponerme de pie frente al inodoro a fin de que orinara mientras ella abría el grifo del agua para que me entraran ganas. Recordé que ella había sufrido un caso grave de cistitis intersticial en la vejez. Al igual que la mayoría de los niños, yo me orinaba en la cama de vez en cuando, y siempre tenía una escupidera bajo la cama en caso de que me dieran ganas de orinar durante la noche. En una ocasión busqué debajo de la cama y oriné en el primer objeto que encontré: ¡un zapato! También recuerdo que en una ocasión, cuando tenía cinco años y estaba solo en el apartamento, caminé por toda la casa orinando en el suelo, aunque no recuerdo que me castigaran por eso.

Esa tarde me di cuenta de que mi dolor urinario no empezó cuando sentí la necesidad de orinar, sino cuando llegué al baño. Justo en el momento en el que intenté aguantar el impulso, le dio un espasmo a mi esfínter urinario y eso fue lo que produjo el infierno que estaba viviendo. Entonces se me ocurrió que orinar en el momento en el que sintiera ganas no sería doloroso, pero ¿podría hacerlo? Si tenía que caminar hasta el inodoro, sería demasiado tarde. El baño tenía suelos de baldosa, por lo que podía orinar en el suelo en cuanto sintiera ganas. Lo intenté ¡y funcionó! No sentí dolor y la orina fluyó libremente. ¡Aleluya!, ¡me salvé! Más tarde volví a intentar la maniobra y funcionó de nuevo.

Cuando sentí que el problema había pasado, fui a un urólogo del hospital local, que me dijo que había tenido un ataque de cistitis. Tomó una muestra de orina para analizarla y me recetó antibióticos. Lo volví a ver dos días después, pero ya no tenía ningún problema. Me saludó con las siguientes palabras: «Tengo malas noticias para ti. Perdieron tu muestra de orina, así que no sabemos qué organismo era, para darte el antibiótico adecuado». Quería hacerme una radiografía de los riñones, pero me negué. Él insistió: «Necesito saber que todo está bien». Tan solo le dije que si él *tenía* que saberlo, ese era su problema y no el mío. No suelo hacerme exámenes médicos si sé que no tengo nada. Confío en que soy capaz de saber lo que ocurre dentro de mi cuerpo. Él aceptó mi negativa a su petición de rayos X, y nos hicimos amigos.

Sabía que mi próstata se había dilatado, pero como no me daba ningún problema decidí ignorarlo. (Prefiero evitar cualquier intervención quirúrgica a menos que esté convencido de que es necesaria.) Una noche, después de un cóctel en el que bebí dos martinis, descubrí que de nuevo no podía orinar aunque tuviera muchas ganas. Sentía la vejiga llena pero no podía vaciarla. A diferencia del ardor que causa la cistitis, el dolor venía directamente de la hinchazón de la vejiga. El flujo de la orina por la uretra estaba bloqueado por un espasmo, y si lograba relajarme, este desaparecería y podría orinar. Con esa idea en mente tomé, un baño caliente; sin embargo, el dolor aumentaba. Finalmente, a las dos de la mañana, me di cuenta de que deberían introducirme un catéter para aliviar la presión y Leslie me llevó al hospital. El médico que me atendió sabía cómo hacerlo. Aunque el cateterismo fue doloroso, el alivio fue tan grande que sentí el hecho de vaciar la vejiga como si fuese el paraíso. Pensé que sería un incidente único y por eso no hice nada al respecto; de hecho, pasaron varios meses antes de que me ocurriera otro incidente mientras estaba lejos de casa.

Había ido a Múnich para impartir un taller de una semana en uno de los centros de formación. Los organizadores habían arreglado el viaje de forma que pasara la noche en el hotel Internacional de Múnich para acudir al centro a la mañana siguiente. Uno de los asistentes al taller me buscó en el aeropuerto y me llevó hasta el hotel. Me propuso ir a una bodega de cerveza para disfrutar de las mejores cervezas de Múnich antes de la cena. Yo accedí. En la bodega nos sirvieron una jarra de cerveza que estaba muy buena. Cuando llegamos al restaurante, me bebí un segundo vaso de cerveza, y el bloqueo me ocurrió justamente mientras me la bebía. Sentí la presión en la vejiga y, para mi desgracia, al llegar al baño descubrí que, una vez más, no podía orinar y que la presión se estaba volviendo dolorosa. Sabía que debía dejar el restaurante e ir a la habitación del hotel para relajarme y poder orinar. El hotel estaba tan cerca que era posible ir caminando, pero el dolor era cada vez peor. Cuando llegué a la habitación, me preparé un baño caliente, que no me calmó el dolor. Una vez más debía ir a la clínica para que me hicieran un cateterismo. Me sentí algo incómodo por tener que ir a un hospital en un país extranjero, pero no tenía otra opción. Le dije al conserje del hotel que me pidiera un taxi. Los médicos del hospital sabían exactamente qué tenían que hacer. Me introdujeron un catéter y me sentí mejor. Impartí el taller, que fue bastante bueno, y regresé a casa.

Unos meses después volví a experimentar el problema, esta vez de noche. Tuve que ir al hospital y repetir todo el procedimiento por tercera vez. Sin embargo, en esta ocasión, el médico interino que me atendió decidió dejarme el catéter en la uretra por alguna razón. Me había liberado del dolor pero me sentía incómodo con el catéter dentro de mí, aunque no me atrevía a quitármelo por mi cuenta. Tuve que llamar al médico que me había atendido por la cistitis años atrás. Me pidió que fuera a su consulta para examinarme en cuanto me hubieran quitado el catéter. Cuando acudí, me dijo que tenía la próstata muy dilatada, y su recomendación era que me practicaran una prostatectomía. Por desgracia, una próstata tan grande no podía sacarse a través de la uretra, que era el procedimiento estándar. Tendría que operarme haciendo una incisión en la parte baja de la cavidad abdominal, en la zona suprapúbica. Se trataba de una operación delicada, pero no tenía otra opción. Me ingresaron en el hospital al día siguiente y me operaron. Me pusieron anestesia epidural, de forma que estuve despierto durante la intervención.

Me sedaron los dos días siguientes porque los dolores podían ser muy intensos. La recuperación me llevó una semana entera, porque sangré por la vejiga durante más de cinco días. Tenía un catéter en la uretra, por lo que la orina y la sangre salían sin parar. Sané lentamente pero bastante bien, a pesar de que semanas después de irme del hospital aún seguía encontrando sangre en la orina. La cirugía me quitó la presión que tenía en el ano, debida a su vez a la presión de la próstata dilatada. Me recuperé por completo.

La experiencia me dio la oportunidad de entender la dinámica energética del problema. En la sección anterior describí mi problema con la cistitis, del que culpaba a mi madre por interferir en mis funciones urinarias. También lo hacía en las funciones anales, ya que me colocaba enemas y laxantes para asegurarse de que estaba «limpio por dentro». Estos procedimientos invasivos afectaron el funcionamiento normal de mis procesos excretores. No podía dejar que las reacciones espontáneas de mi cuerpo se produjeran con naturalidad. El resultado fue una tensión crónica en la pelvis, que actuó como un freno de la excitación, especialmente de la sexual. El exceso de energía sin liberar estimuló a las glándulas, cuyas células se empezaron a multiplicar de forma anómala, dando como resultado el engrosamiento de próstata que sufrí. Creo que la tendencia de muchos hombres a retrasar el orgasmo es un factor importante de las próstatas dilatadas. Esta dilatación es similar al tumor uterino benigno que afecta a las mujeres. Pienso que el estancamiento de la energía puede llevar a la formación de un cáncer si la energía general del cuerpo se mantiene baja.

Siete u ocho años después, sufrí otra crisis en mi cuerpo, y ahora reconozco que la causa más probable del problema fue una tensión corporal crónica, un fallo en las rodillas. Un dolor agudo en la rodilla izquierda me impedía caminar. Varios días después, la rodilla se me inflamó. Al persistir el dolor durante más de una semana, consulté a un médico ortopédico especializado en medicina deportiva. Me examinó y observó que me había desgarrado los tendones del menisco, por lo que me sugirió que me operara. Sin embargo, me dijo que quizá podría evitar la cirugía y optar por un tratamiento más conservador, cuya efectividad no me podía garantizar. Para tratar el dolor y reducir la inflamación, me prescribió dos aspirinas después de cada comida durante diez días. Adopté su sugerencia de inmediato, porque habría hecho cualquier cosa para evitar una intervención quirúrgica, incluso acceder a que me practicaran una artroscopia. La terapia funcionó. A la semana, la hinchazón y el dolor habían disminuido considerablemente, y tres días después mi pierna funcionaba igual que siempre. Tuve que dejar las clases de baile de salón por el dolor, pero cuando acabé la recuperación me volví a inscribir.

Por desgracia, dos años después noté unos golpes secos en la rodilla derecha similares a los que había oído en la izquierda. En este caso, el sonido era doble, y eso me hizo pensar que el daño era mayor. Me recomendaron a otro médico ortopédico, también especializado en medicina deportiva. Tras examinarme, me indicó que debía hacerme una resonancia electromagnética (REM) de la rodilla para poder apreciar el daño en el tejido. Creía que me había desgarrado el cartílago anterior de la rodilla. La REM reveló un desgarro circunferencial en la parte anterior del cartílago, y el médico me recomendó una operación artroscópica para extirpar la parte desgarrada sin tener que abrir la cavidad articular. No sugirió un tratamiento con aspirinas y ejercicios como la vez anterior, y yo tampoco lo hice. Sentía que en la rodilla derecha el daño era más grave, y temía que las aspirinas no me curaran en esta ocasión. Pedí cita para la operación, en la cual me administrarían anestesia general para asegurarse de que no me movería mientras los instrumentos estuvieran dentro de la cavidad articular.

Cuando la operación finalizó y me recuperé de la anestesia, me podía sentar sobre la pierna sin que me causara dolor alguno. Sin embargo, una semana después seguía inflamada y me dolía al ponerme de pie. Tenía previsto viajar a Grecia la semana siguiente para impartir un taller. Por fortuna, la pierna derecha me permitía caminar sin que me doliera demasiado, y cuando llegué al hotel de Grecia tuve la gran suerte de encontrarme con una colega que era una excelente masajista. Se puso la pierna sobre el regazo y la masajeó desde la rodilla hasta los dedos de los pies. Me impresionó que, después de cuarenta minutos, tanto la inflamación como el dolor hubieran desaparecido. Necesité masajes en la pierna a diario para contener la inflamación y el dolor, y descubrí que el método era infalible. Atribuyo el hecho de que funcionara tan bien a que la masajista no era profesional, sino una persona de grandes sentimientos capaz de intuir dónde estaba el daño y manejarlo. Sin embargo, pasaron varios meses antes de que mi pierna volviese a la normalidad, la inflamación desapareciera y no sintiera más dolor en las rodillas. Excepto un chasquido ocasional, no he sentido ninguna otra incomodidad ni dolor en las piernas, pero creo que eso tiene que ver con el hecho de que he logrado entender por qué fui vulnerable a esos traumas.

La clave para entenderlo es que el trauma del ligamento es resultado de que el peso de mi cuerpo se halle mal distribuido y recaiga con mayor fuerza sobre la parte frontal del cartílago. Mi peso no está centrado. El cartílago es más delgado en la parte anterior y, por tanto, más vulnerable a desgarrarse por la presión. He escrito sobre el hecho de que no me siento bien arraigado, y siempre me ha puesto nervioso encontrarme al borde de un precipicio. Aunque intente mantenerme derecho, nunca he descubierto una posición adecuada que me ofrezca una base segura sobre la que erguirme.

La idea de que me inclinaba hacia delante de forma inconsciente no se me ocurrió hasta que trabajé con un paciente que se sentaba en la parte delantera de la silla cuando comentábamos su problema. Se inclinaba tanto hacia delante que con la cabeza casi me tocaba las rodillas. Justo entonces fui consciente. Le dije: «Stuart, te has adelantado a ti mismo».

Siempre ponía la cabeza en una posición en la que se encontraba por delante del resto del cuerpo, y me di cuenta de que yo hacía exactamente lo mismo. El paciente revisaba su ambiente buscando algún indicio de peligro. Había desarrollado esa actitud de forma inconsciente, en su primera infancia, por una sensación de inseguridad en la relación con sus padres. Había pasado por la típica situación de Edipo, con una madre seductora y un padre distante, y tuvo que armarse contra la seducción de ella y la hostilidad de él. Yo había experimentado una situación similar en mi infancia, y podía recordar lo incómodo que me sentía con respecto a mis padres.

Descubrir que no estaba centrado sobre los pies y que, por tanto, no me arraigaba bien tuvo un gran impacto en mi vida y mi trabajo. Me hizo enfrentarme a mi inseguridad básica y darme cuenta de que ni los conocimientos que pudiera acumular ni mi superioridad intelectual podrían compensar mis carencias. En algún espacio profundo de mi conciencia, me vi a mí mismo como el creador de un imperio, en el campo de la terapia en particular. Esa visión narcisista estaba a punto de derrumbarse, lo que me permitió descubrir algunas verdades simples sobre la vida y sobre mi identidad.

Como la estructura neurótica se cristaliza en el cuerpo y adopta la forma de tensiones musculares crónicas, el derrumbe de esta estructura debe producirse a nivel corporal. Mi derrumbe empezó en 1995, cuando acababa de regresar de un taller que impartí en la isla de Santa Lucía, en el Caribe. Fue el quinto año consecutivo de talleres en la isla, y no había podido experimentar el mismo placer que los primeros años. El hotel, que era nuevo cuando empezamos los talleres, se convirtió en un lugar popular, se llenó de gente y se volvió muy ruidoso. Como resultado, la calidad del servicio empeoró.

Cuando llegué a casa, sentí un dolor muy agudo en la nuca. Girar la cabeza a derecha e izquierda también me producía dolor, y sentía los músculos del cuello rígidos. El dolor se irradiaba hasta la coronilla. Logré liberar la tensión tomando una ducha caliente y enfocando el chorro de agua sobre la cabeza y el cuello, lo que me alivió ligeramente.

Mi cuerpo me estaba forzando a llegar a un acuerdo con mi propia voluntad y con el control que la cabeza ejercía sobre él.

19

El Instituto Internacional de Análisis Bioenergético

A mediados de los setenta, el Instituto Internacional de Análisis Bioenergético (IIAB) creció y se convirtió en una organización plural que cobijaba grupos de intereses y profesiones diversas en Estados Unidos, Canadá y Europa. Estos grupos organizaban talleres dirigidos por terapeutas profesionales que habían tenido experiencias de formación de primera mano con John Pierrakos o conmigo. Durante los primeros veinte años de su existencia, el análisis bioenergético no contaba con un programa formal de formación. Las clases se impartían en las reuniones que hacíamos en las oficinas del Instituto, programadas para los martes por la noche porque ese era el día en que podía quedarme a dormir en Nueva York. Un grupo de entre diez y veinticinco profesionales interesados acudían a las reuniones en las que yo, o de vez en cuando Pierrakos, presentábamos a alguno de nuestros pacientes y comentábamos el caso desde el enfoque de la terapia bioenergética. El análisis siempre se hacía desde el punto de vista caracterológico, con un marcado énfasis en la dinámica del cuerpo del paciente. También nos interesaba aplicar el concepto del *orgón* de Reich y su manifestación en el aura que rodea al cuerpo, que es posible observar con la iluminación adecuada. En estas reuniones demostramos, hasta cierto punto, la parte física de la terapia, pero la exposición siempre era limitada porque no contábamos con suficiente espacio. El objetivo principal era entender la estructura del carácter. Cuando terminaban las reuniones, a las once de la noche, nos retirábamos a comer un bocadillo y conversar a un restaurante cercano llamado El Presidente, que quedaba en la avenida Lexington, cerca de la calle 40.

En aquella época, John Pierrakos y yo dábamos tres charlas públicas al año en la Iglesia de la Comunidad, en Park Avenue con la calle 35. Por lo general, teníamos un público de más de cien personas. Después imprimíamos el contenido y lo poníamos en nuestras oficinas a disposición de quien quisiera. Incorporé esas charlas a los libros que estaba escribiendo, sobre todo a *Amor y orgasmo* y *La depresión y el cuerpo.* El otro programa que utilizaba el Instituto para formar a los terapeutas era un largo taller de fin de semana que impartíamos en la sala de reuniones de un hotel. Entre treinta y sesenta personas participaban en esos talleres, que consistían en lecturas del cuerpo de los participantes y ejercicios de bioenergética diseñados para aumentar la conciencia del organismo, liberar tensiones y expresar sentimientos. A ellos también acudían nuestros pacientes y muchos otros que habían oído hablar sobre la bioenergética y a quienes les atraía experimentar ese tipo de terapia.

A medida que el interés por la bioenergética aumentaba, el Instituto necesitó más espacio para dictar sus programas, por lo que a mediados de los años setenta, el IIAB alquiló un *loft* en la calle 40 Este, entre la Quinta Avenida y la avenida Madison. El espacio había sido renovado y ahora contaba con tres pequeñas habitaciones privadas y un gran salón de ejercicios, donde impartíamos los talleres de fin de semana. Esto fue una gran ventaja a la hora de difundir la bioenergética en la zona de Nueva York. Leslie Lowen tenía un grupo nocturno de ejercicios en el *loft* que era muy popular. Las clases no se parecían a las de los típicos gimnasios. No eran ejercicios diseñados para adelgazar ni fortalecer los músculos, sino para revitalizar el cuerpo a través de respiraciones profundas, con el objetivo de reforzar la conexión con el cuerpo y las sensaciones que se desprenden de él. Se estimulaba a los participantes a que expresaran con libertad sus sentimientos –de ira, de tristeza e incluso de protesta–. Había ejercicios especiales para liberar la tensión crónica de los músculos y los tendones. Los talleres también tenían mucho éxito.

Cinco años después, el Instituto tuvo problemas con los dueños del edificio porque, al parecer, los ejercicios de mayor impacto hacían que los suelos temblaran y eso molestaba a los nuevos inquilinos, que habían alquilado el piso que estaba justamente bajo el nuestro para convertirlo en un estudio fotográfico. El Instituto tuvo que abandonar el edificio y, durante varios años, nos vimos en la necesidad de alquilar un salón de baile o un gran salón de reuniones en algún hotel de Manhattan, y siempre se quejaban del ruido. En 1973, Leslie decidió dar sus talleres en casa, donde había un gran salón. Las clases de ejercicios se desarrollaron sin problema alguno hasta varios meses antes de su muerte. Los talleres de ejercicios de análisis bioenergético para grupos grandes se siguen impartiendo en el centro de conferencias de Pawling, en Nueva York, en el YMCA de la ciudad. Estos talleres se llevan a cabo en un edificio aparte, que también alberga a los participantes. Dado que los talleres ocupan todo el edificio y este se encuentra separado del resto de las instalaciones, el ruido ya no es un problema.

Te preguntarás por qué es tan importante que la gente haga ruido, que den gritos y alaridos, en la terapia bioenergética. La razón es que la mayoría de las personas crecieron en hogares donde no se permitían los gritos. De hecho, se les amordazó, por así decirlo, y ahora necesitan recuperar su propia «voz». Las tensiones fuertes en las mandíbulas, la garganta y el pecho bloquean la capacidad del individuo de gritar. He descubierto que alguien que no puede gritar ha sido víctima de la crueldad de sus padres y sigue siéndolo por miedo a lo que podría provocar su reacción. Hace unos años, salió un artículo en un periódico que relataba la historia de cinco enfermeras que habían sido asesinadas en un apartamento de Chicago. El asesino logró entrar en el apartamento y, presintiendo la amenaza, ellas se habían escondido debajo de la cama. Él las llamó, una a una, para que fueran a la habitación contigua, donde las estrangulaba. Ninguna de ellas gritó, pues estaban paralizadas por el miedo. Si lo hubiesen hecho, lo más fuerte posible, estoy seguro de que el asesino habría huido. Creo que su incapacidad para gritar les costó la vida. Cuando las hubo matado, el asesino escribió en un espejo con un pintalabios rojo: «Deténganme antes de que mate a más personas». La voz es muy importante en la terapia bioenergética, porque no poder utilizar todo su rango nos impone un gran límite en nuestra vida.

Estas técnicas de la bioenergética no resultan adecuadas para todo el mundo. La mayoría de los pacientes tienen miedo a expresar con intensidad su agresividad, pero el miedo limita y restringe su autoexpresión. En la medida en que un individuo pierde su temor a expresar la agresividad, empieza a disfrutar de todo el rango vocal del que dispone su cuerpo. Muchos individuos llegan a la bioenergética porque esta los estimula a expresar sus sentimientos cuando es adecuado, y hay muchas ocasiones para ello en la vida. La libre expresión del sentimiento nos hace sentir más humanos. El poder terapéutico del análisis bioenergético atrae a muchas personas capaces de sentir lo aterradas que están y lo limitadas que son sus vidas. Pero con esto no quiero decir que el análisis bioenergético se centre en los gritos. En realidad se trata de sentirnos más vivos, y esa es la promesa que cada día atrae a más pacientes a nuestra terapia.

En los años setenta, se abrieron nuevos centros de bioenergética en Estados Unidos y en el extranjero. El viejo método de formación con el que viajábamos a distintas ciudades y países para dar a conocerla ya no tenía sentido. Los nuevos centros necesitaban un programa más organizado que fuera impartido por formadores responsables. Este tema formó parte del programa de una reunión que hicimos con todos los terapeutas que daban clases de bioenergética en el calle de Waterville en 1976. Al concluir la conferencia en la que presentamos los papeles, convocamos una reunión con todos los formadores de bioenergética para darle una estructura formal al proceso de formación. Había alrededor de veinte terapeutas en la reunión y no todos ellos estaban dando clases de formación.

Se decidió que el programa de formación debía ser de cuatro años de estudios, con reuniones formativas de una semana cada una, cuatro veces al año. Además de esta formación oficial, se pedía a los estudiantes que hicieran terapia bioenergética durante un mínimo de cien horas con un terapeuta reconocido. Además, aquellos candidatos que quisieran obtener un certificado, debían añadir de cincuenta a cien horas de supervisión con un formador reputado. Al finalizar el programa, los candidatos serían evaluados por dos formadores internacionales que hubiesen dado clases a su grupo de formación durante los cuatro años del programa. Si los candidatos cumplían todos los requerimientos, recibirían su certificación como terapeutas bioenergéticos avalada por el IIAB.

Este parecía ser un buen marco para formar a los nuevos terapeutas en bioenergética. Solo existía un punto débil que, poco a poco, erosionó su efectividad como organización para la formación de terapeutas. El criterio de salud que yo consideraba apropiado era el reflejo del orgasmo, pero se dio con poca frecuencia en la terapia de los formadores internacionales. En mi caso, se produjo al concluir mi terapia con Reich. Alcanzarlo me llevó tres años de análisis con él, con sesiones tres veces a la semana durante casi dos años. No pretendía que los formadores llegaran al mismo punto que yo, pero me desalentaba la magnitud de los problemas corporales que presentaban la mayoría de ellos. Algunos habían hecho su terapia con Pierrakos, y eso parecía no ser tan efectivo como lo que yo podía lograr con mis pacientes. Me sentí decepcionado y abatido, pero estaba decidido a sacar adelante el programa y hacerlo funcionar.

Como he mencionado en el capítulo 11, en esta reunión con los formadores se escogió un comité ejecutivo que se encargaría del Instituto Internacional. Yo fui elegido para continuar como director ejecutivo y el doctor John Bellis, de New Haven y amigo íntimo de Pierrakos, fue designado director administrativo. Poco después de acabar la reunión, el doctor John Bellis escribió una larga carta a todos los miembros del IIAB en la que anunciaba su nuevo cargo y en la que proponía que le comunicaran nuevas ideas para el IIAB. Este hecho me enfureció, ya que percibía que el Instituto se convertiría en una organización política, en lugar de la institución educativa que pretendíamos ser. En el contrato que firmamos cuando se creó el Instituto se establecía que su propósito era promover y profundizar nuestros conocimientos sobre los principios de la bioenergética que subyacen a la conducta humana y difundir esta información entre el público general. Reich había puesto a nuestra disposición una gran cantidad de información acerca de los procesos energéticos del cuerpo y de cómo la cultura los controlaba y dirigía. Nosotros heredamos esa misión y debíamos profundizar en sus principios, así como difundirlos a través de nuestra propia investigación y experiencia. Así, parte de la investigación se basaría en los resultados y experiencias del análisis bioenergético, pero ese no era el objetivo de la mayoría de los formadores. Y era una situación que yo no podía aceptar. En ese momento consideré que luchar por mantener mi visión no tenía sentido alguno, por lo que decidí renunciar al puesto de director ejecutivo del Instituto.

Eso provocó un gran impactó en los formadores de mi círculo más cercano. El doctor Jack McIntyre, director de la Sociedad de Análisis Bioenergético de Michigan, me llamó y me dijo: «Al, no puedes renunciar, tú eres el Instituto». Otros colegas me expresaron el mismo punto de vista. Accedí a retomar mi puesto dentro del Instituto, y le pedí a Ed Svasta que aceptara el cargo de director asociado. Ed mantuvo su puesto hasta 1996, hizo un gran trabajo y se ganó mi respeto.

El cambio no solucionó los problemas. Algunos formadores eran miembros del comité ejecutivo, pero el Instituto seguía teniendo problemas, y eso me hizo cuestionarme si debía seguir formando parte de él. En 1976, me pregunté si existía alguna organización que pudiera promover la bioenergética como símbolo de su dedicación a la verdad. Les he repetido a muchos de mis colegas una historia que me contó Wilhelm Reich y que dice así: una mañana, un joven demonio que había estado en la tierra causando toda clase de molestias, bajó al infierno y, con un tono agitado y rudo, exigió una reunión con el Gran Demonio porque los demonios tenían graves problemas en la Tierra. Los guardias se impresionaron tanto con el tono serio de su voz que lo llevaron a la cámara interna donde el Gran Demonio reposaba sentado en su trono. El joven demonio se inclinó y, con voz temblorosa, le dijo: «Maestro, estamos perdidos. En la Tierra han descubierto la verdad». Al Gran Demonio, que era viejo y sabio, no pareció preocuparle la noticia. Con voz suave, le dijo: «No hay problema, ¡regresa y organízalos!».

¿Por qué las organizaciones son tan vulnerables al engaño? La respuesta es que todas ellas están basadas en el poder.

Alguien debe mantener el control, y eso le otorga necesariamente poder sobre los demás. Así, los profesores tienen poder sobre los estudiantes y pueden llegar a exigir que piensen igual que ellos si desean que los acepte o aprobar sus asignaturas. De igual manera, el gerente de un negocio tiene poder sobre sus empleados y les pide que cumplan sus órdenes. Con esto no quiero decir que se trate de algo positivo o negativo, simplemente que es la naturaleza de cualquier grupo organizado.

Dale al entrenador poder para certificar a un candidato, y lo pondrás en una posición desde la que podrá controlar todo lo que crea o haga. Claro que no todo instructor o formador actuará de forma irracional, pero la situación será delicada desde un principio. En los primeros días del análisis bioenergético, mucha gente se acercaba a la disciplina porque consideraba que el programa no tenía autoridad ni jerarquías. Se supone que cualquier miembro de la bioenergética debería ser libre de expresar sus sentimientos y pensamientos. Antes de que el programa se volviera organizado y estructurado, tuvimos varios casos de individuos psicopáticos que aprovechaban para abrir un grupo de bioenergética, atraer seguidores y, después, explotar su necesidad de ayuda para su propio beneficio. Esta es la principal razón por la que se establecen organizaciones, para evitar este tipo de casos en la medida de lo posible, pero cuando un individuo se encuentra en una posición de poder, es difícil evitar que actúe de acuerdo con sus propias creencias.

El mayor problema que afrontó el Instituto fue un conflicto sobre la propia naturaleza de la disciplina. Me preguntaba si la terapia bioenergética debía ser un proceso principalmente psicoanalítico, o bien enfocar la sanación desde la dimensión física. Siempre he adoptado la postura de que los problemas psicológicos están subordinados a los físicos, que la energía del cuerpo determina la energía de la psique, y que el proceso no ocurre de la misma manera a la inversa. Realizar varios ejercicios junto con psicoanálisis no es bioenergética y, sin embargo, eso fue lo que vi durante todo el programa de formación. Por lo general, cuando remitía a algún paciente mío a otro terapeuta bioenergético, al poco tiempo recibía una llamada del paciente para contarme que la nueva terapia era un proceso sobre todo verbal y que el trabajo corporal era escaso. A veces podían pasar meses hasta que el terapeuta decidía trabajar con los ejercicios corporales. Eso me parece una traición a mi propia visión de la terapia basada en el cuerpo. Yo trabajaba, y sigo haciéndolo hasta el día de hoy, con los cuerpos de mis pacientes para ayudarlos a liberar las graves tensiones musculares crónicas que limitan su capacidad para ser libres y expresarse. Me han acusado de hacer «terapia dura» (trabajo físico duro) y en cierto sentido tienen razón. Sin embargo, los ejercicios que hacía con mis pacientes eran los mismos que trabajaba en solitario. A pesar de la gran estima que me tenían los miembros del Instituto, sentía la hostilidad de algunos integrantes del Instituto Internacional.

Había otro problema subyacente a la falta de unidad de la comunidad bioenergética. Ya he mencionado que los programas de ejercicios formaban parte de los talleres que impartía. Desde que desarrollé el enfoque bioenergético en 1954, siempre he seguido un programa regular de ejercicios en mi casa. Desde que introduje el banquillo de respiración, entre los años 1954 y 1955, lo he utilizado con asiduidad para mejorar mis funciones respiratorias, y sigo haciéndolo hoy día. He realizado ejercicios para arraigarme de la misma forma que los hacía en los inicios del análisis bioenergético. Siempre me ha parecido extraño que otros terapeutas bioenergéticos no incorporaran el programa de ejercicios dentro de su rutina de higiene corporal diaria. Jamás he pedido explicaciones a nadie por ello, pero sí me cuesta trabajo entender su resistencia. Es evidente que hacer los ejercicios de la bioenergética no es la respuesta a la salud personal, pero sí resulta de gran ayuda. Pocos formadores o terapeutas me han traído ejercicios que ellos mismos descubrieran y que encontraran útiles, y me parece extraño que un formador no tenga su propia rutina de ejercicios bioenergéticos.

Existía un abismo cada vez mayor en el IIAB entre la mayoría de los miembros y yo, y eso me perturbaba mucho. Cuando me quejé de ello, me dijeron que se debía a un fenómeno de transferencia. Yo era la figura paterna y se me veía como la autoridad que los hijos desprecian, lo cual quizá era cierto en algún sentido. Yo fui el creador y el «padre» del análisis bioenergético, y quería que la disciplina reflejara mi visión. Había invertido mucho en él a lo largo de mi vida, y me costaba trabajo delegarlo a mis supuestos «hijos». Ellos no tenían mi experiencia ni mis estudios con Reich, quien fue a su vez mi padre terapéutico, y tampoco mi profunda comprensión del cuerpo y su relación con la psique. Durante los años que siguieron, sufrí mucho a causa de esa situación. ¿Por qué me costaba tanto desprenderme? ¿Acaso no sufre ese problema todo padre con sus hijos? Y, sin embargo, sabía que había algo en mi personalidad que se mantenía unido al

Instituto. No podía ignorar el hecho de que le había dicho a Reich que mi objetivo en la vida era hacerme famoso. ¿Existe algo más narcisista que eso? Y aun así siempre fui capaz de justificar mi postura. ¿No era mi trabajo una gran contribución a la humanidad? Por supuesto, y sigo creyendo que es así. Me sentía impotente, pero no podía abandonar mi lucha. No podía aceptar la idea del fracaso.

En 1976 se cumplió el vigésimo aniversario de la fundación del IIAB como entidad legal. El Instituto lo celebró con una fiesta de gala en el hotel Plaza de Nueva York. Acudieron muchos miembros y disfrutamos de una encantadora velada, pero esa noche también marcó el inicio de una lucha dentro de mí para liberarme del trabajo a través de las obsesiones que bloqueaban mi plenitud y me restaban paz y alegría. Y, al mismo tiempo, perjudiqué la terapia que estaba realizando con mis pacientes, porque ellos no podían profundizar más que yo en el camino del autodescubrimiento.

Cuando regresé de la conferencia de Waterville Valley, le di un giro significativo a mi vida: dejé de fumar en pipa. Había intentado hacerlo varias veces, y en una ocasión lo logré durante dos años. Sin embargo, siempre recaía en el hábito. Aunque nunca inhalaba el humo, fumé demasiado, sobre todo en la juventud. Solía fumar incluso durante las sesiones de terapia. Empecé en 1932, cuando tenía veintiún años, y al principio limitaba la pipa a después del trabajo. En aquella época estaba empleado como contable en el Sistema de Jubilación de Profesores de Nueva York. El trabajo era muy aburrido y recuerdo el placer que me producía salir a las cinco de la tarde y encender la pipa. El aroma que se desprendía resultaba muy agradable, y fumar era un símbolo de libertad. No empecé siendo un fumador empedernido. El deseo de fumar era más fuerte después de las comidas, pero con el tiempo el hábito se volvió más frecuente. Cuando me convertí en profesor de instituto, fumaba en los baños cuando tenía una hora libre, pero después adopté la costumbre de llevar una pipa en la boca, aun cuando no estaba encendida. El hábito persistió durante mi época de estudiante de medicina en Ginebra. Los camareros del café que había cerca de la Facultad de Medicina me llamaban M. La Pipe, porque siempre me veían con una pipa en la boca.

Siempre he sabido que fumar me proporcionaba satisfacción oral. La pipa era un sustituto del pezón de mi madre, y me hacía sentir seguridad y satisfacción siempre que la tenía en la boca. Jamás fumé un cigarrillo, pero cuando me hice mayor empecé a disfrutar de los puros después de la cena. Mi padre había sido un gran fumador de puros, pero mi auténtico compromiso era con la pipa. El olor del humo de esta última me excitaba, mientras que el del cigarro me calmaba. Supongo que la pose que adopta el fumador de pipa es la de un intelectual, un pensador. A pesar de que me tengo por una persona más identificada con el aspecto físico de la vida que con el mental, debo admitir que también me considero un intelectual, es decir, un pensador.

Lo que me hizo dejar definitivamente la pipa fue que dejé de disfrutar de su olor. Al mismo tiempo, me di cuenta de que el humo tenía un efecto negativo en mi organismo. Con solo encender la pipa, sentía un escalofrío por todo el cuerpo. Había tenido esa reacción antes, pero no me la había tomado en serio porque se me quitaba con rapidez. Sin embargo, una mañana de 1976 no pude ignorarla más. Sabía que el escalofrío era resultado de la acción de la nicotina sobre las arteriolas periféricas de mi cuerpo. Me impactó darme cuenta de que me había sensibilizado al efecto de la nicotina y que mi cuerpo era vulnerable. Me sorprendió también notar que, de pronto, ya no me atraía fumar. Dejar el tabaco me produjo un efecto extraño al principio. Cuando trataba de escribir, me costaba concentrarme en mis pensamientos, lo cual no es saludable para un escritor. Sabía que debía resistir hasta que mi concentración regresara, y cuando ocurrió, pude volver a escribir tan bien como antes, o quizá mejor. Solía tener las manos frías, pero desde que dejé de fumar en pipa se calentaron considerablemente.

A lo largo de los años, el IIAB ha tenido sus luchas internas. Tanto Eric Fromm como Wilhelm Reich compartían una postura similar con respecto a la familia moderna, a la que describían como patriarcal y autoritaria, basada en la riqueza, que es fuente de poder. En las culturas en que los recursos son tan escasos que la vida se basa en la subsistencia y no hay riqueza, el problema edípico no existe porque no hay poder. Mis observaciones sobre este tipo de pueblos me llevan a creer que, al operar de esta manera, no existe la rivalidad entre padre e hijo por el amor de la madre, y la ansiedad de castración no es un factor importante en los hombres. Me impactó que, al presentar un tema tan importante como este al IIAB, la respuesta fuera tan indiferente. Desde mi punto de vista, este es el problema de base de la condición humana. El poder es el destructor de la vida. En 1980 presenté mis ideas al respecto en *Miedo a la vida,* mi libro más importante.

Mi habilidad intelectual ocultaba aspectos inmaduros de mi personalidad. Como había escrito algunos libros populares y había creado una respetada organización internacional, muchas personas consideraban que mi vida había sido un éxito. Para poner los pies de nuevo en la tierra, tuve que abandonar las trampas que nos tiende el éxito. Eso quiere decir que, finalmente, decidí renunciar al cargo de director ejecutivo del IIAB en mayo de 1996. Aunque el hecho de renunciar no afectó a mi rutina diaria, en retrospectiva puedo decir que a partir de ese momento me sentí más libre. Ya no era responsable del Instituto ni de lo que la gente hiciera en nombre de la bioenergética. El hecho no me transformó, y mi vida siguió adelante de la misma forma en la que se había desenvuelto hasta ese momento.

El IIAB tiene más de cincuenta años. Desde que renuncié a mi cargo como director ejecutivo, ha cambiado de líder varias veces. En diciembre de 2003 me visitó Hugo Steinmann, el actual presidente del Instituto Internacional, que tiene su base en Zúrich, Suiza. Él considera que el interés por la bioenergética sigue creciendo. Me contó que habían participado más de cuatrocientas cincuenta personas en la Conferencia Internacional que tuvo lugar en Brasil en octubre de ese mismo año –yo les había enviado un discurso por escrito que leyeron por mí en la conferencia–. Además, los programas de formación siguen su curso en todo el mundo, y mis libros se están volviendo a publicar. Ya no tengo problema alguno con el Instituto Internacional de Análisis Bioenergético.

20

Años de placer y estrés

En 1980 la conferencia bienal del IIAB se celebró en Taormina, Sicilia, y fue el inicio de una política de conferencias bienales que se alternaban entre Norteamérica y Europa. Sicilia era un lugar estratégico porque está cerca de la península italiana, donde el Instituto contaba con muchos seguidores, y era menos costoso que hacerlo en cualquier otro punto del país. Betty Skalecki, secretaria del Instituto, viajó en coche por la isla y encontró un encantador hotel en Taormina donde podíamos llevar a cabo la conferencia. Me enteré de que Taormina era un lugar muy recomendado para los turistas. La ciudad contaba con un anfiteatro grecorromano muy antiguo que seguía en uso, así como con un monasterio que servía de refugio a cabezas de estado y otras figuras.

Una semana antes de la conferencia, Leslie empezó a sentir dolores abdominales. Durante su clase de los martes por la noche, notó una aguda punzada en el abdomen y tuvo que cancelar la clase, algo muy inusual en ella. Yo estaba en Nueva York esa noche, era parte de mi horario semanal (en esos momentos yo trabajaba dos días en Nueva York y, como me quedaba a dormir en la consulta para evitar el estrés de hacer el viaje de vuelta, regresaba el miércoles por la tarde). Leslie se fue a la cama con la esperanza de que el dolor desapareciera, pero después de pasar una mala noche, el dolor seguía ahí. Logró pasar la mañana en ese estado, pero al mediodía, dado que el dolor no cesaba, llamó a un amigo cercano de New Canaan. Cuando este vio la intensidad de su dolor, y aunque a veces se calmaba, le recomendó que fuera a un médico. Me llamaron por teléfono y, en cuanto recibí la noticia, cancelé todas mis citas del día y me fui a casa. Cuando vi el estado en que se encontraba Leslie, supe que era algo serio y que probablemente se tratara de apendicitis.

El doctor Brown, el médico local, le hizo un examen completo y concluyó que era apendicitis; sin embargo, el dolor se había desplazado hacia la zona abdominal izquierda y eso elevaba la probabilidad de que se tratara de un quiste en los ovarios. El médico nos dijo que debíamos hospitalizarla y nos recomendó a un joven cirujano que hizo las gestiones para que la admitieran. Después de examinarla en mayor profundidad, el cirujano no nos dio un diagnóstico definitivo. Llevaron a Leslie a una habitación privada para que pasara la noche y yo me fui a casa. Por la mañana le hicieron radiografías y otros exámenes rutinarios, pero tampoco llegaron a un diagnóstico definitivo. Leslie estaba impaciente porque creía que, si su problema no era apendicitis, debían darle el alta.

Unas horas más tarde, esa misma mañana, un camillero la bajó en silla de ruedas al departamento de rayos X y la dejó allí, vestida con la bata del hospital, congelándose en medio del pasillo. Un rato después, se levantó de la silla de ruedas y, aún con la vía intravenosa en el brazo, se fue hasta el ascensor y subió a su habitación. La enfermera llegó poco tiempo después y Leslie le informó de que no se había hecho la radiografía y que se estaba preparando para irse a casa. La enfermera se molestó y mandó llamar al médico de inmediato. Él se disculpó por el trato que había recibido, y le dijo que habían confirmado el diagnóstico de apendicitis y que habían programado la intervención quirúrgica para las dos de la tarde. La operación fue un éxito y la dieron de alta al tercer día, que era el domingo de Pascua. Una operación de apendicitis no es algo serio, pero me pareció digno de contar por la forma en que Leslie manejó la situación. No se mostró ansiosa cuando el diagnóstico era dudoso, y su decisión de tomar el control de la situación cuando la dejaron sola en el pasillo reveló una fuerza interior increíble. Me la llevé a casa, y al día siguiente, ya estaba completamente recuperada. Yo me fui a Sicilia. Esa fue la primera conferencia que Leslie se perdió.

Viajé a Roma y pasé el día con mis amigos Laris y Ellen Greene. Ellen me acompañó a Sicilia y otros participantes de la conferencia hicieron la misma ruta. Cruzamos el estrecho de Mesina en un tren que se abría paso por los raíles a trompicones. Nos confundimos de vagón y no sabíamos cuál debíamos tomar, pero una vez aclarado empezó el viaje. En Mesina reorganizaron los vagones para continuar hacia Taormina. La estación del tren quedaba en la costa; el pueblo descansaba sobre un risco y nuestro hotel estaba en un acantilado con vistas al mar. De hecho, podía ver el mar desde la cama de mi habitación y, si me asomaba por la ventana, podía vislumbrar el monte Etna en la distancia. El hotel era elegante y tenía un adorable comedor al lado del mar, un salón con música y pista de baile por las noches, así como habitaciones privadas para las reuniones. Vinieron corresponsales italianos que deseaban información sobre el análisis bioenergético; sin embargo, no me impresionaron positivamente las ponencias de la conferencia. Aunque proponían trabajar con el cuerpo para resolver los conflictos emocionales, me decepcionó que ninguno pareciera entender en profundidad el trabajo corporal de la bioenergética.

La mayoría de los participantes disfrutaron de su estancia en Taormina. Pasear por el camino que iba desde el hotel hasta el pueblo era agradable porque bordeaba el mar. El lugar era encantador, y disfrutamos visitando el anfiteatro y otras edificaciones antiguas. Los restaurantes de la costa servían una comida deliciosa de pescado y mariscos. En uno de los almuerzos, nos invitaron a mis amigos y a mí a unirnos a la celebración de una boda en la que los invitados más valientes se metieron a nadar en las frías aguas del Mediterráneo.

Durante el tercer día de conferencia, el Instituto organizó una excursión en autobús al volcán del monte Etna, que resultó muy placentera para los miembros de diferentes países. Iban cantando canciones folklóricas de sus lugares de origen mientras subíamos la cuesta hacia el volcán y al regresar por el mismo camino. Algunos cantantes tenían buena voz, e hicieron del viaje una experiencia muy agradable. El autobús nos llevó por muchas villas. En el camino vi a una mujer muy vieja, que seguramente rondaba los cien años.

Salió de una casucha de piedras, miró a ambos lados, se dio la vuelta y entró de nuevo en la cabaña. En ese mismo pueblo pasamos junto a tres ancianos sentados en un banco fumando. Estaban tranquilos y parecían contentos. Seguimos adelante, pero la escena se me quedó grabada en la memoria como un símbolo de paz y quietud. Tuve esta misma sensación cuando visité las islas griegas, pero unos años después noté que esa cualidad desaparecía con rapidez.

La conferencia de Taormina concluyó con un excelente banquete, música y bailes. Betty Skalecki organizó un espectáculo sorpresa de bailes y cantos folklóricos. Los que acudieron a esa conferencia la recuerdan como una de las más agradables.

Dos años después, la conferencia bienal del IIAB tuvo lugar en México, en las instalaciones de un hotel llamado Cocoyoc, un antiguo monasterio. Ese viaje también resultó agradable, pero no fue nada especial. Algunos participantes incluso enfermaron, ya que sufrieron de colitis por beber el agua del lugar (la llamada «venganza de Moctezuma»). Ni Leslie ni yo enfermamos porque tomamos un remedio tradicional que parecía proteger a los lugareños: bebimos una cucharadita de vinagre de sidra diluido en un vaso de agua tres veces al día.

Mi descontento con el programa de formación del Instituto acabó estallando en Bruselas, durante una clase que tuvo lugar en el marco de la conferencia bienal de 1986. El formador internacional que dirigía la Sociedad de Análisis Bioenergético de Bélgica jamás estudió ni tuvo contacto personal conmigo. Si poseía algún tipo de experiencia, había sido bajo la tutela de un joven terapeuta de Montreal, donde yo había impartido varios talleres de bioenergética en los años setenta. En cuanto el interés por este tema creció en Bélgica, Leslie y yo fuimos invitados a impartir unos talleres. Como resultado, los terapeutas belgas tomaron la decisión de formar una sociedad bioenergética para promover la formación de nuevos terapeutas. Yo agradecí su interés por la disciplina y los apoyé para que siguieran adelante con su plan y formaran una sociedad afiliada al IIAB.

Creía que todos los formadores se acercarían a la bioenergética con la misma pasión y sed de conocimientos que yo había desarrollado durante mi trabajo con Reich. Sin embargo, noté que algunos la veían como un medio para alcanzar sus intereses personales, y eso no coincidía con el objetivo bajo el cual yo había fundado el Instituto. En la reunión de formadores internacionales de 1974, se propuso que la bioenergética se considerara una extensión del psicoanálisis. El trabajo del cuerpo se concebía como algo secundario, subordinado al análisis verbal de la estructura del carácter del paciente. Si este no aceptaba la interpretación del analista, se asumía que era a causa de una resistencia. El análisis de la resistencia y de la transferencia sería el principal enfoque terapéutico. Esta postura le dio la vuelta al análisis bioenergético. No se consideraba el cuerpo como la base de la personalidad, y se adoptó la idea de que la mente era la esencia. La intelectualización que hizo Descartes –«Pienso, luego existo»– se convertiría dentro del Instituto en el ejemplo supremo de la escisión de nuestra cultura.

He trabajado la mayor parte de mi vida para recuperar el cuerpo y devolverle su posición central en la jerarquía de la personalidad. Es este el espacio de nuestra existencia y la base de nuestra sexualidad. ¿Por qué no aclaré mi postura cuando creé el enfoque bioenergético para comprender y tratar los problemas emocionales? La respuesta a esta pregunta se halla en la estructura de mi personalidad, que se encuentra escindida. La identificación con mi cuerpo siempre ha sido en términos de supervivencia y placer, mientras que la identificación con mi mente respondía a mis deseos de éxito y superioridad. En el único terreno en el que había podido probar que era bueno, e incluso mejor que los demás, era en el intelectual. Esa necesidad de probar mi superioridad nacía de un profundo sentimiento de vergüenza con respecto a mis funciones corporales y de mi identificación con el desdén que mi madre sentía hacia el cuerpo. Aunque mi terapia con Reich me ayudó a disminuir esa identificación con mi madre, no me ofreció la oportunidad de conectarme con mi cuerpo lo suficiente. La causa de esa situación era muy simple, pero no evidente en aquel momento: Reich era también un pensador, uno grandioso, que utilizó su capacidad intelectual para vencer sus propios sentimientos de inferioridad y de vergüenza asociados a su padre y a su hermano mayor. Mi ego era enorme –«Deseo ser famoso»–, pero el suyo lo era aún más. Reich era «un gran hombre» y, aunque en algunos sentidos era cierto, su necesidad de anunciarlo revelaba una debilidad de su personalidad. Mi narcisismo se interpuso en mi desarrollo de las bases de la bioenergética y en su comprensión del dilema humano.

A pesar de ello, si mi ego era grande, el de algunos formadores belgas estaba aún más hinchado. En 1984 me pidieron que impartiera un pequeño taller para los estudiantes del cuarto año de la sociedad belga. En ese taller descubrí, con gran asombro, que los problemas edípicos de los alumnos no habían sido comentados. El rol de la sexualidad en su personalidad se había ignorado totalmente, y tampoco les hicieron un análisis de la estructura de su carácter basándose en una lectura corporal. Percibí que esos estudiantes carecían de una comprensión profunda de las dinámicas del cuerpo.

En la reunión con los formadores previa a la conferencia, surgió el tema de la relación existente entre la bioenergética y el psicoanálisis. Algunos decían que la bioenergética era simplemente una variante del psicoanálisis y que los principios psicoanalíticos básicos debían servir de guía para el proceso terapéutico. Los procesos psicoanalíticos eran las resistencias del paciente a las interpretaciones ofrecidas por el analista y la transferencia, que afirma que el paciente proyecta sobre el terapeuta los sentimientos que alberga hacia sus padres. Estos son preceptos psicológicos válidos que yo experimenté en mi terapia con Reich, pero en el análisis energético reichiano, esas reacciones se estudian desde el punto de vista de la estructura del carácter del paciente, que no solo es una realidad psicológica sino que también se considera una realidad física. Como tal, esas actitudes están asociadas a las tensiones musculares crónicas del cuerpo del paciente, y derivan de ellas. Ni los sentimientos ni el comportamiento del paciente cambiarán hasta que las tensiones se liberen y se resuelvan. Si hubiese sido posible resolver esos problemas utilizando únicamente el análisis verbal, ni Reich ni yo nos hubiésemos molestado en desarrollar el enfoque corporal. Además, jamás he visto ningún cambio significativo o profundo en el cuerpo de los pacientes que han venido a mi consulta después de años de terapia verbal.

No quiero decir con esto, sin embargo, que el análisis bioenergético sea siempre efectivo como método para alterar el carácter y el cuerpo del paciente. El análisis bioenergético no es más que una herramienta y su eficacia depende casi por completo de la persona que la administra. Me molesté mucho al escuchar lo que en ese momento consideré una traición al análisis bioenergético.

El problema llegó a su cúspide durante la reunión de formadores internacionales en un hotel de Montreal, justo antes de la conferencia bienal. Les propuse hacer talleres de fin de semana para los formadores en sus propias localidades, para que no tuvieran que trasladarse hasta Nueva York. Pensé que la experiencia podría animarlos a trabajar con más entusiasmo y compromiso en los cuerpos de sus pacientes. Si algún formador se negaba a participar en esos talleres, le pediría que abandonara el título de formador internacional. Todos los formadores que estaban presentes aceptaron mi oferta a excepción de dos. Uno dijo que estaba en un proceso de psicoanálisis continuo y que asistir a esos talleres interferiría con su terapia. Fue entonces cuando llegué al límite.

Durante la noche sentí un dolor agudo en la zona lumbar. Cuando me desperté, tenía la garganta irritada y noté que me estaba resfriando. Al día siguiente fuimos a Montebello, un hermoso *resort* que cuenta con un gran hotel en la orilla del lago Erie totalmente construido con madera de Vancouver. Las instalaciones eran ideales para nuestra conferencia, e incluían establos y una piscina cubierta. Las comidas eran de alta cocina. Sin embargo, me sentía mal por el fuerte resfriado, que no se me quitó en varios días. La tercera jornada en Montebello, el dolor de espalda se convirtió en una ciática que se irradiaba hasta el muslo derecho.

Cuando regresé a casa, fui al quiropráctico de la ciudad, que me alivió el dolor durante un tiempo, pero al poco tiempo volvió, por lo que a principios del verano llamé al doctor Frederick Sypher, un médico osteópata de Toronto especializado en dolores de espalda. Dado que él también era terapeuta bioenergético, concluí que podría ayudarme. Me dijo que me acostara en el suelo con los pies elevados sobre una caja de diez centímetros de altura. Debía mantenerme en esa posición durante una semana, durmiendo y comiendo en el suelo. Para ir al baño tenía que arrastrarme sobre las manos y los pies para evitar presionar los músculos de la espalda. Si no estaba totalmente recuperado en una semana, quería que fuera a Toronto a trabajar el problema con él. Nunca pensé que pudiera quedarme tirado en el suelo sin hacer nada durante una semana; siempre he tenido proyectos en mente. Escribir mis libros me dio algo que hacer, pero cuando pasó la semana no sentía ninguna urgencia por hacer actividades físicas.

Después de seis días me levanté del suelo. Aunque seguía teniendo algo de dolor, estaba mucho mejor. Era un hermoso día de verano y salí al jardín a sentarme un rato. Mi respiración era profunda y espontánea. Mi mente, que por regla general está activa, permanecía muy tranquila. Me encontraba en un sitio diferente y eso me sentaba muy bien; sin embargo, como todavía se irradiaba el dolor desde la cadera hacia la pierna, decidí ir a Toronto a ver al doctor Sypher. Me quedé en su apartamento, donde hizo algunos ejercicios conmigo mientras yo permanecía acostado en el suelo. Crucé una pierna sobre la otra y eso estiró los músculos de la zona lumbar. Él hizo el mismo ejercicio que yo a mi lado en el suelo, pero noté que, a diferencia de mi método, él metía la barriga hacia dentro. Me dijo que eso contribuye a fortalecer los músculos del abdomen y que al hacerlo aliviaría la presión que sentía en la espalda. Su argumento parecía contrario a mis creencias, por lo que no contraje el abdomen. Fue una visita agradable en la que pude conocer mejor a Fred Sypher, y aunque al llegar a casa me pude mover con mayor facilidad, el dolor lumbar y mi pierna no mejoraron mucho.

Varias semanas después viajé a Grecia para impartir un taller de una semana a treinta participantes de Estados Unidos y Grecia. Era el cuarto taller de una serie anual que realizábamos en septiembre. Una colega mía griega de nacimiento llamada Anna Miller fue mi asistente durante el taller. Cuando algunos de los primeros participantes me preguntaron cómo me sentía, les respondí que tenía un dolor en la pierna derecha por la ciática. Una de ellos era masajista y se ofreció para darme un masaje que, según me dijo, me serviría para aliviar el dolor. Aunque el dolor no me incapacitaba ni limitaba mis movimientos, quería liberarme de él. Me dio un masaje en todo el cuerpo, aplicándose con especial ahínco sobre la zona de dolor en la nalga y pierna derechas. Después del masaje me sentí mejor, pero todavía podía notar un dolor residual durante todo el taller (que por cierto salió de maravilla).

Después del taller de Grecia, viajé a Sevilla para enseñar sobre bioenergética a un grupo de terapeutas españoles que estaban interesados. Allí también me preguntaron cómo me encontraba y les conté que estaba bien, excepto por el dolor ciático crónico en la pierna derecha. Uno de los organizadores se presentó y me dijo que era un doctor en medicina que practicaba la acupuntura. Me ofreció un tratamiento de acupuntura y me aseguró que la técnica que iba a emplear la había probado con varias personas que sufrían de ciática y que el tratamiento logró aliviarles el dolor. Al día siguiente, en su consulta, me insertó agujas en los lugares apropiados, y me quedé acostado en la camilla durante treinta minutos esperando que el dolor se disipara. Cuando le comuniqué que el tratamiento no había funcionado porque aún sentía dolores, me dijo que repetirlo siempre funcionaba. Las repeticiones no me ayudaron, pero le dije que me sentía mejor de todas formas.

El dolor no me incapacitaba, por lo que pude impartir el taller a los terapeutas españoles. Les mostré los ejercicios de bioenergética y les hice preguntas a los voluntarios para encontrar la raíz de su problema. Después les enseñé a profundizar en su respiración, pidiéndoles que realizaran ejercicios de expresión (como patear al aire diciendo «no» o «por qué») para así modificar la energía de su cuerpo y hacerlos sentir más seguros consigo mismos. Estos ejercicios ayudaban por lo general a los individuos a sentirse mejor, pero no producían un cambio significativo en su estructura de carácter. En este sentido no eran más efectivos que los tratamientos de acupuntura que yo había recibido. Sin embargo, sí ayudan a que la persona se concentre en las tensiones corporales que se esconden tras los problemas emocionales y demuestran que algunas técnicas corporales son de gran ayuda en la terapia. Los talleres brindan a los participantes la oportunidad de observar cómo se enfrentan otras personas al mismo tratamiento y experimentan resultados positivos. La terapia bioenergética no ofrece tratamiento para problemas emocionales porque se trata de un proceso individual en el que cada persona debe sanarse a sí misma, y donde el terapeuta es simplemente un guía y un asistente que le facilita el progreso. ¿En qué medida se puede considerar que un guía es bueno? Eso depende de su comprensión personal de la condición humana y de los problemas que se desarrollan cuando la cultura, que actúa a través de la familia, impone condiciones y restricciones al desarrollo natural de la personalidad humana. Dado que el terapeuta, al igual que los miembros de la sociedad, ha luchado contra los conflictos que surgen como producto de las interacciones entre la cultura y la naturaleza, y también ha sufrido con ellos, su valor como guía dependerá de cómo haya comprendido la condición humana y cómo haya resuelto los traumas que sufrió durante su adolescencia y crecimiento.

Cuando regresé de España, retomé mi rutina de actividades como terapeuta, profesor y marido. Dos semanas después me llamó un colega, un formador internacional que había sido una fuente de problemas para mí en el pasado. Me dijo que quería conocer su posición dentro del programa del IIAB. Sin pensarlo le respondí: «Tú no tienes cabida ni posición alguna dentro del programa», y a continuación le colgué el teléfono. Dos semanas después me di cuenta de que no había sentido dolor alguno en la espalda o en la pierna. Cuando me pregunté cuánto hacía desde que se había desvanecido el dolor, recordé de inmediato la conversación telefónica en la que me quité de encima a esa persona.

La idea de que el dolor en la parte baja de la espalda suele producirse por una situación emocional difícil no era nueva para mí. Muchos años antes de ese suceso, había tenido un paciente que mantenía una relación sentimental con una mujer que le resultaba poco satisfactoria, y no sabía qué hacer al respecto. Ella se estaba mudando a un nuevo apartamento y le pidió que la ayudara a trasladar sus muebles. Él lo hizo pese a que hubiese preferido no hacerlo. Al levantar un mueble especialmente pesado, sintió una punzada de dolor muy aguda en la parte baja de la espalda. El dolor era tan intenso que acabaron internándolo en un hospital durante varios días. Se había dañado el nervio ciático y a partir de entonces cojeaba al caminar. En ese momento me di cuenta de que, si dejas que te impongan un compromiso del que no te podrás liberar, puede que tu espalda sí quiera librarse de él, ya sea contigo o sin ti.

Me encontraba en la misma situación con respecto a otros miembros del IIAB. El grupo de formadores que querían que la bioenergética se convirtiera en un anexo del psicoanálisis tenían todo el derecho a enseñar y practicar sus creencias, pero no como parte de un instituto que estaba comprometido, desde su creación, con el desarrollo y la promoción del análisis bioenergético. Los miembros del IIAB habían votado a favor de poner como requisito a los nuevos miembros el hecho de acudir, al menos, a un taller de bioenergética impartido por mí. Por tanto, debía hacerme cargo de cuatro talleres en diferentes partes del país para poder adaptarme a los formadores de las diferentes zonas. Todos acudieron a ellos a excepción de dos, que no deseaban hacer ningún taller conmigo, decisión que los descalificó automáticamente como miembros del Instituto Internacional. Los talleres me decepcionaron porque me di cuenta de que carecían de un elemento clave, el cual habría encendido la chispa del entusiasmo en los practicantes de la bioenergética. En la siguiente reunión con los formadores internacionales, en Pawling, Nueva York, se introdujo una moción para expulsar a los dos formadores y eliminarlos de la lista de formadores internacionales del IIAB. Después de algunas discusiones, la moción siguió adelante con tan solo tres votos en contra: de los formadores en cuestión y de un tercero. Añadiré algo más a mi descripción de esta particular votación: les dejé claro a todos los asistentes que, si la moción no prosperaba, yo renunciaría al IIAB y cortaría toda relación con él. No se atrevieron a romper el límite que les impuse. La mayoría de los formadores vieron esa ocasión como una actuación positiva. Sin embargo, a la larga, ese gesto tuvo poco impacto sobre las técnicas y la formación del análisis bioenergético.

Aprendí valiosas lecciones de mis experiencias en Grecia. En 1981, Anna Miller, que había sido formada como terapeuta en análisis transaccional (AT), se interesó por el análisis bioenergético y se me acercó para contarme su idea de organizar un taller en Grecia. Aquel no sería un taller de formación oficial del Instituto. Estaría diseñado para ofrecer terapia bioenergética a un grupo de personas interesadas en el tema y se desarrollaría en un lugar que me ofrecería múltiples oportunidades para experimentar el placer de estar vivo. Anna ya había organizado un taller de AT en Grecia bajo la dirección de un reconocido profesor de AT. Dicho taller fue un éxito económico y me aseguró que el nuestro también lo sería. Planeamos abrir las inscripciones a treinta participantes, y la mayoría tendría la oportunidad de trabajar directamente conmigo. Un pequeño grupo trabajaría con Anna, a quien yo consideraba bastante avanzada dentro del análisis bioenergético. El taller comenzaría un lunes y terminaría el sábado por la tarde. Cuando lo anunciamos, la respuesta fue tan masiva que decidimos impartir dos talleres consecutivos en lugar de solo uno. Anna encontró un hotel en el Peloponeso, junto al mar, por lo que habría deportes acuáticos disponibles dentro de la oferta del hotel. Todas las habitaciones tenían vistas al mar y balcones en el lado opuesto para ver el atardecer entre las montañas. A poca distancia del hotel estaba el pueblo de Porto Heli, donde proliferaban los restaurantes y las tiendas de regalos. En el pasado había sido un pueblo de pescadores, y muchos habitantes aún practicaban la profesión, si bien la mayoría estaban vinculados, de alguna manera, al turismo y la hostelería. Decidimos dar horas libres para almorzar durante las jornadas, para así disfrutar de las comidas en el pueblo, lejos del hotel, y experimentar todos los matices de la cocina griega.

Solo había un pequeño problema: las sesiones de ejercicios debían hacerse en el bar que quedaba separado del resto del hotel, y teníamos que reorganizar las sillas para abrir espacio suficiente en la sala. A causa del limitado espacio, nos vimos obligados a realizar sesiones individuales con algunos voluntarios frente al resto del grupo. Hacíamos dos sesiones diarias, una matutina, desde las nueve de la mañana hasta las doce del mediodía, y otra vespertina, desde las cuatro hasta las siete de la tarde. Este horario nos permitía hacer un largo descanso para almorzar y disfrutar así de un rato en la playa antes de comer. Todo el mundo disfrutó de la playa y de nadar en las cálidas aguas del Mediterráneo. Se podían practicar deportes acuáticos y había barcas de pedales disponibles para los huéspedes del hotel. Dado que el análisis bioenergético promueve la apertura y la expresión de los sentimientos, los participantes (que venían de Europa, Norteamérica y Sudamérica) se hicieron amigos y establecieron estrechas relaciones entre sí. Eso hizo de los talleres de Grecia una experiencia memorable para la mayoría de los participantes.

En el pueblo había varias tabernas y eso nos evitó el problema de tener que buscar restaurantes para cenar. Junto al hotel había una llamada Canon, que bordeaba el camino y el mar, y separada tan solo por unos arbustos. Las mesas quedaban al aire libre, en el mirador. Después de nadar, muchos nos reuníamos en esa taberna para el almuerzo. Uno de los platos favoritos era la ensalada griega de pepino, tomates y cebolla con queso feta fresco, y vino. Otros platos eran también muy populares, como los calamares. Las mesas eran grandes y en ellas se podían sentar entre seis y ocho personas, por lo que siempre había buena compañía, risas y conversaciones en nuestra comida del mediodía, y nos quedábamos en las mesas durante más de una hora. El horario de los talleres también nos permitía hacer una siesta muy placentera. El hábito de hacer la siesta por la tarde que adquirí durante ese viaje a Grecia sigue formando parte de mi rutina diaria hasta el día de hoy.

Mi rutina diaria en Grecia también incluía ejercicios de natación antes de la cena. Cuando la sesión de la tarde concluía, a las siete, todavía había suficiente luz como para disfrutar del mar. A las nueve de la noche, hora a la que servían la cena, nos sentábamos todos juntos en una larga mesa. Ese primer año, el hotel organizó un concierto de música griega al aire libre para los huéspedes, y algunos de ellos bailaron. Anna Miller, que había crecido en Atenas, siempre se ponía a bailar cuando tocaban música griega. Todas las noches venía un trío a tocar música popular de baile en un gran patio abierto que rodeaba al bar. En los talleres siguientes nos trajeron a un grupo de bailarines griegos. Otra actividad entretenida del taller fue una excursión a la isla de Hidra, en la bahía de Saronikos, adonde fuimos con un bote que alquilamos solo para nuestro grupo. Lo anclaríamos en una cueva de la isla y saltaríamos al agua desde él para nadar en las deliciosas aguas del Mediterráneo. Después de nadar, el bote nos llevó hasta el puerto del pueblo, donde disfrutamos de un almuerzo de comida marina, exploramos la isla y compramos regalos en varias de las tiendas.

Cuando vi por primera vez Hidra en nuestra ruta desde Pireo, el puerto de Atenas, hasta esa isla, me emocionó y me encantó la imagen de las pequeñas casas blancas de piedra que se alzan en las estrechas calles que suben la ladera desde el puerto. La brillante luz del sol acentúa su blancura, que contrasta con las flores de colores que rodean las casas. Grecia, más que cualquier otro país que haya visitado, simboliza con increíble fuerza el encanto y la hermosura de la cultura mediterránea. Tengo la sensación de que otros participantes del taller estaban igual de impresionados y excitados. Repetimos el taller en Porto Heli cada septiembre durante cuatro o cinco años. Las expectativas siempre eran altas y el placer, igual de intenso. Leslie llegó a Grecia ocho días después de que comenzara la primera parte del primer taller. Había organizado la segunda parte para que la dirigiera Vivian Guze, miembro del Instituto Internacional. Nuestros planes incluían visitar Creta, porque me interesaba explorarla por la historia del Minotauro y el laberinto. Había leído el cuento *El rey debe morir*, de Mary Renault, y me había impresionado mucho. Aunque se trata de una historia de ficción, me pareció muy elocuente y lógica como recuento de los cambios que se producen dentro de una cultura al pasar del sistema religioso matriarcal, en el que las mujeres son el sexo dominante, a un sistema patriarcal en el que el dios masculino Zeus se convierte en una deidad suprema representada por su morada en el monte Olimpo, mientras que las deidades femeninas, que están más conectadas a la tierra, son relegadas a una posición inferior.

Este conflicto primigenio entre deidades femeninas y masculinas es la base del drama edípico, que también representa la lucha entre las fuerzas inconscientes del hombre, que controlan su destino, y el poder de la conciencia de su ego, que se opone a ese destino. Dado que el destino es expresión directa de la anatomía del hombre, es decir, que es un ser mortal que acabará muriendo, su lucha por escapar de ese destino siempre acaba en fracaso. Pero aceptar el propio destino (nuestra mortalidad) es vivir en armonía con la naturaleza, y ese es el camino hacia la plenitud. No somos dioses, sino seres mortales. Incluso nuestra conciencia, que puede parecernos omnipotente, infinita y hasta etérea, no es más que una chispa de luz en la oscuridad universal o en el inconsciente primordial que es la fuente de luz y vida. Creo que la existencia como tal es un proceso consciente, en el sentido de que cada reacción de un ser vivo, desde los organismos unicelulares hasta la vida humana, está basada en la habilidad del protoplasma de responder de manera selectiva a los estímulos del medio. El comportamiento reactivo representa, bajo mi punto de vista, una forma de conciencia, aunque sea pequeña y primitiva. Crece con la evolución de la vida hacia organismos más grandes y complejos, y finalmente hacia un organismo capaz de ser consciente de su propia conciencia. Esta evolución tiene que ver en el hombre con el lenguaje, e implica lo que denomino «ego consciente», es decir, la conciencia de que somos conscientes. Esta actitud se ve reflejada en la frase de Descartes: «Pienso, luego existo».

Con todos estos pensamientos en mi cabeza, Grecia era un lugar especial para mí. Sin embargo, no tenía el mismo significado para Leslie. Cuando ella llegó a Atenas, tomó un avión hacia Creta, donde habíamos reservado habitación en un gran hotel. Cuando llegamos me sentí decepcionado porque la habitación era pequeña, la playa no era tan buena como la de Porto Heli y el pueblo estaba demasiado lejos, por lo que no podíamos llegar hasta allí a pie. Nos quedamos en el hotel durante una semana, pero no pudimos ir a las ruinas del templo. Regresamos a Porto Heli, donde alquilé un coche y nos fuimos hacia Delfos. Ese viaje en coche resultó ser un paseo muy agradable. Las ruinas de Delfos eran increíbles y nos hicieron sentir a ambos conectados con la antigua Grecia.

Al dejar Delfos, condujimos hacia Tebas durante la noche. Al día siguiente, cruzamos las montañas hacia la costa del Adriático. El camino por la montaña estaba bien señalizado en el mapa, pero cuando llegamos a la cima, nos dimos cuenta de que el sendero había desaparecido, por lo que aparqué y me quedé sentado dentro del coche, sintiéndome bastante perdido, hasta que apareció otro vehículo que nos guío de vuelta al camino y hasta la falda del otro lado de la montaña. El paisaje era típicamente griego, con granjas y casas de pastores salpicando las colinas. Almorzamos en una taberna junto al mar y nos fuimos hacia Atenas. A medida que nos acercábamos a la ciudad, el camino pasó por un campamento de gitanos y fue muy interesante verlos. En Atenas devolvimos el coche a la empresa de alquiler y pasamos dos días caminando por la ciudad, lo que nos brindó la oportunidad de visitar varias joyerías. En una tienda que nos recomendó Anna, encontré un anillo que me encantó: era una serpiente de oro con un rubí en el centro. Me pareció un anillo apropiado para mí, porque la serpiente es símbolo de curación y aparece en el escudo hipocrático. No se trataba de un círculo cerrado como los anillos corrientes. Una de sus puntas representaba la cabeza de la serpiente y el otro extremo era la cola, que se enroscaba por el dedo y reposaba junto a la cabeza. Adoraba ese anillo. Cuando lo perdí en un viaje en barco por las Bahamas, años después, me entristecí mucho. Ocurrió cuando caminaba por la cubierta hacia el mástil y una de las cuerdas se enredó en el anillo, lo abrió y, antes de que pudiera darme cuenta, cayó al mar. Fue un accidente muy desafortunado que me impactó y me hizo decidir allí mismo que compraría un anillo similar en mi siguiente viaje a Grecia. Aunque fui varias veces a ese país después de perderlo, nunca pude encontrar un anillo similar en ninguna joyería.

Disfruté tanto de mi visita a Grecia que programé tres talleres más en Porto Heli para los años siguientes. Anna Miller lo organizó todo y me asistió durante los talleres. Los participantes disfrutaron tanto como yo y siempre se llenaba el cupo. Anna hizo los arreglos para contratar un gran barco con capitán a fin de que pudiésemos navegar durante una semana, y dividimos el coste entre tres participantes y yo. El primer crucero tuvo lugar después del tercer taller. Atravesamos las islas Sarónicas y navegamos a través de la costa oeste del Peloponeso hacia Monemvasia, la ciudad que controla el paso marítimo hacia Atenas y el resto del continente. Saltábamos de la cubierta al agua para nadar siempre que era posible y dormíamos en el barco. Comíamos en las tabernas que encontrábamos por el camino. Disfrutamos de un buen clima en el primer viaje, con vientos de siete millas por hora a mar abierto. Navegar en el mar azul bajo el cielo despejado es una experiencia muy placentera.

En uno de los viajes zarpamos tarde y se hizo de noche antes de que pudiéramos llegar a nuestro primer destino, la isla de Ítaca. El capitán alteró la ruta y nos desviamos hacia unas islas más pequeñas que quedaban cerca. Para lograrlo se guió con las luces de unas boyas que pudimos reconocer. Alrededor de la medianoche, alcanzamos una isla que el capitán conocía. Desembarcamos y fuimos a una pequeña taberna atendida por un hombre y su mujer. Aunque estaban cenando, nos ofrecieron con generosidad compartir su cena con nosotros, porque ya no quedaba más comida. A la mañana siguiente seguimos el viaje hasta Corfú. El tercer día lo pasamos en una pequeña villa de la costa. Después de explorar la playa, trepamos por la colina para investigar lo que parecía ser un antiguo monasterio. En la cima de la colina encontramos a tres hombres que estaban sentados en un parapeto de piedra. Anna, que hablaba griego perfectamente, se puso a conversar con ellos y le dijeron que subían todas las noches a la colina para contemplar el atardecer. Nos contaron que en el pasado la gente del pueblo bailaba y cantaba en ese punto, pero que ya no lo hacían. Se encontraban demasiado ocupados alquilando habitaciones y sirviendo comida a los turistas como para bailar y cantar. Todo el mundo estaba centrado en ganar dinero.

La lección que aprendí ese día fue la pérdida de placer que experimentan las culturas en presencia del dinero. Había notado que, en los cinco años que había estado yendo a Porto Heli, el servicio del hotel había cambiado. Ya no llevaban a la orquesta griega que nos divirtió en la primera visita. Había un pequeño grupo de bailarines griegos, dos parejas para ser más exactos, que bailaban en el bar, y después incluso ese entretenimiento desapareció. El trío que tocaba música para que los huéspedes bailaran se redujo a dos músicos, y finalmente también desaparecieron. En las salas de baile del pueblo la música rock desplazó a la griega. Después de nuestros primeros cuatro talleres en Porto Heli, ya no querían hospedarnos más. Anna encontró un hotel en el continente, a cuarenta kilómetros de Atenas, que podía darnos alojamiento. Era un hotel del gobierno para turistas que quedaba en una pequeña península que sobresalía de la costa. Tenían cabañas en las calas y habitaciones en el edificio principal. Podíamos hacer los talleres en alguna de las salas de reuniones, que no estaban del todo mal, pero no disponíamos de una playa común ni un lugar para reunirnos después de la cena, ni tampoco ninguna forma de entretenimiento o música. La alegría que sentíamos en Porto Heli se había desvanecido. Decidimos continuar a pesar de los inconvenientes, y realizamos cuatro talleres anuales más en septiembre, en Lagonisse, pero la alegría y la cohesión que se sintieron durante los primeros talleres se habían esfumado.

La pérdida del interés por la música y el baile era algo que parecía extenderse por toda la población. Leslie y yo visitamos Jamaica, todos los inviernos durante quince años. En aquella época había música nativa calipso y baile por las noches en el mirador de la playa. Cada año la música iba cambiando, hasta que el rock norteamericano se apoderó de su cultura. La gente también cambió; se volvió más sofisticada y consciente del dinero. Dejamos de ir a Jamaica porque el encanto y el desenfado de la personalidad de sus gentes le habían cedido terreno a la sofisticación, producto de la pérdida de la modestia y las buenas costumbres de la cultura jamaicana.

A lo largo de mi búsqueda del placer, no me di cuenta de lo bien arraigado que me encontraba ahora. Me convertí en una persona más reconocida y famosa, como fundador y defensor de un enfoque terapéutico prometedor; sin embargo, ¿cumplía el análisis bioenergético con su objetivo? Trabajar con el cuerpo hacía sentir bien a la gente. Aumentaba su energía porque la ayudaba a respirar con mayor profundidad, pero ¿acaso cambiaba su estructura de carácter? Por desgracia no lo hacía. El carácter, como ya he señalado, se asienta en la persona a la edad de seis años, y es entonces cuando el ego se organiza y se convierte en una estructura de defensa. Se puede burlar al ego desde una fuerza superior, pero resulta imposible quebrarlo desde fuera. Y, de cualquier forma, eso no es terapia. El enfoque terapéutico tiene como objetivo ayudar al paciente a liberarse de su postura defensiva, y él solo puede hacerlo si logra entender que dicha postura lo inmoviliza. Es entonces cuando podrá encarar el miedo que lo llevó a desarrollar esa postura fuerte pero negativa. El miedo está conectado al sentido de la vida y de la muerte. Permitirse a uno mismo la vulnerabilidad requiere el coraje necesario para aceptar la muerte. La fuerza de ese coraje se puede equiparar a la fuerza de la vida en el individuo, y solo es posible fortalecerla movilizando los procesos energéticos del cuerpo, lo que a su vez solo se consigue con una mejor respiración. Respirar profundamente evoca más miedo, es decir, más conciencia del propio miedo, pero una persona puede trabajar esos miedos con la ayuda de un buen terapeuta, y un buen terapeuta es el que ha logrado abrirse paso a través del territorio oscuro del miedo. ¿Cuánto tiempo lleva ese viaje? La respuesta realista es que se tarda toda una vida, e incluso entonces uno no se ha liberado del miedo por completo. Pero el compromiso con la vida es tan grande que al trabajar nuestros problemas nos hacemos más fuertes, el miedo se debilita y podemos disfrutar de la alegría de vivir con mayor intensidad.

El compromiso es esencial para volverse una persona libre y audaz. Eso no quiere decir que quien llega a la terapia bioenergética deba comprometerse a trabajar con un terapeuta para el resto de su vida. Se compromete más bien con su propia vida, y eso se convierte en su terapia. Pero es un compromiso con el cuerpo, con la vida y los sentimientos del cuerpo, lo que da inicio al proceso de sanación.

En 1989 visité Brasil para impartir varios talleres y charlas a los terapeutas brasileños que estaban interesados en la bioenergética. Hice ponencias y talleres en São Paulo, Río de Janeiro y Recife. En todos los lugares que fui me recibieron con entusiasmo, pero teníamos pocos terapeutas bioenergéticos competentes para llevar a cabo nuestro programa. Yo mismo no estaba lo bastante conectado con los problemas terapéuticos y eso dificultaba mi trabajo como terapeuta. Tardé una década en alcanzar la comprensión y la competencia necesarias.

21

De mi cumpleaños nº 79 en adelante

Puse punto final a la década con un viaje en barco por el Atlántico. Steven, un amigo que había navegado conmigo tanto en Estados Unidos como en las islas griegas, se trajo un velero de quince metros para cubrir el Atlántico de este a oeste –mi bote era un Pearson de ocho metros con el que navegaba por el estrecho de Long Island–. Steven también había navegado conmigo en otra ocasión, en un bote de alquiler que mi hijo Fred dirigió hacia Maine la primera vez, y que utilizó más tarde para navegar desde Florida hasta las Bahamas. En el viaje de las Bahamas casi perdimos la vida. Habíamos zarpado de la isla de Gran Bahama para regresar a Fort Lauderdale esa misma noche. Sería un viaje que nos llevaría la noche entera, lo que le encantaba a mi hijo. El viaje de ida no había tenido ningún contratiempo ni incidentes que merezca la pena relatar, a excepción de que una noche oscura, en las aguas poco profundas de la costa de las Bahamas, nos quedamos atascados en un banco de arena y solo pudimos liberarnos cuando subió la marea. Pero cruzar desde las Bahamas hasta Florida suele comportar un viaje bastante duro por la corriente que llega del golfo. La noche estaba bastante nublada, aunque aun así podíamos ver las luces de la costa de Florida a través de las nubes. Hubo varios relámpagos, pero sin truenos, y Fred creía que podríamos continuar el viaje sin preocuparnos. Yo estaba acostado en una litera de los camarotes. De repente, a las cuatro de la mañana, el viento empezó a soplar con mucha fuerza, pasando de diez nudos (que era lo que habíamos tenido durante todo el día) a sesenta en menos de diez minutos. Como habíamos desplegado las velas para aprovechar el poco viento que había, volcamos y el mástil, de veinte metros, se sumergió en el mar. El agua empezó a llenar la cubierta y los camarotes. Cuando me di cuenta de lo que había ocurrido, me levanté con rapidez. Mientras Fred maniobraba para minimizar el peligro, el velero regresó a su posición natural, pero aun así teníamos bastantes problemas. El barco se había llenado de agua, en una noche tormentosa y oscura. Nos encontrábamos en medio de una lucha contra el agua a diez kilómetros de la costa de Florida y del terrible Triángulo de las Bermudas. Steven logró comunicarse con la guardia costera usando la radio, pero no pudo decirles nuestra localización exacta. Le pidieron que les dijera los nombres de sus parientes. Fred logró mantener con seguridad el velero relativamente orientado hacia Fort Lauderdale, y logramos llegar hasta nuestro destino. Creo que tardamos unas dos horas en recobrar la calma y volver a sentirnos seguros. Diez o veinte minutos después de volcar, pensé que iba a morir y en el depósito de mil dólares que perdería por dañar el barco, pero no sentí pánico. Steven quería que atracáramos en la costa de Florida para salvarnos la vida, pero mientras tuviésemos el barco bajo control, ni Fred ni yo fuimos presas del pánico. Más tarde, ese mismo día, llegamos hasta el puerto de Fort Lauderdale, el lugar donde habíamos alquilado el velero. Nos dijeron que hubo varios avisos de tormenta durante la noche y que algunos barcos se habían dañado. El único daño que había sufrido el nuestro fueron unos desgarros en la capota de lona que protege la cubierta del sol.

Steven se quedó muy impresionado con Fred, con su calma durante toda la situación y con la forma en que recuperó el control del velero. Le relató toda la historia al capitán que contratamos para que dirigiera el barco con el que cruzaríamos el océano, un hombre pedante y agresivo. Cuando Fred y yo llegamos a Tenerife, en las islas Canarias, desde donde partiríamos para cruzar el océano Atlántico, ni el capitán ni su oficial (un joven marinero bastante competente) nos recibieron en el aeropuerto. Tuvimos que alquilar un coche y conducir hacia el puerto, donde el barco estaba atracado y donde encontramos al capitán. Steven llegaría al día siguiente. Tampoco en el puerto nos dieron la bienvenida y nos dejaron solos, como si fuésemos personas no gratas. Nos permitieron cenar con ellos, pero no se esforzaron por presentarse, conocernos ni charlar. De hecho, aunque eran norteamericanos, el capitán y su oficial hablaban en español cuando estábamos juntos, un idioma que ni Fred ni yo entendíamos.

Esa hostilidad evidente hacia nosotros se alargó durante casi una semana. Steven llegó al día siguiente por su cuenta porque, de nuevo, nadie fue a buscarlo al aeropuerto. Su presencia no alivió de forma alguna la evidente hostilidad que el capitán y su oficial sentían hacia nosotros. Fred y yo le comentamos a Steven lo que sentíamos, aunque estábamos bastante seguros de que él ya era consciente de lo que estaba ocurriendo. Fred tenía miedo de que nos atacaran. Steven estuvo de acuerdo con nosotros en que el capitán era una persona egoísta y horrible, por lo que decidimos buscarnos otra opción. Había un capitán libre en la zona que parecía buena persona. Steven y yo nos acercamos a él y le ofrecimos un trato, pero nos dijo que no estaba interesado. Después de comentarlo entre todos, Steven decidió que lo mejor sería que él se quedara con el capitán e hiciera el viaje con él y su oficial, mientras que Fred y yo optamos por dejar el barco e irnos a casa. Trasladamos nuestro equipaje a la habitación de un hotel cercano y reservamos dos asientos en un vuelo a casa. Esa noche, Steven y el oficial decidieron que nos aceptarían como tripulación. Fred y yo sentimos un gran alivio, porque la idea de irnos con las manos vacías no era algo que ninguno de los dos quisiera hacer. Sin embargo, el barco no zarparía hasta la semana siguiente. Debían instalarle una antena de recepción de onda corta y abastecer la despensa con provisiones. Nos dedicamos a ayudar, y esa parte del proceso se desarrolló con toda normalidad. Compramos combustible diésel y repuestos por si acaso no había viento en el viaje. Finalmente, en la tarde del 16 de diciembre zarpamos hacia nuestro destino: el Caribe.

No hacía viento, por lo que tuvimos que ir a motor durante dos días y medio hasta alcanzar la latitud de 20E norte. Allí esperábamos encontrar corrientes de vientos alisios para continuar el viaje con las velas. En esta parte del viaje pasamos junto a dos barcos de vapor que se dirigían a las islas Canarias. La relación entre nosotros era cordial, pero jamás hubo expresiones amistosas de ninguna clase. Creo que Steven había convencido al capitán de que nos aceptara como tripulación. El tercer día, sentimos finalmente los vientos alisios, subimos velas y seguimos nuestro viaje. La idea de continuar sin velas nos producía ansiedad, porque no contábamos con combustible suficiente para cruzar el Atlántico a motor, por lo que contemplamos la posibilidad de hacer una parada en las Azores. Se dice que los vientos alisios son fiables, y comprobamos que así era: se mantuvieron constantes durante el resto del viaje. Soplaron de este a oeste a una velocidad de entre veinte y veinticinco kilómetros por hora. El capitán sorteó los turnos de vigilancia y el resultado fue que tres de nosotros (los tripulantes) estaríamos en la cubierta ocho horas al día, en dos turnos de cuatro horas cada uno. El velero contaba con piloto automático, así que la vigilancia era tarea fácil. El capitán estaba disponible para tomar el mando en caso de incidente, por ejemplo si se producía una gran tormenta, si veíamos a otro barco durante la noche o si cualquier cosa salía mal. A cada uno de los tripulantes le tocó un turno de vigilancia nocturno (desde las ocho de la tarde hasta la medianoche, desde la medianoche hasta las cuatro de la mañana y, finalmente, desde las cuatro hasta las ocho de la mañana). Debíamos dormir en nuestros ratos libres y, cuando nos tocaba el turno de la cubierta durante el día, podíamos leer o vigilar el mar mientras charlábamos. En tres ocasiones vimos a un grupo de delfines nadar alrededor del barco. A veces, aves marinas volaban sobre nuestras cabezas y luego se iban en busca de alimento. No vimos otros barcos hasta que estuvimos muy cerca de nuestro destino. Por la noche, nos orientábamos utilizando un sextante y después confirmábamos la información contrastándola con la señal.

El 23 de diciembre seguíamos en alta mar y brindamos por mi cumpleaños número setenta y nueve, pero no celebramos la Navidad. En Año Nuevo vimos unas luces en el horizonte que resultaron ser nuestro destino: la isla de Antigua. A medida que nos acercábamos, empezaron los problemas. Fred estaba utilizando el radar para determinar la naturaleza y proximidad de las luces, aunque no había pedido permiso para hacerlo. El capitán, creyendo que Fred no sabía usar el radar, o que no era lo bastante competente, se enfadó y le ordenó que se retirara de la cubierta y se fuera al camarote. Era evidente que había ocultado su hostilidad hacia nosotros durante el viaje, pero no podía seguir haciéndolo ahora que estaba a punto de acabar. La hostilidad se incrementó, además, por una discusión entre Fred y Steven, quien había accedido a reembolsarle a mi hijo el coste de su viaje a Tenerife. De hecho, antes del viaje, ambos habían acordado que Fred tendría el barco a su disposición después de cruzar el océano, si deseaba explorar algunas de las islas, ya que durante esa época del año el dueño estaba bastante ocupado. Fred le dijo a Steven que no hubiese hecho ese viaje de no ser por la promesa de navegar por el Caribe. Yo no estaba al tanto de ese acuerdo. Al parecer, Steven también le había prometido al capitán que podría utilizar el barco en el Caribe. En cuanto atracamos y pasamos por Inmigración, Fred y yo nos fuimos a la playa. Nos alegró separarnos del grupo, y ellos se alegraron de poder deshacerse de nosotros, porque echaron nuestro equipaje a la arena de mala manera. Lo recogimos y tomamos un taxi para buscar hospedaje en la isla. Fue la última vez que vi a Steven. A pesar de la promesa que le hizo a Fred, jamás le reembolsó los gastos del viaje; eso sí, pagó al capitán y a su oficial de su propio bolsillo. Más tarde les robaron el barco y se comenta que Steven recibió una atractiva suma de la compañía aseguradora.

La parte más increíble de esta aventura fueron las reacciones de mis pacientes y colegas cuando regresé a la consulta. Cuando me vieron, comentaron que parecía diez años más joven. Eso me recordó una noticia que había escuchado años atrás sobre un experimento ruso en el que unos doctores habían hecho dormir durante seis meses a un perro pequeño. Lo alimentaban por vía intravenosa y controlaban todas sus funciones vitales. Cuando recobró la conciencia y le quitaron el respirador, anunciaron que el perro parecía un cachorro y actuaba como tal. Había rejuvenecido gracias a que fue aislado del estrés de la vida cotidiana. Creo que cruzar el océano Atlántico navegando me quitó el estrés y tuvo un efecto rejuvenecedor en mí. También marcó el final de una era.

En 1990 publiqué *La espiritualidad del cuerpo: bioenergética, un camino para alcanzar la armonía y el estado de gracia*, y en 1995 salió a la luz *La alegría de vivir: la entrega al cuerpo y a la vida*. Los noventa fueron un período de transformación en mis sentimientos, en mi comprensión de la vida y en mi trabajo como terapeuta. Describo ese período como una etapa en la que me volví más viejo y más sabio.

En diciembre de 2001, le detectaron a Leslie un cáncer de ovario, para el que probó muchos remedios caseros tradicionales, aunque con escaso éxito. Habiéndola amado durante tantos años, era muy difícil para mí verla sufrir. El dolor se agravó durante su último mes de vida. Cuando murió, exhaló un suspiro profundo, se dejó ir y cesó de respirar. Me alegré de que muriera porque se liberó de todo el sufrimiento. Durante los últimos meses me dijo que tenía que morir antes que yo, porque jamás había estado sola. La enterré junto a mi madre.

Mi cuerpo perdió siete kilos en los meses siguientes a la muerte de Leslie. No hice nada para perder peso, simplemente se desvaneció. Ella fue una belleza, y amaba las cosas hermosas. Yo la amé y estoy agradecido por todos los años que pasamos juntos, aunque me ha resultado muy difícil vivir sin ella. Planeé un segundo funeral para ella el 13 de junio de 2004.

Séptima parte

HONRAR AL CUERPO

Amo el cuerpo. Amo trabajar con el cuerpo. Amo ver cómo florece el cuerpo. De eso se trata mi vida.

Conversación con Bob Glazer,
5 de abril de 2004

22

Plenitud

Mi cuerpo siempre estuvo ahí para salvarme. A fin de recuperar mis sentimientos tras la muerte de Leslie, salía a caminar tres o cuatro veces al día, respiraba y exclamaba «aaaaah». Eso me devolvió las ganas de vivir. Practicar la bioenergética con mis pacientes y en mis ratos libres devolvió a mi espíritu la fuerza y la vitalidad. El cuerpo tiene su propia sabiduría. Aceptar las realidades de la vida y escucharlo conduce a la plenitud.

La plenitud es para mí vivir la vida del cuerpo y experimentar la energía que de él se desprende. He tenido experiencias clave en mi vida. En una ocasión, cuando Leslie y yo estábamos saliendo, me confesó que estaba pensando en dejar nuestra relación. Eso hizo que mi corazón se abriera a ella por completo y que le jurara mi amor ante la posibilidad de su rechazo. Cuando hicimos el amor, pude sentir mi cuerpo moverse hacia el cosmos. En mi casa de la playa di un paseo y sentí la energía de la Tierra de tal forma que parecía que había crecido cinco centímetros, y los pelos de la nuca se me erizaron. Al principio de mi terapia con Reich, abrí los ojos y dejé escapar un grito que había estado reprimiendo durante más de treinta años. Experimenté una alegría abrumadora al ver nacer a mi hijo. Sentir el flujo de energía en el cuerpo es la plenitud.

Arraigarse –estar *en* los pies, no caminando simplemente con las piernas *sobre* ellos– cierra el circuito energético de la plenitud. Mi exploración de este proceso de arraigo ha durado veinte años y me ha ofrecido un nuevo enfoque. Basta con observar la gracia y fluidez con la que corren los niños, con un suave movimiento del tobillo y el arco del pie. Sus tobillos y sus pies se mueven más como una ola que como un movimiento intermitente, y sus pies lo hacen igual que un pato en el agua, de forma ondulada. Los derviches turcos practican un baile en el que giran rápidamente. Su movimiento es una onda continua que empieza en los pies y se extiende por todo el cuerpo. Los grandes osos siberianos, que pesan más de trescientos kilos, se mueven con la misma fluidez. El tema recurrente de todos esos movimientos es la energía que sube desde los pies hacia el resto del cuerpo y que después completa el circuito bajando de nuevo a la tierra.

He intentado de muchas maneras, a lo largo de los años, que la gente aprenda a sentir sus propios pies. Les he pedido a mis pacientes que se alcen sobre un pie, que trabajen las plantas de sus pies con una pelota de golf o rodillos de plástico, y que se inclinen hacia delante hasta tocar el suelo con los dedos de las manos. Ninguno de esos ejercicios creó la conexión energética que yo estaba buscando. Mi meta ahora es lograr que las vibraciones energéticas empiecen en los pies y luego suban al resto del cuerpo. A medida que la carga energética de los pies y las piernas aumenta, también lo hacen las vibraciones, y las piernas empiezan a temblar vigorosamente. Así comienza el proceso de sanación, con las vibraciones.

Dadas las limitaciones de mi ejercicio original de inclinación, ahora trabajo con uno nuevo, denominado «conectar los pies a la Tierra».

Las instrucciones son las siguientes: coloca los pies paralelos y separados entre sí veinte o treinta centímetros. Inclina el cuerpo hacia delante con las manos sobre los pies o alrededor de los tobillos (con las palmas y los dedos en vertical). Balancéate hacia delante y hacia atrás utilizando los músculos de las plantas de los pies. Exhala al balancearte hacia delante e inhala al hacerlo hacia atrás. Presiona los pies contra el suelo mientras te balanceas y emite sonidos. La dificultad del ejercicio depende de lo bien que respires, y te ayudará a profundizar en la respiración a medida que lo hagas. Puedes realizarlo durante diez o quince minutos.

Este ejercicio activa los músculos de los pies y las piernas, y moviliza el oxígeno hacia estos músculos. El resultado es que los pies y las pantorrillas empiezan a vibrar. Si continuamos haciendo este sencillo ejercicio, la carga energética de los pies y las piernas aumentará, y estas empezarán a temblar con más fuerza. Las vibraciones incrementan la cantidad de oxígeno en el flujo sanguíneo.

Las vibraciones empiezan en forma de temblor, se hacen más intensas y se van extendiendo por las piernas y el resto del cuerpo. A partir de este punto, se vuelven más profundas y se extienden por la pelvis, convirtiéndose en una convulsión que abarca todo el organismo. La convulsión no es una reacción peligrosa, sino simplemente la activación del reflejo del orgasmo. Aunque no está directamente relacionada con la excitación genital, es una experiencia muy placentera. Para Reich, esta respuesta corporal (que indica la capacidad de tener una respuesta sexual sana) es la base de la salud emocional.

La meta es sentir la vitalidad en las plantas de los pies y que las vibraciones asciendan por ellos, utilizando sonido y respiración, moviéndose al ritmo pulsante de la vibración. La vibración se convierte en pulsación, y la pulsación trae consigo toda la fuerza sanadora de la naturaleza. La plenitud es sentir cómo sube la energía por los pies al resto del cuerpo y cómo baja después para completar la onda vibratoria. Yo practico este ejercicio a diario.

La plenitud sigue siendo un proceso continuo en mi vida. El año pasado tuve el siguiente sueño tres veces: estoy de pie junto a un gran agujero que resulta ser una tumba, mi propia tumba. El hueco está vacío, no hay ningún ataúd dentro. Miro hacia abajo, me doy la vuelta y me marcho. He tenido este tipo de sueños desde que Leslie murió. Mi fuerza vital no está preparada aún para la muerte.

No soy una persona optimista en lo que respecta al futuro de nuestra cultura. Continuará su proceso de decadencia por sus miedos a una expresión sexual sana y a los sentimientos. La revolución sexual influida por las teorías de Reich no trajo consigo una cultura sexual más sana, que era lo que deseábamos para América y Europa, donde Reich formuló sus teorías. Nuestra cultura, basada en el poder, el dinero y el control, no defiende la salud, y no creo que se vuelva más sana. Sigo creyendo en la salud que la bioenergética puede ofrecerle a un individuo que trabaje su cuerpo con fuerza y que recuerde la importancia de la respiración, la vibración y el arraigo.

Como defendí en el capítulo sobre la vibración, esta y el llanto son muy importantes. Mis ideas sobre el origen del cáncer lo ilustran. Yo veo el cáncer como energía congelada. La sobreestimulación y sobrexcitación de un área del cuerpo está conectada con una carga emocional estancada. El exceso de energía que no se libera se deteriora, de la misma manera que el mar deja tras de sí sedimentos cuando baja la marea. La vibración libera al cuerpo de sus sedimentos como la marea se deshace de los sedimentos marinos. Las vibraciones intensas y el llanto despiertan la capacidad innata del organismo de sanarse a sí mismo.

En mi consulta comparto dos gráficos con mis pacientes. *La pulsación de la vida* (diagrama 1) ilustra el flujo de energía de la inhalación a través del torso y de la exhalación con la energía descendiendo por la pelvis, poniendo el énfasis en la plenitud de la onda respiratoria. La intención de la naturaleza es que la onda respiratoria del cuerpo sea un circuito cerrado. *Las grandes estructuras del cuerpo* (diagrama 2) muestra este como parte de la naturaleza, como si fuera un árbol con tres divisiones similares. La cabeza y el cerebro son las ramas y las hojas; la cavidad torácica y el torso son el tronco, y, como las raíces de un árbol, la pelvis y las piernas unen nuestra vida con la Tierra.

En terapia ya no me inclino por el análisis verbal, sino por el trabajo energético. Para hacer una buena terapia es necesario entender la naturaleza humana. Esta es una combinación de los intrincados aspectos de un individuo: ego, sexualidad y comprensión de su propia vida y de cómo la naturaleza se expresa en él. Sin embargo, el cuerpo en sí mismo es el aspecto más importante. Para mí, los componentes de la terapia bioenergética son la onda respiratoria profunda y completa, el llanto (sollozos además de lágrimas), el trabajo con los pies para lograr vibraciones, y hacer más profundas estas vibraciones para movilizar el cuerpo con más respiración. Profundizar en el concepto de la energía es trabajar con energía, no hacer ejercicios.

Llevar a cabo una buena terapia significa comprender que la naturaleza humana es el mismo cuerpo.

Reich afirmó que nadie es capaz de engañar a la naturaleza, y yo creo en ello totalmente. Dado que somos parte de ella, si tratamos de engañarla, solamente nos estaremos engañando a nosotros mismos. El peligro del mundo moderno es la megalomanía, que nos dice que podemos cumplir cualquier sueño. Esta promesa vacía raya en la locura. La plenitud que ofrecen la vida y la terapia es la capacidad de ser totalmente fieles a nosotros mismos. Esa identidad es para mí el cuerpo, la única identidad que podemos conocer.

Confía en tu cuerpo, ámalo y sé fiel a ti mismo.

La pulsación de la vida: inspiración y espiración

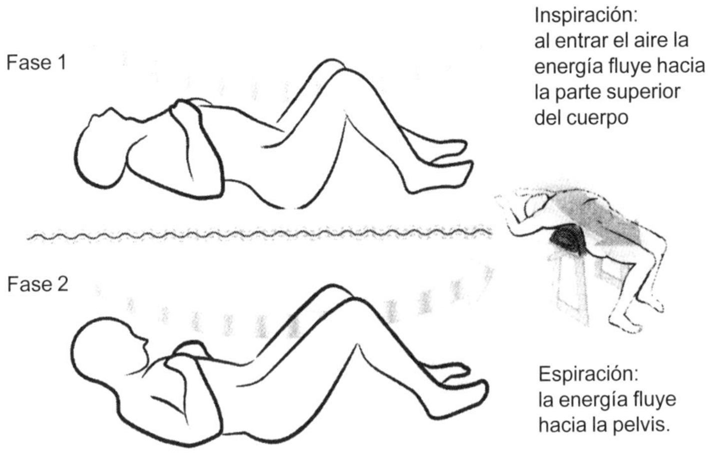

Las grandes estructuras del cuerpo

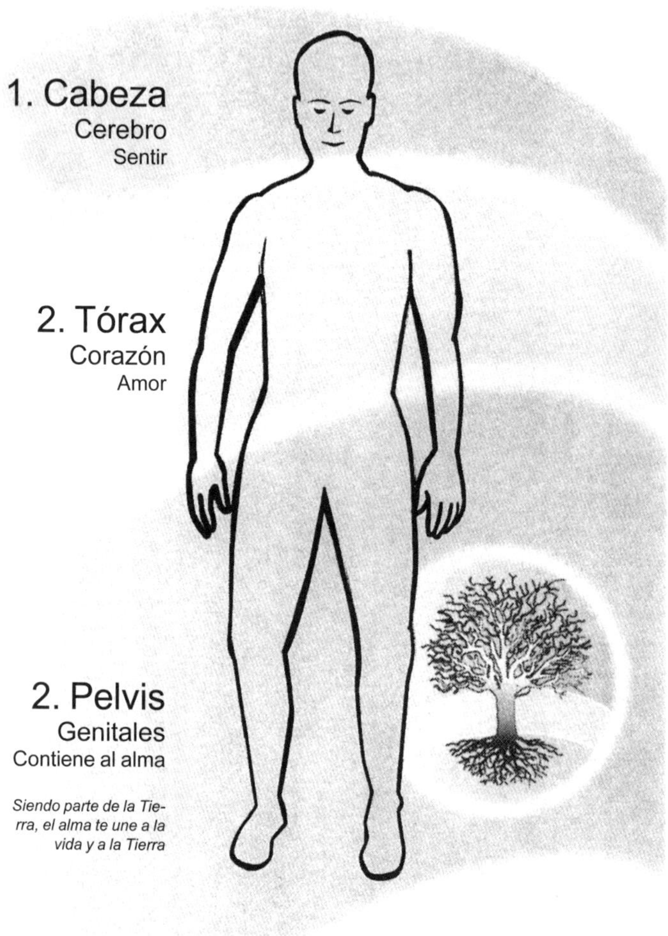

Índice